Information Security Management System

ISMS認証取得ハンドブック

Ver.2.0対応

NECソフト(株)コンサルティング事業部 監修
斎藤尚志 著

文書審査・実地審査時の
質問内容例を収録

税務経理協会

はじめに

　情報化社会が進展していく中で，情報資産の価値が飛躍的に高まってきた。組織で購入した20万円のノートパソコンがもし直後に盗難に遭ったならば，損失額は20万円である。しかし，もし，このノートパソコンに個人情報20万件が入っており，それが盗難に遭ったら，損害賠償を考慮すると約30億円の損失になる。新聞報道等による社会的信用の失落を考えると，さらに事業に対する影響は大きなものになる。また，現代は情報化社会でありコンピュータやネットワークシステムが企業運営の基盤となっている。一度システムに障害が発生し使用不能状態に陥ると社会的混乱を発生させ，企業信用度が低下し大きな事業的損失を招くことになりかねない。これもまた，コンピュータやネットワークシステムの情報資産価値が高いことを示している。実際，情報漏洩，ウイルスによる大きな被害，不正アクセス，システムの大規模障害といった情報セキュリティ事件・事故は跡をたたない状況である。

　何故，このようなことが頻繁に発生するようになったのであろうか。昔は，情報は紙という媒体上で流通していることが多かった。組織で，重要な紙情報は厳重に管理されており，20万件もの紙情報は簡単には持ち出すことはできなかったはずである。しかし，情報がデジタルになり，情報を格納する媒体の携帯性が高くなり，なおかつインターネットに代表されるようにブロードバンドによる高速大量データ転送が可能になってくると，大量の情報を瞬時に移動することは難しいことではなくなってきたのである。また，オープンでかつ高度なネットワークシステムに発展してきたために不正行為の増加やシステム障害が頻発してきたのである。

こういった状況において，当初は情報セキュリティを確保するためにID・パスワードやファイアウォール，暗号化，ウイルス対策ソフトの適用など技術的な対策に頼っていた。しかし，内部の人間が出来心をもっただけで情報セキュリティ事件・事故が発生するというように，技術的な対策だけでは限界がでてきた。

これら情報セキュリティの事件・事故は一度発生すると，その資産価値の大きなものについては社会的な問題に発展し，事業継続を脅かしかねない問題に発展する可能性があるということである。そこで，情報セキュリティ確保については，技術的な対策だけではなく，物理的・管理的な対策を含めて，経営課題として取組んでいかなければならない状況になってきたのである。従来より，組織では財務のマネジメント，人材のマネジメント，資産のマネジメントを行ってきた。いよいよ情報を資産ととらえ，マネジメントを行っていかなければならない時代になってきたといえる。

組織の重要な情報資産を守り情報セキュリティを確保していくためにマネジメントシステムすなわち，マネジメントの仕組みを確立・維持していくことが大切である。さらに，第三者の認証を得られると内外にもアピールができ信用が高まり，事業の発展に寄与することになる。

ISMSは情報セキュリティに関するマネジメントシステムであり，財団法人日本情報処理開発協会が審査登録のための規格「ISMS認証基準」を発行しており，ISMS適合性評価制度を立ち上げている。

本書は，ISMS適合性評価制度の仕組みから始まり，認証審査の流れ，ISMS認証基準の詳しい解説，重要なISMS構築の内容とノウハウ，そして認証取得時に陥り易い点の対策ポイントについて解説してある。筆者は，現在，主にISMS審査員研修コースのインストラクターおよびISMS認証取得のコンサルティング活動を行っており，これらの経験を充分に反映して執筆したつもりである。ISMSの認証を取得しようとしている組織の方々，

ISMS認証取得を支援しようとしている方々には是非,読んで頂きたい。

　本書の執筆に当たっては,NEC Eラーニング事業部プロセスコンサルティンググループの皆様,NECソフト　コンサルティング事業部の同僚,および家族に多大なるご支援を頂いた。また,株式会社　税務経理協会　新堀様には,筆者の遅筆や度重なる修正にも,粘り強くお付き合い頂いた。この場をお借りして,深く感謝申し上げる。

2004年1月

斎藤　尚志

はじめに

第1章　ISMS認証取得の意義 …………………………1
1. インターネットの普及とセキュリティ危険・事故
…………………………3
（1）インターネットの普及 …………………………3
（2）多発するセキュリティ事件・事故 …………………………5
1. 情報セキュリティに対する意識と被害の状況 …………5
2. 情報セキュリティの重要性 …………………………7
3. ISMSとは …………………………………………12
4. 創設の背景 ………………………………………12
5. ISMS認証取得のメリット …………………………14

第2章　ISMS認証適合性評価制度と認証審査 ………15
1. ISMS適合性評価制度とは …………………………17
2. ISMS適合性評価制度の運用 ………………………19
（1）審査員研修制度 …………………………………20
（2）審査員登録制度 …………………………………20
（3）審査登録制度 ……………………………………20
3. ISMS認証審査 ………………………………………22
（1）ISMS認証審査の目的 ……………………………22
（2）審査の種類 ………………………………………23

（3）ISMS 審査の概略 ……………………………………24
　　（4）具体的な ISMS 審査の内容 ………………………26
◆ 4. 文書審査（Stage　1）◆ ………………………………35
　　（1）文書審査の目的 ………………………………………35
　　（2）対象 ……………………………………………………35
　　（3）文書審査の手順 ………………………………………36
　　（4）文書審査の判定 ………………………………………36
　　（5）報告書 …………………………………………………37
　　（6）中間是正計画の確認 …………………………………37
◆ 5. 実地審査 ◆ ………………………………………………37
　　（1）実地審査の目的 ………………………………………38
　　（2）対象 ……………………………………………………38
　　（3）実地審査の手順 ………………………………………38
　　（4）初回会議 ………………………………………………40
　　（5）実地審査の実施 ………………………………………43
　　（6）不適合 …………………………………………………45
　　（7）審査員からの質問 ……………………………………47
　　（8）最終会議 ………………………………………………49
　　（9）実地審査報告書 ………………………………………53
　　（10）是正処置 ………………………………………………58

第3章　ISMS 認証基準を理解しよう …………………………63
◆ 1. 認証基準（Ver.2.0）の構造 ◆ ……………………………65
◆ 2. 規格本文 ◆ …………………………………………………69
　　第0　序文 …………………………………………………70

第１　適用範囲 ……………………………………………76
　　　第２　引用規格等 ……………………………………………78
　　　第３　用語及び定義 …………………………………………79
　　　第４　情報セキュリティマネジメントシステム …………88
　　　第５　経営陣の責任………………………………………105
　　　第６　マネジメントレビュー……………………………111
　　　第７　改善…………………………………………………126
　◀ 3. 付属書「詳細管理策」▶ ……………………………136

第４章　重要な ISMS 構築 ……………………………171
　◀ 1. ISMS 認証取得までの流れ ▶ ………………………173
　◀ 2. リスクアセスメントとリスク対応における用語 ▶
　　　　　　　　　　　　　　　　　　　　　………………176
　　（１）情報セキュリティ（Information security）…………176
　　（２）情報資産 ………………………………………………177
　　（３）情報資産の重要度（資産価値）………………………178
　　（４）脅威（threat）…………………………………………178
　　（５）脆弱性（vulnerability）………………………………178
　　（６）リスク（risk）…………………………………………178
　　（７）リスク因子（source）…………………………………178
　　（８）リスク因子の特定（source indentification）………178
　　（９）リスク算定（risk estimation）………………………178
　　（10）リスクの保有（risk retention）………………………178
　　（11）リスクの受容（risk acceptance）……………………179
　　（12）リスクコミュニケーション（risk communication）　179

（13）リスク分析（risk analysis） ·················179
　　（14）リスク評価（risk evaluation） ···············179
　　（15）リスクアセスメント（risk assessment） ·········179
　　（16）リスク対応（risk treatment） ················179
　　（17）リスクマネジメント（risk management） ········179
◆ 3. 情報セキュリティ組織体制の構築 ◆ ···············179
◆ 4. 適用範囲の定義 ◆ ·····························182
　　（1）適用範囲の定義 ·························182
　　（2）適用範囲定義の留意点 ···················183
◆ 5. 情報セキュリティ基本方針の策定 ◆ ··············184
　　（1）情報セキュリティ基本方針の位置づけ ·······184
　　（2）情報セキュリティ基本方針策定の前準備 ·····187
　　（3）情報セキュリティ基本方針の内容 ···········187
　　（4）情報セキュリティ基本方針に望まれること ····188
　　（5）情報セキュリティ基本方針の周知と見直し ····189
◆ 6. リスクアセスメントからリスク対応までの流れの概要 ◆
　　　　　　　　　　　　　　　　　　　　　　　···190
◆ 7. リスクアセスメントの各種手法 ◆ ·················192
　　（1）ベースラインアプローチ ···················192
　　（2）非公式アプローチ ·······················193
　　（3）詳細リスク分析 ·························194
　　（4）組み合わせアプローチ ···················195
◆ 8. リスクアセスメントの実施 ◆ ····················197
　　（1）リスクアセスメント手順の作成 ··············198
　　（2）情報資産の洗い出し ····················200
　　（3）情報資産価値の評価 ····················211

（4）脅威の分析 …………………………………214
　　　（5）脆弱性の分析 ………………………………215
　　　（6）リスク値の算出 ……………………………219
　　　（7）リスク対応評価 ……………………………220
◀ 9．リスク対応の実施 ▶ ………………………………222
　　　（1）リスク取扱いの選択 ………………………222
　　　（2）管理策の選択 ………………………………224
　　　（3）管理策のレビュー …………………………225
　　　（4）受容可能判定 ………………………………227
　　　（5）受容する残留リスクの確認 ………………228
　　　（6）リスクアセスメント結果報告書の作成 …229
◀ 10．適用宣言書の作成と経営者の承認 ▶ …………230
◀ 11．対策基準の作成と実施手順の作成 ▶ …………232
　　　（1）ISMS文書の体系 ……………………………233
　　　（2）対策基準の作成 ……………………………234
　　　（3）実施手順の作成 ……………………………236
◀ 12．ISMS計画書とリスク対応計画書の作成 ▶ …236
　　　（1）ISMS計画書 …………………………………236
　　　（2）リスク対応計画書 …………………………236

第5章　ISMS認証取得上のポイント …………………239
◀ 1．ISMS認証取得推進体制をどうするか ▶ ………241
　　　（1）情報セキュリティ委員会 …………………242
　　　（2）情報セキュリティ連絡会議 ………………243
　　　（3）情報セキュリティ推進室 …………………244

- 2. 適用範囲をどうするか ……………………………245
- 3. ISMSマニュアルは必要か ………………………250
- 4. 重要な資産の洗い出し手順を明確化する ………254
- 5. リスクアセスメントの体系的なアプローチ ……256
- 6. 事業継続管理とリスクアセスメント ……………261
- 7. ISMS文書の作成のポイント ……………………265
- 8. 審査時の指摘事項 …………………………………266

付録　情報セキュリティ関連法律，規範，規格 ……………284

第1章
ISMS 認証取得の意義

ISMS(Information Security Management System)とは，情報セキュリティマネジメントシステムのことであり，情報セキュリティをマネジメントシステムという仕組みで維持していこうということである。

　情報セキュリティとは，情報の機密性，完全性及び可用性を確保し維持することであり，マネジメントシステムとは，組織の構造を確立し，方針を策定し，計画作成活動，責任，実践，手順，プロセスを決め経営資源を割り当てて仕組みを動かしていくことである。

　ISMSを確立・維持している組織に対して，ISMS適合性評価制度という第三者認証制度により，ISMSの認証を付与していく制度がわが国で立ち上っている。

　そもそも何故，ISMSという仕組み，すなわち情報セキュリティを確保していくことが重要になってきたのであろうか。これは，最近のウイルスによる被害の拡大，個人情報等の漏洩事件の発生等に影響を受けている。

　本章では，情報セキュリティ，ISMSの必要になってきた背景，ISMSの概要，重要性について説明していく。

1. インターネットの普及とセキュリティ事件・事故

(1) インターネットの普及

　日本のインターネットの普及についてみてみると，平成14年12月現在，インターネット利用者数は6,942万人と推計され，前年に比べ1,349万人の増加を示している。人口普及率では，54.5％となっており，世帯の普及率も81.4％と全世帯の8割を超えており，各世帯でのインターネット利用が急速に進んでいる状況である。

　世界におけるインターネット利用者人口については，日本の6,942万人は，米国の1億6,575万人に次いで第2位であり，第3位は，中国の5,910万人である。人口普及率54.5％は，全世界の中で10番目になっている。

インターネット利用人口及び人口普及率の推移

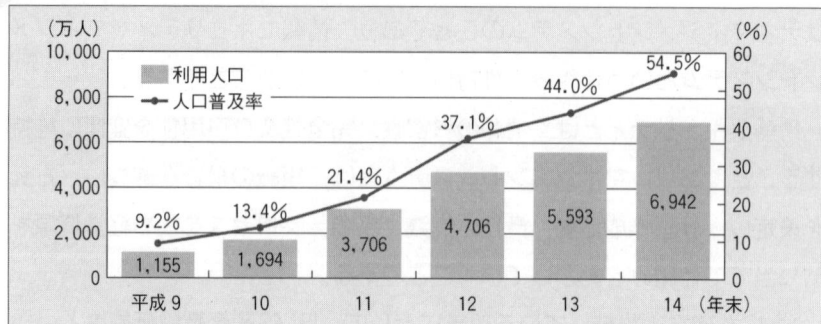

※1 上記のインターネット利用人口は
　　パソコン，携帯電話・PHS・携帯情報端末，ゲーム機，TV機器等のうち，1つ以上の機器から利用している者が対象
　　6歳以上が対象
※2 平成14年末の我が国の人口普及率（54.5%）は，本調査で推計したインターネット利用人口6,942万人を，平成14年末の全人口推計1億2,738万人（国立社会保障・人口問題研究所「我が国の将来人口推計（中位推計）」）で除したもの（全人口に対するインターネット利用人口の比率）
※3 平成9～12年末までの数値は「通信白書（現情報通信白書）」より抜粋。平成13年末の数値は，平成13年通信利用動向調査の推計値
※4 推計においては，高齢者及び小中学生の利用増を踏まえ，対象年齢を年々拡げており，平成12年末以前の推計結果については厳密に比較できない（平成11年末までは15～69歳，平成12年末は15～79歳，平成13年末から6歳以上）

出典：総務省「平成15年版　情報通信白書」

世帯・企業・事業所でのインターネット普及率の推移

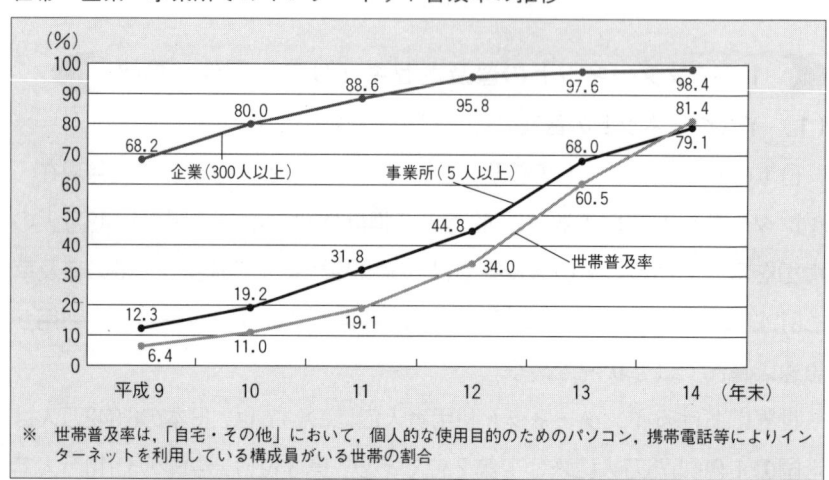

※　世帯普及率は，「自宅・その他」において，個人的な使用目的のためのパソコン，携帯電話等によりインターネットを利用している構成員がいる世帯の割合

出典：総務省「通信利用動向調査」

（2）多発するセキュリティ事件・事故

1. 情報セキュリティに対する意識と被害の状況

　インターネット等の普及に伴い情報セキュリティ事件・事故が多発している。平成14年に約3割弱の個人（パソコン利用の場合）と4分の3の企業が情報セキュリティ事件・事故に遭遇している。事件・事故内容は，コンピュータウイルスによるものが最も多いが最近では，個人情報漏洩事件も拡大してきている。

　平成14年における日本の個人ユーザの情報セキュリティ被害額は約400億円，企業の被害額は約3,500億円と推計されている。

　個人では，3人に2人は何らかの情報セキュリティ対策を実施しているが，一部の利用者においては知識不足やメンテナンス不足によって情報セキュリティ対策が一時的なものにとどまっているのが現状である。企業は約98％とほとんどの企業で何らかの対策を実施しているが，対策の計画や実施に比べると，対策の効果・有効性の検証やセキュリティポリシー，対策等の見直しについては，実施できて

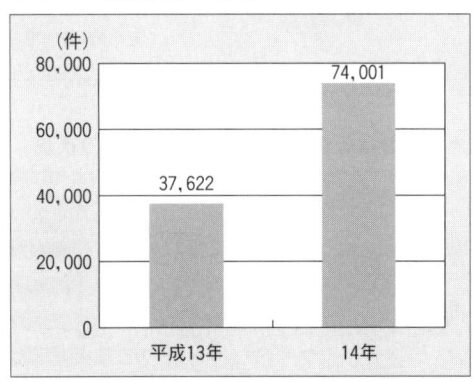

ウイルス届出件数の推移

シマンテック及びトレンドマイクロ資料により作成
出典：総務省「平成15年版　情報通信白書」

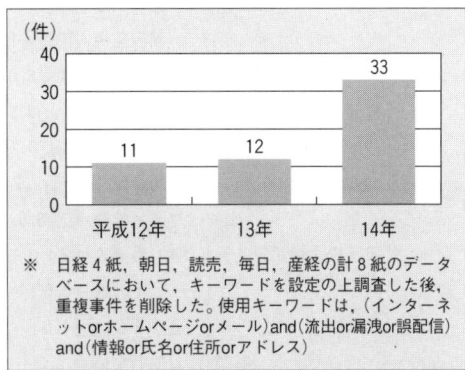

個人情報流出事故件数の推移

※ 日経4紙，朝日，読売，毎日，産経の計8紙のデータベースにおいて，キーワードを設定の上調査した後，重複事件を削除した。使用キーワードは，(インターネットorホームページorメール)and(流出or漏洩or誤配信)and(情報or氏名or住所orアドレス)

出典：「コンテンツ・セキュリティに関する調査」
出典：総務省「平成15年版　情報通信白書」

パソコンからのインターネット利用者における被害状況及び被害内容

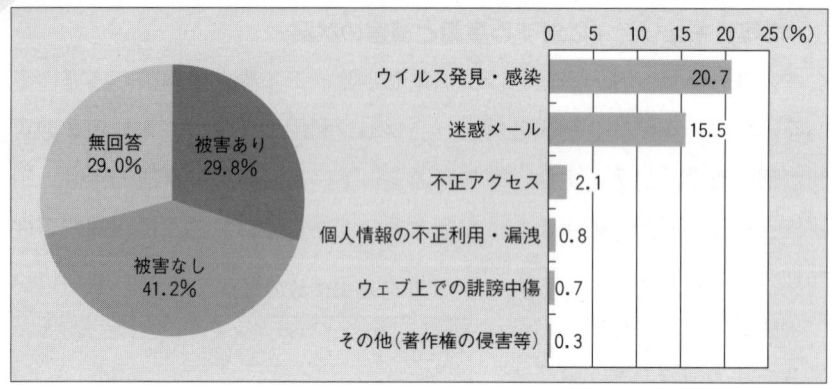

無回答
29.0%
被害あり
29.8%
被害なし
41.2%
0 5 10 15 20 25(%)
ウイルス発見・感染 20.7
迷惑メール 15.5
不正アクセス 2.1
個人情報の不正利用・漏洩 0.8
ウェブ上での誹謗中傷 0.7
その他(著作権の侵害等) 0.3

出典：総務省「平成15年版　情報通信白書」

企業における情報セキュリティ対策の状況

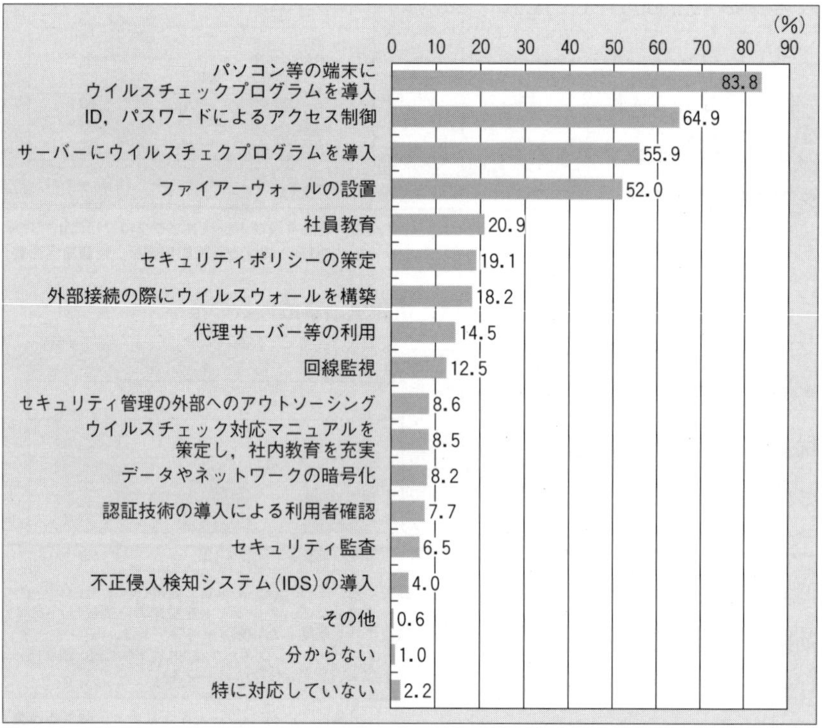

(%)
0 10 20 30 40 50 60 70 80 90
パソコン等の端末にウイルスチェックプログラムを導入 83.8
ID，パスワードによるアクセス制御 64.9
サーバーにウイルスチェクプログラムを導入 55.9
ファイアーウォールの設置 52.0
社員教育 20.9
セキュリティポリシーの策定 19.1
外部接続の際にウイルスウォールを構築 18.2
代理サーバー等の利用 14.5
回線監視 12.5
セキュリティ管理の外部へのアウトソーシング 8.6
ウイルスチェック対応マニュアルを策定し，社内教育を充実 8.5
データやネットワークの暗号化 8.2
認証技術の導入による利用者確認 7.7
セキュリティ監査 6.5
不正侵入検知システム(IDS)の導入 4.0
その他 0.6
分からない 1.0
特に対応していない 2.2

出典：総務省「平成15年版　情報通信白書」

いないとしている企業の割合が多くなっている。

　平成15年の1月にSQLスラマーが韓国等で過去最大規模のインターネット障害を引き起こし，8月にはMSブラストが発生し世界で144万件が感染したと言われており，情報通信ネットワークの安全性・信頼性を脅かす事例が発生している。

2　情報セキュリティの重要性

　以上見てきたように，インターネットの普及等により，情報セキュリティ事件・事故が拡大してきた。それでは，何故このようにセキュリティ事件・事故が頻発するようになってきたのであろうか。その要因についてみていこう。

　それは，情報化社会が到来したことにより，"情報の資産価値"が飛躍的に高まってきたことによる。企業が販売促進のため，電子メールやダイレクトメールにて商品やサービスの情報を提供するのに，個人の情報が必要になる。そこで個人情報を名簿業者が高く買い取るのである。

　そもそも，個人情報などの情報が昔のように紙情報のままであれば，大量の情報であれば，コピーは大変であるし，持ち出しも第三者に見つかってしまう可能性が高い。ところが，情報がデジタルになると媒体コピーは一瞬であるし，格納する媒体自身の携帯性が高く，情報の広域・大量処理が可能になってきている。また，インターネットの爆発的普及により，情報の伝搬に関する，空間的・時間的壁がなくなってきたのも要因である。

【情報の特徴】
1．情報は手にとることができない。
2．情報は容易に複製可能。
3．情報は瞬時に流通する。
4．情報は人によって価値判断が異なる。
5．情報を管理する管理者があいまいである。

また，現代はオープンでかつ高度なネットワークシステムが企業運営の基盤となっており，このシステムの発展に伴い不正行為の増加やシステム障害が頻発しているのである。

　つまり，個人や顧客情報といった情報資産や企業運営の基盤であるオープンでかつ高度なネットワークシステムという情報資産の価値が高まり，それに伴いセキュリティ事件・事故が増大してきた。

　こういった状況において，当初はID・パスワードやファイアーウォール，暗号化，ウイルス対策ソフトの適用など技術的な対策により，情報セキュリティを確保しようとしてきた。しかし，内部の人間が出来心を持ったことにより情報セキュリティ事件・事故が発生し，社会的な問題や事業継続を脅かしかねない問題に発展することから，技術的な対策だけでは限界がでてきたのである。

　すなわち，情報セキュリティの確保については，技術的な対策だけではなく，物理的・管理的な対策を含めて，経営課題として取り組んでいかなければならず，情報セキュリテイの確保の社会的・制度的仕組みの確立が急務となってきたのである。

　以上により，情報セキュリティの事件・事故を防ぎ，情報を保護していく仕組みを確立していくことがいかに重要であるかが認識できたと思う。ここで，情報セキュリティについて確認していこう。

　情報セキュリティとは，「情報の機密性，完全性及び可用性を確保し維持すること」である。機密性（Confidentiality）とは，「アクセスを認可されたものだけが，情報にアクセスできることを確実にすること」であり，ネットワーク上やコンピュータ内の情報を不適切な人間には決して見せないようにすることである。

　完全性（Integrity）とは，「情報及び処理方法が，正確であること及び完全であることを保護すること」であり，ネットワーク上やコンピュータ

第1章 ISMS認証取得の意義

情報セキュリティ事件・事故の要因となる脅威

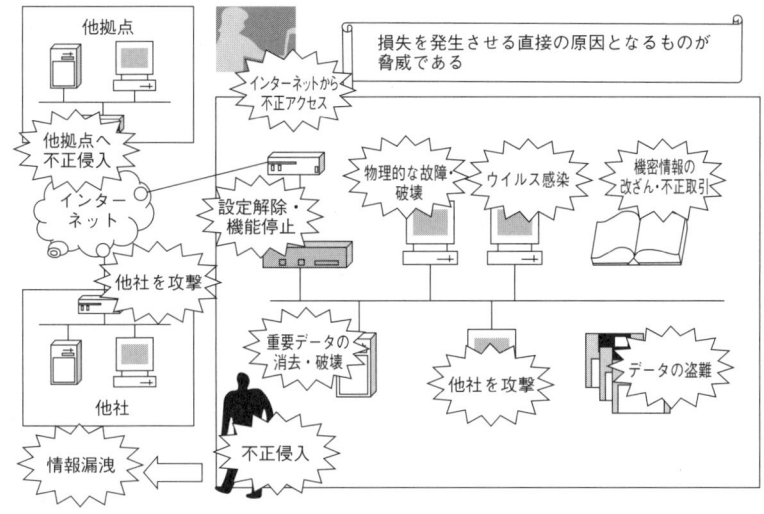

情報セキュリティ事件・事故の要因となる脆弱性

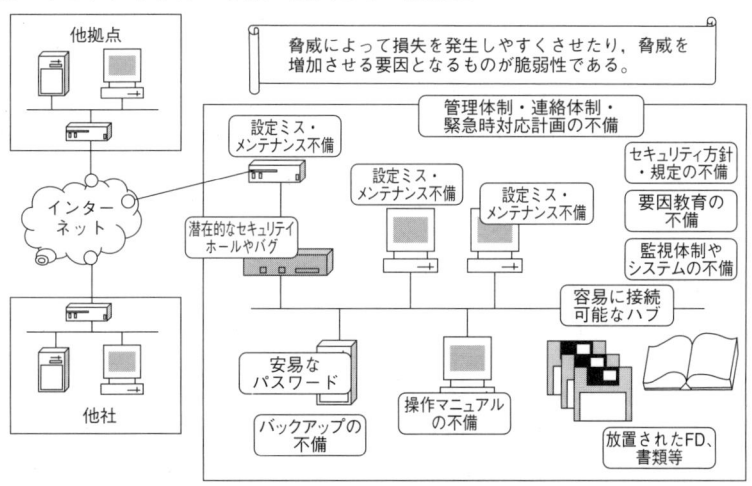

9

内の情報が常に完全な形で保たれ,不正によって改ざんされたり破壊されないことである。

可用性(Availability)とは,「認可された利用者が,必要なときに,情報及び関連する資産にアクセスできることを確実にすること」であり,ネットワークやコンピュータ内の情報や資源(通信路やコンピュータ)がいつでも利用できることである(ISMS認証基準Ver.2.0の定義)。

これらの,情報セキュリティに対する第三者による脅威を現象別に分類すると以下の3つに分類することができる。

① **機密性の喪失**:情報を不当に見られる。すなわち,不適切な主体にネットワーク上やコンピュータ内の情報を見られる。例えば,通信路上での傍受,ハードディスクの不当な読み出し,メールサーバ内のメールの内容を見られるようなことである。

② **完全性の喪失**:情報を不当に破壊,改ざんされる。すなわち,ネットワーク上やコンピュータ内の情報を不当に改ざんされたり,破壊される。例えば,インターネットを用いて行われる電子商取引において,金額情報を改ざんされるようなことである。

③ **可用性の喪失**:不当な利用によりデータやコンピュータパワーが使えなくなる。ネットワークやコンピュータの機能や,保存されている情報が不当な利用によって使えなくなる。たとえば,第三者が通信路上に不当に大量のデータを流すために,本来の利用者がその通信路を使えなくなるようなことである。

情報セキュリティについては,国際的に勧告が通達されているので以下に紹介する。

OECDの「情報システムのセキュリティに関するガイドライン」の大改定

情報システムの国際的な利用促進を目指し，OECD（経済協力開発機構）が世界各国の公共及び民間部門に対して定めた情報セキュリティのための対策，開発，実施，手続等についてのガイドライン。1992年の「情報セキュリティの国際的ガイドライン」を実に10年ぶりに，2002年7月に「セキュリティ文化の普及に向けて」として見直した。ユーザ等情報システム利用者が有する情報システムの可用性，秘密及び一貫性の利益を守るために以下の9つの原則を定めた。

①認識（Awareness）：参加者は，情報システム及びネットワークのセキュリティの必要性並びにセキュリティを強化するために自分達にできることについて認識すべきである。
②責任（Responsibility）：すべての参加者は，情報システム及びネットワークのセキュリティに責任を負う。
③対応（Response）：参加者は，セキュリティの事件に対する予防，検出及び対応のために，時宜を得たかつ協力的な方法で行動すべきである。
④倫理（Ethics）：参加者は，他者の正当な利益を尊重すべきである。
⑤民主主義（Democracy）：情報システム及びネットワークのセキュリティは，民主主義社会の本質的な価値に適合すべきである。
⑥リスクアセスメント（Risk assessment）：参加者は，リスクアセスメントを行うべきである。
⑦セキュリティの設計及び実装（Security design and implementation）：参加者は，情報システム及びネットワークの本質的な要素としてセキュリティを組み込むべきである。
⑧セキュリティマネジメント（Security management）：参加者は，セキュリティマネジメントへの包括的アプローチを採用するべきである。
⑨再評価（Reassessment）：参加者は，情報システム及びネットワークのセキュリティのレビュー及び再評価を行い，セキュリティの方針，実践，手段及び手続に適切な修正をすべきである。

　OECDの「情報システムのセキュリティに関するガイドライン」に則り，企業の情報セキュリティを確保していくにはISMSを構築・維持していくことが近道である。

3. ISMSとは

　企業の情報資産を保護するためには，社会的・制度的仕組みの確立が必要であった。それには，情報セキュリティマネジメントシステムを構築することである。

　情報セキュリティマネジメントシステムとは，ISMS（Information Security Management System）といい，マネジメントシステム全体のなかで，事業リスクに対するアプローチに基づいて情報セキュリティの確立，導入，運用，監視，見直し，維持，改善を担う部分のことである。

　情報セキュリティマネジメントシステムを構築・維持している組織を社会的・制度的に認証していく仕組みとして，情報セキュリティマネジメントシステム（ISMS）適合性評価制度を財団法人 日本情報処理開発協会（JIPDEC）が2002年4月に，国際的に整合性のとれた情報システムのセキュリティ管理に対する第三者認証制度として設立した。

　ISMSの構築により組織が保護すべき情報資産について，機密性，完全性，可用性をバランスよく維持し改善することができるようになり，組織における個別のセキュリティ技術対策の他に，組織のマネジメントとして，自らのリスク評価により必要なセキュリティレベルを決め，プランをもち，資源配分して，システムを運用することができるようになる。

　企業は従来，経営の状況を把握し新たな意思決定をするために"財務マネジメント"を行ってきた。そしてまた，組織内の人材を育成管理するために"人事マネジメント"を行ってきた。さらに，組織運営のための基盤となる設備などの"資源マネジメント"も行ってきた。これからは，明日の企業経営を左右する企業の情報資産に対し，しっかりと"情報マネジメント"を行っていくことが望まれる。

4. 創設の背景

　ISMS適合性評価制度を設立した背景について説明する。

まず，従来より情報処理サービス業に対しては，その情報システムの機密性，保全性及び可用性を確保することを目的として，自然災害，機器の故障，故意・過失等のリスクを未然に防止し，また，発生したときの影響の最小化及び回復の迅速化を図るため，情報システム運用者が実施する設置・技術・運用の対策基準に適合した仕組みをもつ事業者を認定する「情報処理サービス業情報システム安全対策実施事業所認定制度（安対制度）」が存在していた。

　しかし，インターネット等ネットワーク化の急速な拡大により，消費者と企業，企業と企業によるネットワークビジネスが急速にかつグローバルに発展し，情報処理サービス業だけに留まらず，そのネットワークに介在する消費者・仲介者（情報処理サービス業者を含む）・企業などの全ての者の意識の向上をはじめとした取引における安全性，信頼性の確保が必要となってきた。

　また，安対制度創設時は，計算センターが中心であったのに対し，ASP，IDC等の新たな情報処理サービス業の形態による多様なネットワークビジネス形態が出現してきた。

　さらに，国際社会において日本がITを経営に生かしきれておらず，国際競争力が低迷している現状がある。国際社会におけるわが国の情報セキュリティレベル全体の向上に貢献するために，また国際的な取引を行っていく上で，諸外国からも信頼を得られる情報セキュリティレベルを達成するためにも情報セキュリティのグローバルスタンダードに準拠した仕組みを立ち上げる必要が出てきたのである。

　そこで，国として情報処理サービス業情報システム安全対策実施事業所認定制度（安対制度）を2001年3月に廃止し，グローバルスタンダードに則ったISMS認証制度の仕組みを立ち上げ，1年間のパイロット期間を置いた後，2002年4月にISMS適合性評価制度を正式に成立させた。

5. ISMS 認証取得のメリット

それでは，ISMSを構築・運用していくとどのようなメリットがあるのであろうか。

まず，組織内部においては，職場内での情報資産の取扱いの整理ができ，整備された環境により業務の効率化が期待できる。その上で本質的な情報セキュリティマネジメントの仕組みが維持でき，安全な情報の共有化とともに，従業員の意識が向上し情報セキュリティ組織文化が定着するであろう。また，仕組みを維持することにより利害関係者に対する説明責任が果たせるようになる。

組織外部においては，情報セキュリティに配慮した企業として情報セキュリティサービス品質の保証を行うことになり，信頼性がより高まることになる。また，公共事業等への入札条件をクリアでき，その結果受注が増え，競合他社に対する優位性を確保できる。また，組織の情報セキュリティマネジメントシステムが有効か否かの客観的な評価基準を提供することになる。そして，ネットワークを介してビジネスを行う取引相手としての情報セキュリティレベルを保証することにもなる。こういった，マネジメントシステムに継続的に取り組んでいる企業として，社内外の企業価値が向上することになるのである。

ISMS 認証取得のメリット

組織内	組織外
職場の情報整備による業務の効率化 本質的な情報セキュリティの向上 説明責任(アカウンタビリティ)の明確化 安全な情報の共有化	企業(組織)価値の向上 運用基準を明確化することによるサービス品質の向上 信頼性のアピール 同業他社に対する優位性の確保

第2章
ISMS 認証適合性評価制度と認証審査

本章では，ISMS 適合性評価制度の制定経緯，実際の運用の仕組み，そして認証審査の流れ，特に，文書審査と実地審査について見ていく。

1. ISMS 適合性評価制度とは

ISMS 適合性評価制度は，国際的に整合性のとれた（BS7799-2 と整合）情報システムのセキュリティ管理に対する第三者認証制度（財団法人 日本情報処理開発協会：JIPDEC が認証）である。

これまでに標準化されたマネジメントシステムの ISO 規格としては，ISO9001，ISO14001 がある。情報セキュリティマネジメントシステムの国際標準規格は ISO/IEC17799 がある。これは，英国規格の BS7799-1 が ISO 化されたものである。BS7799-1 は「情報セキュリティマネジメントの実践のための規範」であり英国を中心とした情報セキュリティ先進企業の採用している情報セキュリティ対策を集めてきて，ベストプラクティス集にしたものであり「～こうするとよい」と表記されている。BS7799-1 は2000年12月に ISO/IEC17799 として ISO 化されている。

BS7799 には BS7799-2 がある。これはガイドラインである旧 BS7799-1 を認証用に発展させたもので，情報セキュリティのマネジメントシステムの仕組みを構築している事業者の認証を行うための認証基準「情報セキュリティマネジメントシステム－仕様及び利用の手引」である。ISO/IEC 17799（旧 BS7799-1）はガイドラインであるので「～することが望ましい」との表記である。これに対して BS7799-2 は，認証基準であるので「～しなければならない」といった記述になっていることもあり，ISO 化が遅れている。

日本においては，「創設の背景」で述べたように，情報処理サービス形態の多様化，インターネットの急速な普及により増大するセキュリティ事故にいち早く対応するためにも，旧安対制度を廃止し，BS7799-2 に基づく

ISMS 認証基準の制定経緯

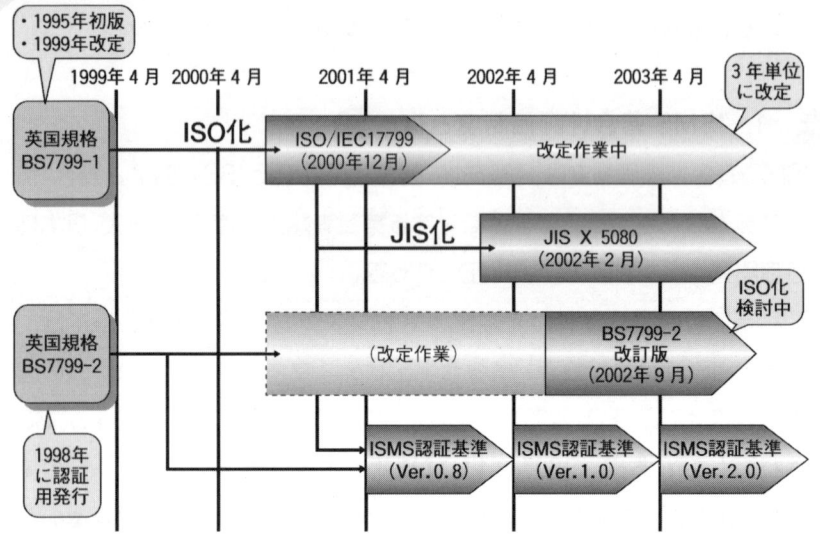

出典：JIPDEC「ISMS適合性評価制度の概要（2003年6月版）」に加筆

ISMS 適合性評価制度を2001年4月に設立した。

　2001年4月から1年間は旧安対制度の認定事業者の移行期間とし，2002年4月に正式にISMS 適合性評価制度を発足し認証基準（Ver.1.0）が発行された。このISMS 認証基準（Ver.0.8）と認証基準（Ver.1.0）はBS7799-2：1998を基にして作られた。このBS7799-2：1998はその後，グローバルにパブリックコメントを受け，ISO9001：2000のマネジメントシステムの要求事項を取り込み，2002年9月にBS7799-2：2002として大幅に改定された。これを受け，2003年4月21日にJIPDECよりISMS 認証基準（Ver.2.0）が発行されている。

　ISMS 認証基準（Ver.2.0）は，以下の特徴がある。
・国際標準ISO/IEC 17799：2000（JIS X 5080）に立脚し，英国規格BS7799-2：2002を参考にして作成された。
・国際標準ISO/IEC17799：2000の改定動向等やJIS化後の周知状況を踏

まえ，より時代に適合したものにするために，適宜，見直しを図る。
・技術的なセキュリティ対策だけでなく人間系の運用・管理面のセキュリティ対策も含めたマネジメントシステムの観点である。
・本規格は，組織の規模を問わず情報資産を保護する必要がある場合の情報セキュリティの範囲を明確にする際の枠組みや規範，基準になるべき考え方等をまとめたものであり，情報セキュリティマネジメントに対する普遍的，包括的なガイドを示している。

ISO/IEC17799とBS7799-2については次の通りである。
（1）ISO/IEC17799：2000（情報技術－情報セキュリティマネジメントの実践のための規範 Information technology-code of practice for information security management（COP））
　　・情報セキュリティの最適な実施指針を提供
　　・組織が適切なISMSを実施するための管理策を提供
　　・組織はCOPをさらに拡大して基準とすることも可能
（2）BS7799-2：2002（情報セキュリティマネジメントシステム－仕様及び利用の手引 Information security management systems - Specification with guidance for use）
　　・情報セキュリティマネジメントシステム（ISMS）を確立し維持するための文書化の要求事項
　　・組織が選択すべき詳細管理策の実施の要求事項
　　・組織のISMSを認証することが可能

2. ISMS適合性評価制度の運用

ISMS適合性評価制度の運用については，ISMSの審査員を養成するための審査員研修制度，ISMS審査員（審査員補，審査員，主任審査員）を

資格要件に基づき評価登録する審査員登録制度，ISMS 認証基準に基づき，審査評価希望事業者を審査・登録を行う審査登録制度の3つの仕組みから成り立っている。

（1）審査員研修制度

審査員になるために必要な基礎的な知識とスキルを習得するための仕組み。審査員研修機関が研修を実施する。

（2）審査員登録制度

審査員の適切な能力及び資格を評価・登録する仕組み。審査員評価登録機関が審査員の資格を付与する。

（3）審査登録制度

組織が構築した情報セキュリティマネジメシトシステム（ISMS）が，認証基準に適合しているか否かを審査登録機関が審査し，適合している場合には，審査登録機関に登録されるとともに，組織の希望により認定機関（JIPDEC）に登録・公表される。

次の表に審査員の主な資格基準についてまとめる。

資　格	資格基準
審査員補	・情報技術分野：4年以上の実務経験 ・情報セキュリティ分野：2年以上の実務経験 　→　情報セキュリティアドミニストレータ試験等の合格で代用可 ・ISMS審査員研修コースの合格・所属機関の推薦
審査員	・審査員補の資格基準を満たす ・最低4回延べ20日間の審査実績 ・主任審査員2名からの推薦
主任審査員	・審査員の資格基準を満たす ・最低3回の審査チームリーダーの実績

第2章 ISMS認証適合性評価制度と認証審査

ISMS適合性評価制度の運用の仕組み

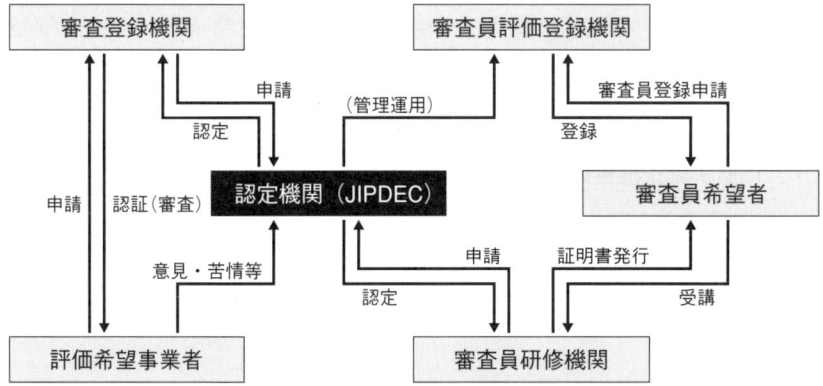

出典：JIPDEC「ISMS適合性評価制度の概要（2002年4月版）」

ISMS運用機関の役割

ISMS運用機関	役　割
認定機関 （財）日本情報処理開発協会（JIPDEC）	・ISMS適合性評価制度の運用と維持管理。 ・審査登録機関の認定と定期的なサーベイランス、3年に1回の更新審査を実施。 ・審査員研修機関の認定と定期的なサーベイランス、3年に1回の更新審査を実施。 ・審査員評価登録機関の管理運用。 ・審査登録、その他制度に対する問い合わせ窓口。
審査登録機関	・ISMS審査登録機関認定基準に基づき、認定機関（JIPDEC）の認定審査を受け、定期的なサーベイランスと、3年に1回の更新審査を受ける。 ・ISMS認証基準により、評価希望事業者を審査・登録を行う。 ・登録した事業者の定期的なサーベイランス、3年に1回の更新審査を行う。
評価希望事業者	・評価希望事業者（ISMS認証取得を希望する事業者）は、申請適用範囲のISMSを確立する。 ・審査登録機関の選択と申請（審査依頼）。 ・ISMS認証基準に適合しているか否かについて本審査（Stage1、Stage2）を受審する。 ・審査結果に基づき認証・登録される。 ・登録された場合、ロゴマークを商業文書に使用することが可能。
審査員研修機関	・ISMS審査員研修機関認定基準、ISMS審査員研修コース基準に基づき、認定機関（JIPDEC）の認定審査を受け、定期的なサーベイランスと、3年に1回の更新審査を受ける。 ・審査員を養成するため、情報セキュリティマネジメントシステムに関する研修・試験を行う。 ・受講者の観察評価、試験結果を総合的に判断し、合否を判定する。
審査員評価登録機関	・ISMS審査員の評価・登録を行う。 ・ISMS審査員（審査員補、審査員、主任審査員）の資格要件に基づき評価登録する。 ・審査員補、審査員および主任審査員の登録の有効期限は3年間で、3年ごとに再登録のための評価を行う。 ※認定されたISMS審査員研修の合格証明書が有効である。

出典：JIPDEC「ISMS適合性評価制度の概要（2002年4月版）」

3. ISMS 認証審査

ISMS 適合性評価制度の運用の仕組みを解説してきた。それでは、ISMS 認証審査はどのような目的で、どのような流れにより実施されるのであろうか。

(1) ISMS 認証審査の目的

ISMS 認証審査は、通常、次に示す一つまたはいくつかを目的として計画される。

①認証基準の要求事項に対する、ISMS 要素の適合または不適合を判定するため。
②被審査組織により指定されたセキュリティ目標を満たすうえでの、実施された ISMS の有効性を判定するため。
③被審査者に ISMS を改善する機会を提供するため。
④法的及び規制要求事項を満たすため。
⑤審査された組織の ISMS を登録簿に掲載できるようにするため。

ISMS の認証を取得しようとする組織は ISMS 認証取得のメリット（第 1 章 P.14）を理解して開始するのであるが、開始するきっかけもいくつかあろう。ISMS 認証取得は、一般に、次に示す一つまたはいくつかの理由から始められることが多い。

①契約関係を結ぼうとするときに、最初に供給者を評価するため。
②ある組織が、自己の ISMS が引き続き規定要求事項を満たし、かつ、実施されていることを検証するため。
③契約関係の枠内で、供給者の ISMS が引き続き規定要求事項を満たし、かつ、実施されていることを検証するため。
④ある組織が自己の ISMS を ISMS 認証基準に照らして評価するため。

（2）審査の種類

審査の種類には、外部の審査機関が行う審査以外に内部の監査員が行う監査もある。内部監査を行う際にこれは審査と同じだという認識が必要である。この認識があれば、内部監査の実施は、登録審査（本審査）に向けての予行演習になる。

審査には、「第一者監査」、「第二者監査」、「第三者審査（監査）」の3種類がある。

①第一者監査（内部監査）

組織自らが、組織のISMSを監査する。基本的には、自社の監査員がISMSを監査する。これによって、効果的なマネジメントレビュー、是正処置、予防処置または改善処置のための有益な情報が提供される。監査員

審査の種類

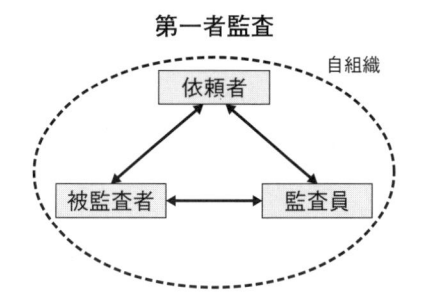

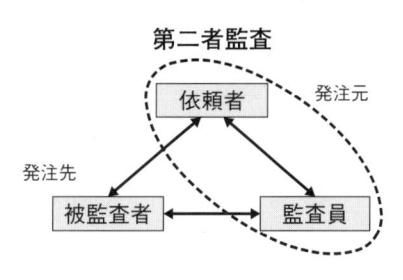

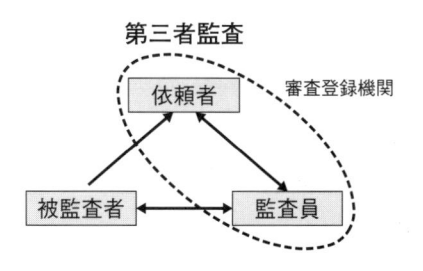

（参考）"依頼者"とは
・監査を要請する個人または組織。
次の場合も依頼者ということができる。
　a）自己のISMSをあるISMS規格に照らして監査を受けたいと望む顧客。
　b）供給者のISMSを自己の監査員または第三者によって監査したいと望む顧客。
　c）提供される製品またはサービスに対する適切な管理がISMSにおいて行われているかどうかを判定する権限を与えられている独立機関。
　d）被監査組織のISMSを登録簿に掲載するために監査を行うことを指定された独立機関。
※本書ではd）の解釈をとっている。
（JIS Z 9911-1 品質システムの監査の指針―第1部：監査）

は不適合の是正について助言・提案・勧告を積極的に行う。被監査者が望めば、一緒に問題の解決に努める。

②第二者監査(外部監査)

取引関係等、利害関係にある者が組織の監査を行う。これにより組織に対する信頼が生まれる。監査員は不適合の是正について解決方法等をアドバイスするが、被監査者と一緒に問題の解決まではしない。

③第三者審査(外部監査)

利害関係のないものが行う審査(監査)で、審査登録機関等が行うもの。これにより組織は潜在的顧客からの信頼を得ることができる。審査員は不適合の是正について解決方法等のアドバイスは行わない。

なお、"監査"と"審査"の違いは以下の通りである。

監査:その正確さを検証するために、ある事柄を調べる(批判的立場で動かぬ証拠を探す)。

審査:それが何であるかを決定するために、ある事柄を調べる。

(3) ISMS 審査の概略

ISMS 適合性評価制度における認証審査の手順の概要は次の通りである。

①審査登録機関の選択

ISMS 認証取得を希望する組織(以下、被審査組織)は、審査登録機関を選択し、審査登録業務契約(認証契約)を締結する。

②必要書類提出

被審査組織は、申請のための必要書類を審査登録機関に提出する。

③書類受理／審査

審査登録機関は、被審査組織からの提出書類を受理／審査する。

④予備審査

審査登録機関は、被審査組織に対し予備審査を実施する。ただし、予備

審査は被審査組織のオプションであり、審査登録機関の事情により省くことができる。

⑤本審査の通知
審査登録機関は、本審査の実施予定等を被審査組織へ通知する。

⑥本審査
審査登録機関は、被審査組織に対し本審査を実施する。

本審査は、文書審査（Stage1）と実地審査（Stage2）に分かれる。

⑦指摘事項等の通知
審査結果により指摘事項等があれば、被審査組織へ通知する。

⑧是正処置
被審査組織は、指摘事項等を基にISMSの是正処置をする。

ISMS審査の概略

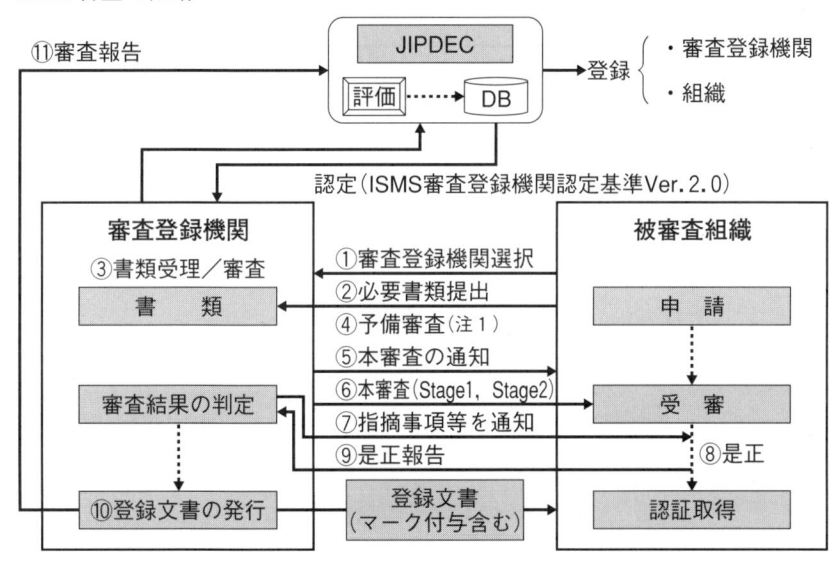

(注1) 審査登録機関の事情により省くことができる（被審査組織のオプション）。また、行われるタイミングは審査機関によって異なる。
(注2) 審査登録後は、定期的なサーベイランス及び更新審査が実施される。

出典：JIPDEC「ISMSガイド」

⑨是正報告

被審査組織は，審査登録機関に対し是正報告をする。

⑩登録文書の発行

登録可の場合は，審査登録機関は，被審査組織に対して登録文書（マーク付与を含む）を発行する。

⑪審査報告

審査登録機関は，JIPDEC に対し審査結果の報告をする。

（4）具体的な ISMS 審査の内容

ISMS 認証を取得しようと決意した組織はまず，ISMS の構築作業に取

ISMS 審査の手順

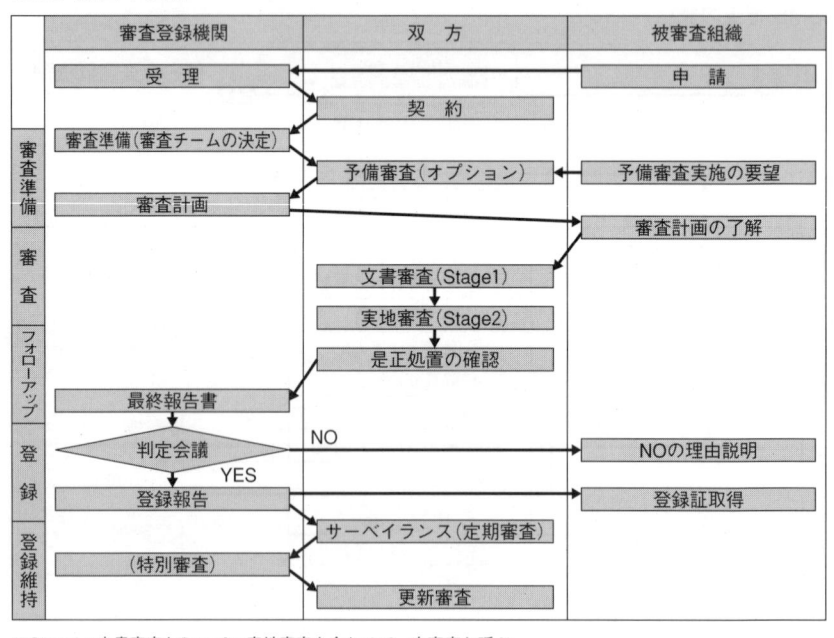

審査準備	審査登録機関	双　方	被審査組織
	受　理 ←		申　請
		契　約	
	審査準備(審査チームの決定)		
		予備審査(オプション) ←	予備審査実施の要望
	審査計画 →		
審査			審査計画の了解
		文書審査(Stage1)	
		実地審査(Stage2)	
フォローアップ		是正処置の確認	
	最終報告書		
登録	判定会議 ―NO→		NOの理由説明
	YES		
	登録報告		登録証取得
登録維持		サーベイランス(定期審査)	
	(特別審査)		
		更新審査	

※Stage1：文書審査とStage2：実地審査を合わせて，本審査と呼ぶ。

り掛かる。通常ここまでの作業に5〜6ヶ月かかるのが普通である。後ほど詳述するが，構築作業が終わりISMSの枠組みが完成したら，実際の運用を開始し1〜2ヶ月ほど運用した段階で本審査を受審するのが通常の形である。本審査は文書審査（Stage1）と実地審査（Stage2）に分かれており，実地審査（Stage2）の指摘事項に対する是正処置が終わり，審査機関の確認が終了し認証登録が行われるまでに3〜4ヶ月かかっている状況である。

ここでは，本審査の内容について見ていきたい。

①審査機関選定開始の時期

審査機関の選定に関しては，各機関の特徴があるので，コンサルタントなどから情報を収集したり，実際に審査機関を訪問し直接話しを聞き，感覚をつかむことをお勧めする。

審査機関から見積りをとり，審査機関を決定し申請を行うが，この段階で，審査機関から適用範囲に関する調査資料の提出を依頼されることがある。通常，以下のような内容について聞かれることが多い。よって，申請をする段階までに，少なくとも適用範囲が明確になっていることが望ましい。

【適用範囲調査項目】
1．対象組織の概要
　　会社名，住所，資本金，従業員数，主要製品・サービス，適用範囲
　（従業員数，主要業務，主要製品）
2．認証取得目的
3．既存の取得認証
4．サイト（事業所・拠点）の概要
5．ISMSの構築・運用経緯
6．対象の情報セキュリティ関連法令・規制
7．物理的・環境的セキュリティ管理状況
8．主要な業務（サービス）システムの状況
9．ネットワーク構成図，システム構成図

> 10. ネットワーク規模
>   社内ネットワーク（ドメイン数，通信速度，接続サイト数）
>   外部接続ネットワーク（インターネット接続数，専用線本数）
> 11. ウイルス対策，不正アクセス対策状況，暗号化状況
> 12. システム開発の状況
> 13. システム運用の状況
> 14. 提出文書状況
>   情報セキュリティ基本方針，適用範囲定義，リスクアセスメント規程，情報資産目録，リスクアセスメント結果報告書，適用宣言書，文書・記録管理規程，内部監査規定，是正・予防処置規程，対策基準など
> 15. 連絡先

　審査機関の選定を開始する時期は，早いに越したことはないが，以上を踏まえると本審査を受けようとする（文書審査（Stage1）を受けようとする）3〜5ヶ月前から始めるとよい。

②予備審査

　審査機関からの見積り，実際の申請を終え，受理され契約が交わされたら，いよいよ審査の開始である。審査には予備審査も用意されている。予備審査は本審査を受ける準備ができているかを確認することであり，内容としては本審査と同様の内容で行われる。予備審査を受審するかどうかは自由である。コンサルティング等の支援を受けている場合，予備審査を省略する場合もあれば，念のため受審する場合もある。

③審査チームの確認

　審査機関では，契約の締結に基づき，審査計画を策定する。主要な計画内容は，審査チームの編成，審査日程の調整等である。
　審査チームの編成では，チームのリーダーおよびメンバーが配員される。

編成に関しては、必要な工数を確保すること、審査チームがその組織のISMSの審査を遂行することができる能力を確保することが主要なポイントとなる。

審査チームの編成は、審査機関の審査チーム編成手順書に従って、有資格者の審査員リストから選定される。選定では、審査チームリーダーとなる主任審査員がまず選ばれ、審査リーダーがチームメンバーとなる審査員資格者を選ぶというのが一般的である。さらに必要な場合、技術専門家や審査員補が審査チームに加わることがある。なお、有資格の主任審査員と審査員だけが正式審査員で、その他の技術専門家や審査員補は質問など直接的な審査業務は行わない。

審査チームの編成については、審査チームメンバーの氏名・所属・資格・経歴などが、事前に提示され、了解の確認がされる。何故ならば、被審査側とライバル関係にあったりする審査員がいることがあるかもしれないからである。

ここで確認しておきたいのは、審査チームの役割である。審査チームの使命は、効果的なISMSを構築するための被審査組織の努力を支援することにある。

④審査日程の確認

次に、審査機関から、審査日程の調整がある。審査機関では、必要な工数、および被審査組織から提出されたISMSに関する資料および希望日程をレビューし審査の詳細スケジュールを立案する。このスケジュールについて審査機関から受審組織に確認があるので、双方合意の上で日程を決定する。

審査期間は被審査組織の規模やネットワークシステムの規模にもよるが、300人規模の組織、サイト数箇所で、文書審査（Stage1）で2人日、実地

審査工数表（ISO/IEC Guide62:1996 への IAF ガイダンス）

従業員数	審査工数(人日)	付加及び削減要因	合計審査工数
1-10	2		
11-25	3		
26-45	4		
46-85	5		
86-125	6		
126-175	7		
176-275	8		
276-425	9		
426-625	10		
626-875	11		
876-1175	12		
1176-1550	13		
1551-2025	14		
2026-2675	15		
2676-3450	16		
3451-4350	17		
4351-5450	18		
5451-6800	19		
6801-8500	20		
8501-10700	21		
>10700	上記増加率に従う		

審査（Stage2）で9人日くらいである。初回審査の費用は審査機関にもよるが，同300人規模で2百万円から3百万円の範囲である。審査工数の算出については，上記の「ISO/IEC Guide62：1996へのIAF（Intrenational Accrediation Forum .Inc：国際認証機関フォーラム）ガイダンス　審査工数表」があるが，実際は審査機関ごとに独自の審査工数表を保有しているので，詳しくは審査機関に確認されたい。

⑤審査対象部門の決定

　第2段階審査（Stage2：実地審査）では，認証基準の項目について，実際の現地での審査確認を行う。審査チームは，限られた時間の中では認証基準をすべての部門でチェックできないので，それぞれの項目の関係の深そうな部門をサンプル抽出して確認する。もちろん，それが複数の部門に

審査計画マトリックス表

◎：主管部門　○：関連部門

要求事項 \ 審査対象部門	経営陣	危機管理室	情報システム部	総務部	人事部	経理部	経営企画部	営業部	購買部	第一開発部	第二開発部	第三開発部
第4　情報セキュリティマネジメント												
1.一般要求事項	○	◎										
2.ISMSの確立及び運営管理	○	◎	○									
（1）ISMSの確立	○	◎	○									
（2）ISMSの導入及び運用	○	◎	○									
（3）ISMSの監視及び見直し	○	◎	○									
（4）ISMSの維持及び改善	○	◎	○									
3.文書化に関する要求事項	○	◎	○	◎	○	○	○	○	○	○	○	○
（1）一般	○			○	○	○	○	○	○	○	○	○
（2）文書管理	○		◎									
（3）記録の管理	○		○	◎	○	○	○	○	○	○	○	○
第5　経営陣の責任												

なることも多い。

　審査チームは，どの項目をどの部門で審査するかを示す審査計画マトリックス表を作成し，審査に臨む。この内容は実地審査（Stage2）の審査計画書に反映され，被審査組織はこの審査計画書によりどの部門が審査対象になるか知ることができるのである。

⑥審査計画書

　審査は，見積書で提示された限られた工数で効率的に実施される必要がある。そのために，審査計画書が提示される。Stage1の文書審査については，事前に提出が求められるISMS文書が認証基準に適合しているかを審査するものである。そのため，現地に確認に来る場合は（審査機関によ

実地審査計画書の例

登録証番号：		チームリーダー：〇〇　〇〇		適用規格：ISMS認証基準Ver.2.0	
会社名：株式会社ＡＢＣ		チーム1審査員：〇〇　〇〇			
審査対象：		チーム2審査員：△△　△△		審査開始日：20××年2月1日	
審査種類：初回		チーム3審査員：□□　□□		審査終了日：20××年2月2日	
20XX年2月1日		チーム1		チーム2	
開始	終了	審査項目／審査対象部門		審査項目／審査対象部門	
09:30	10:00	初回会議(オープニングミーティング)				
10:00	10:30	文書審査後のISMS是正確認／危機管理室				
10:30	11:00	トップマネジメントインタビュー セキュリティポリシーの確認／経営者				
11:00	12:00	ISMS対象範囲の確認 リスクアセスメントの結果の確認 適用宣言書の確認／危機管理室				
12:00	13:00	昼食				
13:00	14:00	文書化，文書管理，記録の確認／危機管理室 施設管理と廃棄物処理の状況確認				
14:00	15:00	内部セキュリティ監査人に対するインタビュー／内部監査人				
15:00	16:30	情報セキュリティ委員会実施状況および契約状況の確認／危機管理室				
16:30	17:00	審査チーム会議				
17:00	17:30	中間会議				
20XX年2月2日		チーム1		チーム2	
開始	終了	審査項目／審査対象部門		審査項目／審査対象部門	
09:30	10:30	組織の事業継続計画管理の状況確認／危機管理室 ISMSの評価，見直しの実施確認／危機管理室 法規則等要求事項への適合性確認／経営企画室				
10:30	12:00	職務定義書，採用プロセスに関する確認 教育・訓練の状況確認／人事部				
12:00	13:00	昼食				
13:00	16:00	物理的及び環境的セキュリティ確認 通信及び運用管理確認 アクセス制御確認 システムの開発保守確認／第一開発部		物理的及び環境的セキュリティ確認 通信及び運用管理確認 アクセス制御確認 システムの開発保守確認／第二開発部	
16:00	17:00	実地審査報告書作成				
17:00	17:30	組織代表者報告会議				
17:30	18:00	最終会議(クロージングミーティング)				

り異なる),いつどの場所で現地の文書審査を行うかを記した審査計画書が提示される。

Stage2 の実地審査は現地での審査になるため,具体的な時間と対象認証基準項目,対象の部門が明記された審査計画書が提示される。

審査の詳細なスケジュールは,審査登録機関と受審組織で合意された日程について,対象部門責任者等のスケジュール上のアポイントを確実にすること,及び,それぞれの部門では,どの ISMS の要求事項が主要な事項として審査されるかといったことが分かる内容のものが示される。

⑦文書審査(Stage1)と実地審査(Stage2)

文書審査と実地審査を合わせて本審査と呼んでいる。

文書審査では,事前に提出された ISMS 文書が認証基準の要求事項を適合しているかの審査を行う。この審査の結果,不適合が指摘された場合,通常,被審査組織は是正計画を提出し,是正処置を行い,審査機関の確認を終えて初めて実地審査に進むことができる。

実地審査は,文書審査の結果を踏まえて計画された実地審査計画に従って,審査を実施する。ISMS 文書の適合性の審査以外に現場でその通り実行されているかの有効性の審査が中心となる。

詳しくは「4. 文書審査」で,「5. 実地審査」で説明する。

⑧登録

実地審査の結果が全て適合であるか,または不適合事項全ての是正処置が確認されたならば,審査機関の判定委員会において「審査チームリーダーから提出された報告書」を基に審議し依頼者により審査登録の可否の判定がなされる。審査登録機関(依頼者)から,判定結果が申請者(被審査組織)へ通知される。

判定委員会の開催数は審査登録機関により，登録申請数により異なるが，現状では毎月1回月末に開催されることが多いようである。

⑨維持

審査登録機関により被審査者が審査登録された後も，継続して認証基準に適合する効果的なISMSを維持していることを検証するために，サーベイランス（定期審査）及び更新審査が行われる。

審査登録を維持するには，情報セキュリティマネジメントシステムが継続して有効性があるかを定期的に確認するサーベイランスを少なくとも1年に1回以上受けなければならない。

また少なくとも3年毎に更新審査を受けて，適合していれば登録が更新される。

サーベイランスと更新審査における活動・手法は，原則的には初回審査と変わらない。ただし，サーベイランス及び更新審査においては，「変化した点」，「変更した点」，「前回の指摘事項（推奨事項含む）」については慎重に審査される。プログラムには，通常次の項目が含まれる。

①審査対象の事業所及びそれを取り巻く情報セキュリティ環境の変化の確認
②変更された部分の確認
　・情報セキュリティポリシーの変更
　・手順の変更等
③情報セキュリティポリシーの遵守状況の確認
　・内部監査
　・見直し等

また，審査規模（工数）は一般に以下のようになる。

　　　　　初回審査＞更新審査＞サーベイランス

4. 文書審査（Stage1）

　ISMSがその目的に沿って，計画され，文書化されていることを確認する。

　この段階で，もし不適合が示されたら，受審組織は実地審査（Stage2）の開始までに不適合の状態を解決する是正計画を提出する必要がある。この段階でマネジメントシステムとして，計画に大きな欠落や問題点がある等の場合は，実地審査（Stage2）に進むことはできない。

（1）文書審査の目的

　文書審査の目的は次の通りである。

① ISMS認証基準 第4～第7に規定するISMSが構築，維持されていることを審査する。
② 情報セキュリティポリシーやISMSの目的に沿って，ISMSが構築されていることを文書で確認する。
③ 被審査組織の実地審査への準備状況を確認する。
④ 実地審査での審査項目を明確にする。

（2）対象

　審査の対象を組織／体制でみると，ISMSが適用される組織全体となる。しかし，この段階では，ISMSの枠組みが構築されているかのISMS文書を中心とした審査になるため，現地での審査がある場合（審査機関により異なる）でも，特に経営層，ISMSの推進部門でのヒアリング審査が中心となり，現場部門へは，あっても特定したリスクが適切かどうかを確認するサイトツアー程度となる。

　ISMSの認証基準でみると，主に適用範囲の重要な情報資産を識別するためのリスクアセスメントの結果とその方法，リスク対応として管理策の選択へのアプローチ，要求される保証の度合い，情報セキュリティポリ

シーと ISMS の構造及び手順についての確認と文書化についての確認がある。

（3）文書審査の手順

- 受審組織は情報セキュリティポリシー，適用宣言書など ISMS 文書を提出する。場合により，現地への訪問があり，文書審査が行われる。
- ISMS が申請範囲をカバーしているか確認される。
- 受審組織が実地審査（Stage2）を受けることができる状態にあるかどうか判定される。
- 文書審査報告書が提出され，受審組織は中間是正計画の作成とその実施を行う。
- 必要に応じて実地審査計画が見直される。

（4）文書審査の判定

文書審査は通常，認証基準の項番ごとに，被審査組織の ISMS 文書を確認し，適合しているか否かを確認し，その結果が報告される。

①適合
②軽微な不適合 … 是正計画の提出を求める or 実地審査で再確認

文書審査の手順

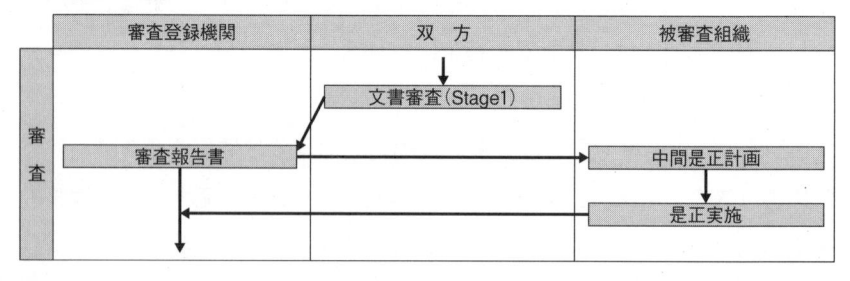

	審査登録機関	双　方	被審査組織
審査	審査報告書	文書審査(Stage1)	中間是正計画
			是正実施

③重大な不適合 … 是正計画の提出を求める

(5) 報告書

文書審査の結果が文書審査報告書として被審査組織に報告される。不適合の指摘では，以下の項目が含まれる。

　①不適合の内容

　②不適合の程度 … 重大・軽微の別

　③不適合の理由，及び根拠資料（必要であれば）

被審査組織は，実地審査（Stage2）までに不適合を解決するべく，中間是正計画を審査員に提出する必要がある。

(6) 中間是正計画の確認

文書審査報告書で不適合を指摘された場合，被審査組織は次の内容で中間是正計画書を提出する。

　・不適合をどのように是正するか

　・不適合をいつまでに是正するのか

審査チームは，提出された中間是正計画書の妥当性を評価する。この計画に大きな欠落や問題点がある場合は，実地審査（Stage2）には進めない。中間是正計画書の実施状況の確認は，実地審査（Stage2）で行うことが多い。

5. 実地審査

被審査組織の構築したISMSがISMS認証基準（Ver.2.0），その他の標準に照らして合致し，方針，目的，目標を達成しているかを確認する。すなわち，ISMSの適合性及び有効性を確認するのである。

（1）実地審査の目的

被審査組織が，その情報セキュリティポリシー，目的，手順を確実に遵守していること及び組織のISMSがISMS認証基準（Ver.2.0）及び関連する文書に適合していること（適合性）及び，組織のセキュリティポリシー目的を達成しようとしていること（有効性）を確認する。

（2）対象

審査の対象を組織／体制で表すと，ISMSを適用する組織全体となる。業務内容が同様の組織が複数ある場合には，サンプルを選んで対象とすることがある。ISMS認証基準（Ver.2.0）で見ると全ての要求事項が対象となるが，審査の焦点は以下の点にあてられている。

①情報セキュリティリスクのアセスメントとISMSの計画とフレームワーク
②適用宣言書
③情報セキュリティポリシー及びセキュリティ目的
④情報セキュリティ目的や目標に対するセキュリティパフォーマンスの監視，測定，報告やレビュー
⑤情報セキュリティレビューやマネジメントレビュー
⑥情報セキュリティポリシーに関するマネジメントの責任
⑦情報セキュリティポリシー，リスク評価の結果，情報セキュリティの目的／目標，プログラム，手順，実施結果及びセキュリティレビューの結果の関連性

（3）実地審査の手順

実地審査の手順は次の通りである。

①初回会議(オープニングミーティング)

初回会議では,審査側及び被審査組織の双方が審査の目的及び意義を完全に理解していることを確認する。審査チームリーダーから審査計画書に基づき審査の範囲及び基準の説明,チームメンバーの紹介,審査作業の実施方法及び工程／時間割についての説明がある。

②審査作業の実施

審査サイクルにおける中核をなす部分である。審査チームにより,ISMSの各項目の確認,被審査組織との面談,情報提供などがある。審査項目,実際の現場訪問によるヒアリングなど,主体は審査チーム側にある。

③チーム会議(チームミーティング)

審査が何日間かに渡る場合,審査チームは毎日の終了時に審査所見及び審査証拠確認のための審査チーム内の会議を設ける。審査チームは分かれて現場の審査を行うこともあるので,審査チームリーダーは,各メンバーから審査所見及び審査証拠についての報告を受ける。これらの情報のレビューの後,審査所見についてチーム見解の統一を図る。

④中間会議

一日のまとめとして被審査組織(の事務局)を交えた,中間会議が開催され,その日の審査活動の状況を双方で確認する。この会議で被審査組織は発見された不適合等を知ることができる。そして最終会議の前に,審査全体の適合状況を知ることができる。

⑤審査報告

審査チームリーダーは(審査機関の)依頼者に提出するために,観察結果に基づく審査チームの決定内容を明確にした「実地審査報告書」を作成する。「実地審査報告書」の内容は審査機関にもよるが,最終会議で例えば,所見という形で報告,配付される。

実地審査の手順

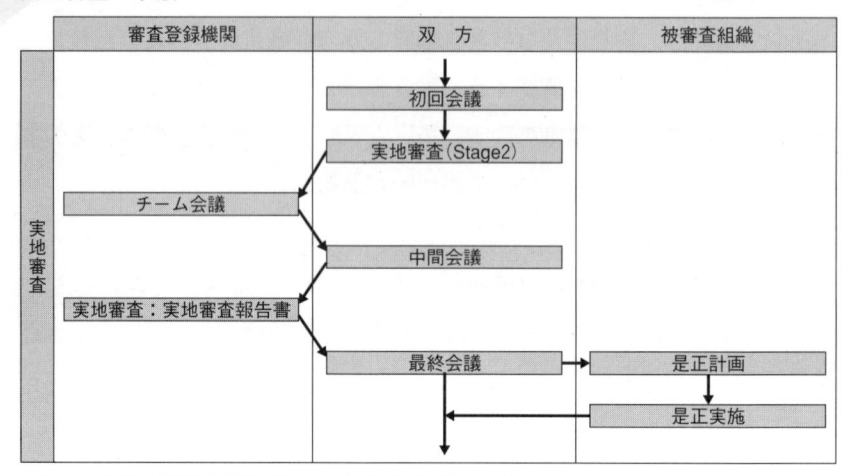

審査登録機関	双　方	被審査組織
実地審査	初回会議 → 実地審査(Stage2) → 中間会議 → 最終会議	
チーム会議		
実地審査：実地審査報告書		是正計画 → 是正実施

・審査チームは被審査者の事業所等において，実地審査を実施する。
・審査計画に基づき，初回会議，現地審査，チーム会議，中間会議，最終会議を行う。

⑥最終会議（クロージングミーティング）

審査チームリーダーから，審査所見及び審査結論が被審査組織に対し報告される。不適合については是正処置の要求がある。

⑦是正処置の確認

不適合が発生した場合，まず是正計画を作成し提出する。その後，是正処置を実施し，その内容の適切性が審査員チームにより確認される。審査員チームは被審査組織から提出された是正報告書をレビューによって行う場合と，フォローアップ審査によって確認する場合とがある。

（4）初回会議

実地審査の開始に先立って，通常30分ほどの時間で被審査組織の経営者，情報セキュリティ委員会のメンバー，現場の審査が行われる対象部門の関係者および審査チームが一同に会し，初回会議を行う。

初回会議の内容

```
(1) 開催の辞
  ・審査チームリーダーの挨拶
  ・審査チームメンバーの紹介
  ・被審査側出席者の紹介
(2) 審査の基本事項の確認
  ・審査目的
  ・審査範囲(情報資産,組織／部門,業務範囲)
  ・審査基準
(3) 審査の実施方法の説明
  ・審査工程およびスケジュール
  ・中間会議の要否
  ・サンプリングに基づく審査
(4) 被審査側の対応の要請
  ・エスコート役および対応者
  ・便宜提供の依頼
    (会議室,電話,コピー,プロジェクター等)
(5) 被審査側に対する配慮
  ・秘密の厳守
  ・支援提供に積極的である姿勢
  ・被審査側の業務をできるだけ妨げないようにすること
(6) 最終会議における審査の結果の講評についての説明
  ・審査所見
    …不適合,観察事項,改善の余地(該当する場合),充実点
  ・是正処置の要求
  ・審査結論(審査依頼者に対する推薦内容)
(7) 被審査側の異議申し立ての権利を伝える
(8) 審査後の手続きについて
  ・審査報告書の提出時期
  ・是正処置の実施(被審査側の責任),並びに是正処置の確認および報告
  ・審査後の手続きおよび処理
    (審査依頼者からの最終判定の通知を含む)
(9) 被審査側の協力に謝意を表明する
```

①初回会議の目的

　初回会議の目的は,審査の実施方法について審査当事者(審査チーム及び被審査側)の間で協議し合意することである。この会議にて審査の進行を妨げるような条件または審査成果を損なうような要因をすべて拾い出して解決しておかなければならない。

②初回会議の重要点

　初回会議は,審査チームリーダーが主催する。初回会議にて,被審査組織と審査チームの関係者が審査に関する詳細を完全に理解していることを確認することになる。会議の重要性から,被審査組織は経営者の出席が必須である。この場合の経営者とは,ISMS及びその審査の結果に責任をもつ被審査組織の責任者である。

実地審査の進行の例

1日目	2日目
初回会議	事前会議
経営者インタビュー	附属書「詳細管理策」
文書審査の所見事項の是正確認	ANNEX3．情報セキュリティ基本方針
第4　情報セキュリティマネジメントシステム	3(1)情報セキュリティ基本方針
2．ISMSの確立及び運営管理	ANNEX4．組織のセキュリティ
(1)ISMSの確立	4(1)情報セキュリティ基盤
①適用範囲の定義	4(2)第三者によるアクセスのセキュリティ
②ISMS基本方針	4(3)外部委託
③リスクアセスメントの体系的な取得方法	ANNEX5．資産の分類及び管理
④リスクを識別する	5(1)資産に対する責任
⑤リスクアセスメントの実施	5(2)情報の分類
⑥リスク対応の選択肢の明確化，評価	ANNEX6．人的セキュリティ
⑦リスク対応に関する管理目的及び管理策の選択	6(1)職務定義及び雇用におけるセキュリティ
⑧適用宣言書	6(2)利用者の訓練
⑨残留リスク，ISMSの導入・運用のための経営陣の承認及び許可	6(3)セキュリティ事件・事故及び誤動作への対処
(2)ISMSの導入及び運用	ANNEX7．物理的及び環境的セキュリティ
・リスク対応計画	7(1)セキュリティが保たれた領域
・リスク対応計画の実施	7(2)装置のセキュリティ
(3)ISMSの監視及び見直し	7(3)その他の管理策
(4)ISMSの維持及び改善	ANNEX8．通信及び運用管理
3．文書化に関する要求事項	8(1)運用手順及び責任
(1)一般	8(2)システムの計画作成及び受入れ
(2)文書管理	8(3)悪意のあるソフトウェアからの保護
(3)記録の管理	8(4)システムの維持管理
	8(5)ネットワークの管理
第5　経営陣の責任	8(6)媒体の取扱い及びセキュリティ
1．経営陣のコミットメント	8(7)情報及びソフトウェアの交換
2．経営資源の運用管理	ANNEX9．アクセス制御
(1)経営資源の提供	9(1)アクセス制御に関する事業上の要求事項
(2)教育・訓練，認識及び力量	9(2)利用者のアクセス管理
	9(3)利用者の責任
第6　マネジメントレビュー	9(4)ネットワークのアクセス制御
4．内部監査	9(5)オペレーティングシステムのアクセス制御
	9(6)業務用ソフトウェアのアクセス制御
第7　改善	9(7)システムアクセス及びシステム使用状況の監視
1．継続的改善	9(8)移動型計算処理及び遠隔作業
2．是正処置	ANNEX10．システムの開発及び保守
3．予防処置	10(1)システムのセキュリテイ要求事項
	10(2)業務用システムのセキュリティ
	10(3)暗号による管理策
	10(4)システムファイルのセキュリティ
	10(5)開発及び支援過程におけるセキュリテイ
	ANNEX11．事業継続管理
	11(1)事業継続管理の種々の面
	ANNEX12．適合性
	12(1)法的要求事項への適合
	12(2)セキュリテイ基本方針及び技術適合のレビュー
	12(3)システム監査の考慮事項
チーム会議	チーム会議
中間会議	中間会議
	最終会議

③初回会議の内容

初回会議は上記のような内容であり，審査チームのチームリーダーの司会により開催される。

(5) 実地審査の実施

実地審査の進行や留意点は次の通りである。

①実地審査の進行

実地審査の進め方は，まず，関係者全員参加により初回会議が開催され，実施審査の目的，内容，進め方の説明がある。次に，経営者インタビュー，前回の文書審査の是正処置の確認がある。続いて，重要な認証基準「第4　情報セキュリティマネジメントシステム　2. ISMSの確立及び運営管理（1）ISMSの確立」についての確認がある。特に，リスクアセスメントが体系的なアプローチになっているか重点的に確認がある。ここまでで，1日目の午前中が終了することが多い。午後は，「第4　情報セキュリティマネジメントシステム　2. ISMSの確立及び運営管理」の「（2）ISMSの導入及び運用」から「（4）ISMSの維持及び改善」，「3.文書化に関する要求事項」，「第5　経営陣の責任」，「第6　マネジメントレビュー」，「第7　改善」と情報セキュリティ委員会を中心に確認がある。

2日目は，附属書（ANNEX）「詳細管理策」の確認が中心となる。朝に簡単なミーティングを行い，その後，審査チームが分散し現場に出向いて127個の管理策のうち選択された管理策について，システム上の再現も含めて具体的な審査が行われる。

②実地審査の留意点

ア）サンプリング審査

審査はサンプリングによる調査作業である。重要な項目について審査があ

る。審査の項目はあくまでも，審査チームの意思のもとにサンプリングされる。

イ）現場作業の観察と面談の重要性

　被審査組織は，ISMS文書に定められた要求事項を理解し，それを効果的に実施していなければならない。審査員は，ISMSが現実に定着し効果を上げているかどうかを判断するため，コントロールされている現場を訪れ，実際のコントロールを観察し，管理職から現場要員にまで接触・面談し，文書，記録，情報システム等を調査して，審査証拠を収集する。定型化された「書類調査だけ」の審査ではない。

　審査チームからの指示で，即席で模擬条件を設定し，その条件下でのセキュリティ状況の確認もある。

ウ）審査中の記録

　審査中審査チームは記録（メモ）を取ることがある。これは，対応者の言質を取るためでなく，被審査業務の状態及び審査証拠の精度確保に必要な行為である。

エ）緊急時の対応要求

　緊急かつ重大な不適合を発見された場合は，直ちにそれが被審査側の責任者に報告（場合により審査チームリーダーを経由して）されるので即刻の対応が必要である。

オ）不適合の発見

　審査中に，審査チームにより不適合が発見されることがある。不適合には以下のような等級分類がある。

不適合区分	内容
重大な不適合	マネジメントシステムに要求される要素が完全に欠落している，あるいは組織のセキュリティ方針を達成するように機能していないと判断されるもの
軽微な不適合	ISMSに欠陥が認められるが，マネジメントシステムの欠陥とはいえないもの
観察事項（オブザベーション）	そのまま放置すると不適合問題に発展する恐れのあるもの

カ）審査員の証拠固め

　審査員の役割の1つは，証拠固めである。証拠は，調査対象領域での面談，文書の調査，並びに活動及び状況の観察を通じて集められる。実際の審査現場では，適合とも不適合とも判定し難い場合が出てくることがある。審査チームは，被審査者のISMSがISMS認証基準に適合しているかどうかを，判定するのに十分な証拠を収集する。場合によっては，さらなる調査により確実な証拠固めが行われることがある。

(6) 不適合
　実地審査において発生する"不適合"については以下の通りである。
①不適合の種類
　被審査組織によって構築されたISMSに対して適合しない状況が発生している場合は，審査チームにより不適合の指摘がされる。この時，不適合の度合いにより，重大な不適合と軽微な不適合とに区分される。また，必要に応じて観察事項（オブザベーション）の指摘がある。
ア）重大な不適合

　重大な不適合とは，マネジメントシステムに要求される要素が完全に欠落している，あるいは組織のセキュリティ方針を達成するように機能していないと判断されるものである。また，その不適合が，現在または近い将来，セキュリティリスクが顕在化することにつながる可能性が高いものも含まれる。

・大きなマネジメントシステムの核となる要素の欠落か手順書の欠如

・マネジメントシステム全体の弱さを示す小さな欠陥の連続

・手順書を無視し，従っていない

イ）軽微な不適合

　軽微な不適合とは，ISMSに欠陥が認められるが，マネジメントシステ

ムの欠陥とはいえないもの（個人のたまたまの忘れ・ミス）でリスクが顕在する可能性が低いものをいう。

　しかし，軽微な不適合であっても，同じような不適合が多数発見され，結果としてISMSの核となる要素が欠落していると判断された場合は，重大な不適合と評価される。

ウ）観察事項（オブザベーション）

　不適合ではないが，そのまま放置すると不適合問題に発展する恐れのあ

不適合報告書の例

事業所名：	不適合報告書	発行No. 作成日付：H　年　月　日 審査者名：
被審査部門名		
被審査責任者		
適用基準		
要求事項		
不適合の区分		
不適合とした理由： 不適合と判定した根拠：		
（被審査組織は最終会議で決定した是正処置報告日までに是正処置内容を報告して下さい。） 不適合の原因： 是正処置内容： 		
完了予定日：	完了日：	部門管理者署名：
是正処置の検証： 		
検証年月日：		審査者署名：
備考：		

るもの。これを「観察事項（オブザベーション）」という。

②不適合表明の要件

不適合は次の3つの要件で成立する。この要件を1つでも欠くと不適合は成立しない。

　ア）不適合の根拠となる要求事項
　イ）不適合の状態
　ウ）不適合の状態を裏付ける審査証拠（計画面，運用面）
　　・要求事項：不適合の根拠となるISMS認証基準の該当要求事項
　　・不適合の状態：該当要求事項に違反している状態
　　・審査証拠：不適合の状態を裏付ける，客観的な特定された証拠

不適合については，その発見された現場で審査員により事実確認がある。さらに，毎日の審査作業の終了時点で，または必要に応じて，被審査側の責任者及び当事者を交えた中間会議の場で，摘出した不適合の再確認がある。

（7）審査員からの質問

審査員からの質問は「発展型質問」と「完結型質問」の組み合わせである。
①発展型質問：情報が膨らむような問いかけ語法である。
　　例えば，「手順書の改訂はどのような方法（how）で行うのか？」である。この問に対しては，5W1H，すなわち，誰が（who），何を（what），いつ（when），どこで（where），なぜ（why），どのような方法で（how）というように多様な回答をする必要がある。
②完結型質問：「イエス・ノー」形式の回答を求める質問である。

例えば、「それでは、この手順書は改訂版か？」である。回答は極めて決定的で、肯定または否定のいずれかである。

よって、実地審査では"発展型質問"に対応できるように準備を怠らないようにすることが必要である。

審査員の質問の方法は以下の通りである。
①情報を膨らますような質問（発展型質問）。
　例えば、「どのような方法で（how）行っているのか？」
②「説明して下さい」、「見せて下さい」は、審査における慣用語
③同一内容の質問を複数の異なる要員に尋ねることにより、その回答が真実であるか、また表明された活動が定着しているかどうかが判明する。
④質問をする際に、被審査組織の要員を職位別に分離されることにより「こうすべきである」ではなく「こうしている」のありのままの姿を把握される場合がある。
⑤質問に対する回答は、その担当者／責任者から直接回答する。その者の上司、スタッフ、第三者からではない。
⑥質問ばかりの連発ではなく、実際の現場を注意深く観察される。観察を通じて実状を把握される場合がある。
⑦面談中に誤解が生じた場合は、審査員に質問の意図を確認するとよい。
⑧不適合は、個人の人格に対してではなく、該当のマネジメントシステムまたはその管理についてである。
⑨面談中に他社（他部門）の事例を想定してヒントとしての説明があるかもしれない。

質問の典型例は以下の2つである。
①手順書などの有無を直接聞かれる。その提示により、さらに具体的内容

に関する質問が出てくる。

②実際の事象を捉えて、その理由や関連する事項について具体的に聞かれる。それを通して、ISMS認証基準に適合しているか否かの判断が下される。

(8) 最終会議

予定していた審査項目及び現場の審査を全て終えると、審査チームは最終日のチーム会議に入る。この会議では不適合事項等の確認が終わった後、通常、審査機関の依頼者に提出する審査報告書が作成される。また、この審査報告書を所見という形で最終会議にて被審査組織に提出される報告書が作成される。その後、被審査組織側の経営者や関係者と審査チームにて最終会議が開催される。最終会議は、審査所見及び審査結論を含めた審査の結果を確認する重要な工程である。

①最終会議の目的

最終会議には次の目的がある。

・ISMSについての審査の結果（審査所見及び審査結論）を被審査組織側の経営者に明快に提示し、確認を得ること。
・不適合に対する是正処置の約束を取り付けること。

最終会議は、審査の両当事者が直接対面して、審査の結果を確認し、一切の誤解を解くことができる最後の機会である。審査がすべて基本通りに行われていれば、双方がこの時点であわてたり、驚いたりするようなことはない。審査結果の講評の内容は審査中に被審査組織側とすでに合意されているはずである。事実（審査証拠）に基づく明解な講評は、摘出された不適合等の問題点に対する被審査組織側の理解を深め、是正処置の約束を取り付けるのに役立つ。

②最終会議の議事項目
1） 被審査組織側の経営者の出席のもと，開会の挨拶がある。
2） 必要に応じて，審査チームの紹介がある。
3） 審査の基本事項を再確認する。
  ・審査目的
  ・審査範囲
  ・審査基準
4） 審査所見が報告され，被審査側として了解を行う。
  ・不適合（件数及び軽微，重大の重み付けを含む）。
  ・観察事項
  ・充実点（不適合の前に表明してもよい）
5） サンプリング審査の限界について説明がある。
6） 是正処置の要求があり，被審査側として約束をする。
7） 審査結論の表明がある。
   審査依頼者に対する合格／登録，条件付き合格／登録，不合格等の推薦内容，及び該当する場合は有効性についての所見
8） 被審査組織側の異議の有無を最終的に確認がある。
9） 審査後の手続きについて説明がある。
  ・審査報告書の提出時期
  ・是正処置の確認と報告
  ・審査後の手続き及び最終的処理（審査依頼者の最終判定及び通知）
10） 被審査組織側の協力に謝意の表明

③最終会議の議事内容と留意点
ア） 経営者の出席

　最終会議は，審査の結果（審査所見及び審査結論）を確認し，当事者双方の以後の行動と責務を決する重要な場である。被審査側の経営者の出席

が重要である。特別の事情で，経営者が欠席する場合は，必ず代行者の出席を要する。

イ）最終会議に臨む姿勢

最終会議の実施方法に定まった規則はない。しかし，会議の重要度から，当然，会議の質は問われる。審査チームの使命は，効果的なISMSを構築するための被審査組織側の努力を支援することにある。審査チームリーダーからは，以上の点を絶えず意識した積極的（建設的）な説明がある。被審査組織例は指摘事項を真摯に受け止め，すぐに是正処置を行う気持ちが大切である。

ウ）審査所見の報告

①不適合の表明

不適合は，要求事項，不適合の状態及び審査証拠の3要件で論理的に説明する。最終会議の場で指摘された不適合について不明点・疑問点がある場合は，被審査組織側として，その点について質問し，疑問を解くための機会が与えられる。このとき，審査チームリーダーからは，理論整然とした説明があるはずである。会議の席が「審査の再現の場」になってはいけない。最終会議は，審査の場ではなく，会議に入る直前までの審査の結果を確認する機会である。

②観察事項の表明

審査所見には，現時点で不適合とはいえないが，そのまま放置すると不適合またはセキュリティ上の問題に発展する恐れのある点も存在する。これを観察事項（オブザベーション）として，被審査組織側にその対応を求めることがある。

③充実点の表明

審査チームからは，手順書が効果的に運用されている部分などISMSの充実点についての説明がある場合がある。充実点についても審査証拠

が示されると評価に重みが増す。

④サンプリング審査の限界について

　審査はサンプリング審査に基づくものである。不適合が一件あったということは，他にも同様な不適合の存在する可能性があることを示唆している。不適合が一件も発見されなかった場合でも，ISMSに不適合が皆無であるとは言い切れない。審査側，被審査側は，ともに表明された不適合が限られた時間内でのサンプリング審査の結果であることを認識をしなければならない。

⑤是正処置の要求

　不適合が双方により確認されると，審査チームリーダーは期限を定めて被審査側に問題点の是正処置を求められる。この場合，審査側の責任は問題点と是正処置の必要性を明確にすることであり，是正処置を計画し実施するのは被審査側の責任である。審査側は，被審査側との間で是正処置の計画及び実施の日程について合意を得る。

⑥審査結論

　審査チームリーダーから，不適合の内容，件数，是正処置の約束等を考慮し，かつ審査側の判定基準に基づき審査結論の明確な表明がある。審査結論は審査の目的に対応するものであり，登録の推薦または非推薦が結論となる。一般的に，審査チームリーダーに，合格または登録を現場で決定する権限は付与されていない。

　審査の目的に沿って，ISMS認証基準の意図するところに対して組織のISMSが効果的であるかどうかの結論づけがある。

⑦異議の有無の確認

　審査チームリーダーから，審査の実施方法，審査の結果（審査所見及び審査結論を含む）について被審査側に異議のないことの最終的な確認がある。もし異議がある場合は，被審査側の疑問や誤解を解くための審

査チームの誠意をもった対応がある。それでもなお解決できない場合は，異議申立ての手続きがある。

⑧審査報告書及び審査後の手続きについての説明

審査チームリーダーより，審査報告書が審査の正式記録として被審査側に発行される旨の伝達がある。

審査チームリーダーから，審査報告書の審査依頼者への提出，審査報告書の被審査側への発行時期，是正処置の確認及び報告，審査依頼者による審査の最終的処理等の以後の一連の手続きの説明が被審査組織に対して伝達される。審査報告書は，最終会議の場で提出されることも少なくない。

(9) 実地審査報告書

審査チームリーダーにより現地審査を終えると，直ちに審査報告書が作成される。審査報告書は，審査の結果及びそれに関連した被審査側との合意内容を審査依頼者及び被審査側に報告するための文書である。

①審査報告書の目的

審査報告書には次の目的がある。

・審査の結果（審査所見及び審査結論を含む）を審査依頼者に報告し，審査依頼者が引き続き行うべき処理及び判断の基礎を提供すること。
・審査の結果を被審査側の経営者（または責任者）に伝え，不適合に対して是正処置を求めること。

審査報告書は，審査依頼者に提出され，その後，審査依頼者経由で被審査側の経営者に渡される。被審査側に対しては，審査報告書に代えて，またはそれとは別に，最終会議の席で是正処置を唯一の目的とした是正処置要求書または不適合報告を発行する場合もある。

審査報告書は，被審査側に対して，審査の結果（審査所見及び審査結論）を正確に伝えるものでなければならない。個々の不適合は，違反した該当要求事項，不適合の状態，及びそれを裏付ける審査証拠の3要素（要求事項，不適合の状態及び審査証拠）をもって明らかにされる。

　審査報告書は是正処置を講じるための正当な根拠になる。

②審査報告書の内容

　審査報告書は，次の項目の全部または一部をもって構成する。

1）審査期日及び場所

　実施した審査を特定するため，現地審査の実施期間，初回会議，中間会議および最終会議の日時，並びに審査の実施場所が明示される。

2）審査の基本事項

　①審査目的

　　審査の実施目的が明示される。

　②審査範囲

　　審査の範囲では次の点が明らかにされる。

　　・組織／部門（会社名，事業所名，部門名等）

　　・情報資産の範囲

　③審査基準

　　適用するISMS認証基準，情報セキュリティポリシー，契約書，その他審査の基準となる文書の文書番号及び発行版が特定される。

3）審査チームの編成

　審査チームのリーダー及び各メンバーの氏名が列記される。必要に応じて各自の所属組織及び審査中の機能が明示される。

4）被審査側の対応者

第 2 章　ISMS 認証適合性評価制度と認証審査

　初回会議の出席者，一連の審査作業に対応した関係要員（エスコートを含む），及び最終会議の出席者が列記される。これら対応者の役職も明示されることがある。

5）審査の結果の概要

　審査が大規模な組織／部門及び広範な活動を対象としたものであり，しかもその結果が多岐にわたり詳細である場合は，報告書に「審査の結果の概要」が記述されることがある。審査の結果の概要は，要約形式である。これには，審査依頼者または被審査側経営者の関心を引きつけたい特別な不適合，慢性的な問題箇所，ISMS の改善の傾向，充実点，そして審査結論を含める。また，審査の結果，検出した ISMS の有効性についても所見を述べられることがある。この概要記事の目的は，審査依頼者または被審査側の経営者に実施した審査の大要を理解させ，それぞれのその後の処理及び行動に役立たせることにある。

6）審査所見

①不適合

a）不適合の表明

　不適合の表明は審査報告書の要である。審査の実施過程で摘出された個々の不適合は最終会議の場面で確定される。特に是正処置要求書または不適合報告書を採用した場合は，会議直前のチーム会議で不適合をその様式に記述する工程が重要である。

　このときの不適合の表明が完全であれば，基本的にその記事が報告書に転記される。不適合の表明は「要求事項」，「不適合の状態」，「審査証拠」の 3 要件で構成される。

　被審査組織が確認した是正処置要求書または不適合報告書が審査報告書に添付される場合は，本文の不適合の記述は要約の場合がある。

b）不適合の区分

不適合は，審査終了時の状態に応じて次の通り区分して表明される。未解決のものについては是正処置要求と結びつけられる。

完結：審査終了時点でその不適合に対する是正処置が完了しており，以降の処置が一切不要である状態をいう。報告書には，その不適合が被審査側のISMSのプロセスに基づき正しく処理されたこと，また，その確認が完結したことを記録される。

未解決：審査終了時点でその不適合に対する是正処置が完了していない状態をいう。未解決の不適合については，当然，是正処置が要求される。この区分には，さらに，ISMSの要素としてその適合を確認すべきであったものの，今回の審査で確認できなかった事項も含める。その確認予定日が付記される。

c）不適合の等級

不適合を「重大な不適合」または「軽微な不適合」に区分する。報告書に記載される不適合の等級は，最終会議における確認と一致している。

d）複数の不適合の配列

報告すべき複数の不適合は，その効果を考慮し，対象部門ごと，ISMSの要求条項ごとに編成される。

e）不適合件数

不適合の件数を，等級ごとに明記する。

②観察事項

不適合ではないが，そのまま放置すると不適合またはセキュリティ上の問題に発展する恐れのある観察事項も審査報告書に含めて，被審査側に対応が求められることがある。観察事項は，審査時点では不適合でないため，その旨を明示される。

7）是正処置の要求

不適合の中の未解決項目に対しては対象部門を特定して是正処置が要求

審査報告書の例

```
                    審査報告書
  報告書の宛先：
                                    日付：
                                    整理番号：
                                    報告者：

                    報告書の標題

  1．審査期日および場所

  2．審査の基本事項
  (1)審査目的
  (2)審査範囲
  (3)適用基準

  3．審査チーム
     チームリーダー
     メンバー

  4．被審査側の対応者

  5．審査の結果の概要

  6．審査所見
  (1)不適合
  (2)充実点
  (3)改善の機会

  7．是正処置の要求

  8．結論
  (1)審査結論
  (2)ISMSの有効性
```

されなければならない。是正処置要求に対する回答（是正処置計画）時期及びその実施・完了時期について，合意内容を反映される。是正処置に関連して，是正処置要求書または不適合報告書を発行した場合は，その文書番号を報告書の該当欄に参照される。

8）審査の結論

　審査チームリーダーにより，不適合（件数及び重大・軽微の等級区分を

含む），観察事項，充実点，合意した是正処置等を基礎にして次の2点を含む審査の結論を明記される。

①審査目的に沿う審査結論

　審査チームリーダーにより審査目的に沿う審査結論を表明される。この審査結論は代表的には推薦意見である。「組織のISMSの登録を推薦するかしないか」の表明となる。審査結論（推薦意見）は判定基準に基づき導く。不適合が報告されている場合であっても，被審査側の是正処置努力を条件にして積極的な推薦を行うこともできる。

② ISMSの有効性についての所見

　「ISMSの有効性」とは，ISMSが組織のセキュリティ基本方針を達成するために十分能力を発揮しているかどうか，その有効性を指す。審査依頼者と被審査側責任者との間で合意が成立している場合，審査チームリーダーによりマネジメントシステムの有効性についても報告書で所見を述べられることがある。

③実地審査報告書の提出と保存

　審査チームリーダーにより，最終会議の最中か終了後に，審査報告書が作成され，それが審査依頼者に提出される。審査依頼者はその手続きに従って報告書を被審査側に発行する。

　審査報告書及び関連記録は，以後のフォローアップ活動及び将来の審査の基礎資料／背景資料として利用できるように，検索性を備えた方法で作成され保管されることが望ましい。

(10) 是正処置

　是正処置とは，「検出された不適合またはその他の検出された望ましくない状況の原因を除去するための処置」のことである。

①フォローアップ審査

被審査組織は,審査員から指摘された不適合について是正処置を採らなければならない。被審査組織は,是正処置を実施し終わったときには審査機関に書面をもって連絡する。審査機関は,被審査組織が書面で回答してきた是正処置の内容の適切性を確認するためにフォローアップ審査を計画する。不適合が軽微なものの場合には,フォローアップ審査は次回のサーベイランスにおいて確認することで十分であると認める場合もある。

審査機関が,フォローアップ審査と判断するか,あるいは次回のサーベイランス確認と判断するかは,発見された不適合の内容とそれに対する是正処置の内容次第である。被審査組織は,最終会議で指摘をされた時から直ちに是正処置に入る。審査機関からの審査報告書を待つまでもなく是正処置活動を開始するのが一般である。

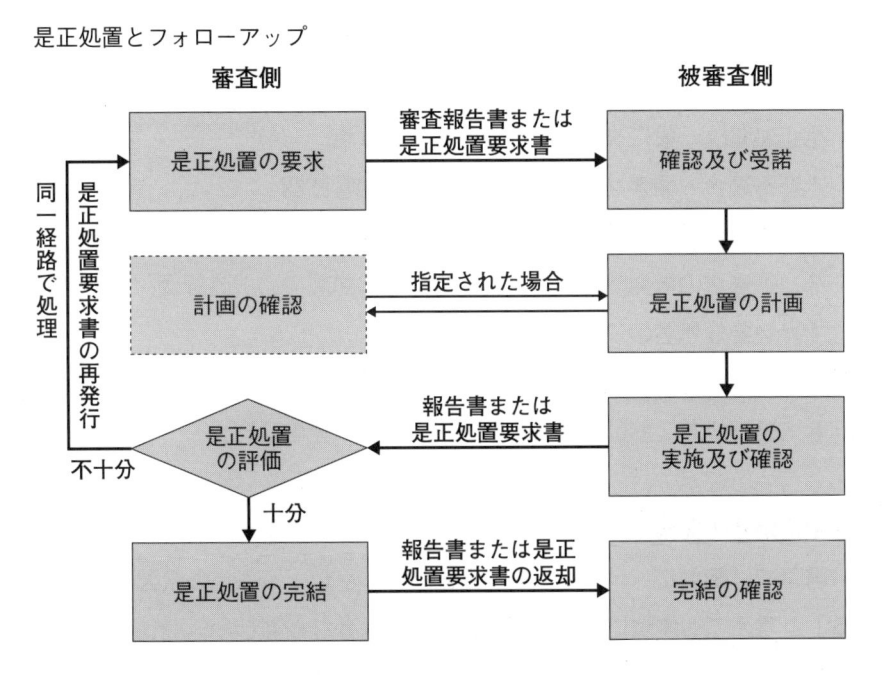

是正処置とフォローアップ

審査側		被審査側
是正処置の要求	審査報告書または是正処置要求書 →	確認及び受諾
計画の確認	← 指定された場合	是正処置の計画
是正処置の評価	報告書または是正処置要求書 ←	是正処置の実施及び確認
是正処置の完結	報告書または是正処置要求書の返却 →	完結の確認

（同一経路で処理／是正処置要求書の再発行／不十分／十分）

是正処置要求事項は，審査報告書を配付した時に再度内容の確認が被審査組織によって行われる。

通常フォローアップ審査は，審査チームの中からチームを代表した者が，再度被審査者のサイトを訪問して実施される。審査機関によっては主任審査員が実施することになっていることもある。

フォローアップ審査においては，審査で不適合になったところだけがチェックされる。サンプリングし直すということはしない。サンプリングし直すという場合は，更新審査のように，もう一度審査をやり直すときに行われる。

フォローアップ審査においては次のような方法で審査が行われる。
　　①関係者にインタビューする。
　　②証拠となる記録を見る。
　　③新たな規程，手順があればそれを見る。

②是正処置の手順

是正処置は一般に次のような手順で実施する。
1）不適合（顧客からの苦情を含む）の内容確認
2）不適合の原因の特定
3）不適合の再発防止を確実にするための処置の必要性評価
4）必要な処置の決定及び実施
5）採った処置の結果の記録
6）是正処置において実施した1）～5）の一連のレビュー

③是正処置の実施

言葉では簡単に，「不適合の原因を特定する」，「不適合の原因を除去する」と言えても実際に実行しようとするとなかなか難しい。特に人のうっ

かりミス等が原因で起こった不適合については，いつまでも人に頼っていては問題の解決にならないケースが多い。

被審査組織は審査終了後，次のような活動を行う方がよい。

1) 審査案内者を召集して全部門の審査同行記録をまとめる。
2) 審査登録機関が最終会議で指摘した内容をよく理解する。
3) 上記1)，2)を付き合わせてまとめる（不適合のレビュー）。
4) 不適合の原因の特定（原因究明）。
5) 不適合が再発しないことを確実にするための活動の必要性評価。
6) 指摘された不適合の状態を除去する（暫定処置）。
7) 他の事項，部門にも同様な不適合がないか調査する。
8) 同様な不適合があればそれに対しても処置を採る（水平展開・遡及処置）。
9) 原因を除去する（恒久処置）。
10) 是正処置報告書を作成する。
11) 審査機関に是正処置報告書を送付するとともに，不適合の除去が完了したことの報告をする。

不適合の内容によっては上記ステップ9)がすぐには処置できない場合がある。例えば，不適合の内容が極まれにしか起きることがなく，原因の除去のチャンスが少ない場合には，実施時期を明確にした計画書を作成する。審査登録機関は，このような事例においては，次回のサーベイランスで確認することを条件に，被審査者の申し入れを受け入れることになる。

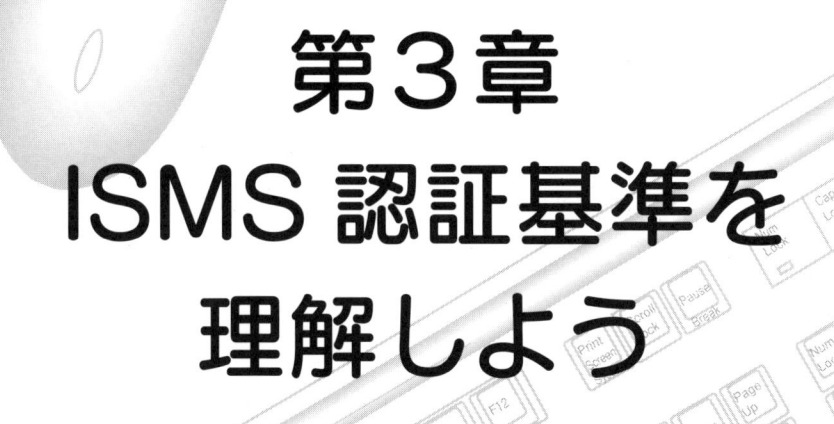

第3章
ISMS 認証基準を理解しよう

第3章
ISMS 認証取得を理解しよう

第3章　ISMS 認証基準を理解しよう

　本章では，ISMS 認証基準（Ver.2.0）の内容について解説していく。
　ISMS 認証基準（Ver.2.0）の理解は ISMS を構築し，認証を取得しようという組織にとっては大変重要なことである。まずは，ISMS の構築・運用の推進役となる情報セキュリティ委員会などの推進事務局が十分にその内容を理解する必要がある。何故ならば，ISMS を構築する過程で，その組織の ISMS の枠組みや具体的な手順，いわゆる ISMS 文書を推進事務局が中心となって作成していくことになるが，これは認証基準に適合していなければならないから，すなわち認証基準をよく理解していないと作成できないからである。
　最終的には，ISMS の適用範囲の要員も認証基準を理解していなければならない。何故かというと，ISMS の構築と ISMS 文書の作成が終わり，ISMS の運用に入り，1～2ヶ月で内部監査を実施する。そして，マネジメントレビューを開催し ISMS の維持・改善を図り，その後，審査を受審していくことになる。この内部監査や実地審査においては，監査員や審査員により現場のヒアリングが行われる。その時，現場の要員は自組織で作成した ISMS 文書は当然理解していなければならないが，ISMS 認証基準についても理解していないと対応できなくなってしまうからである。当然，内部監査員もISMS認証基準を理解していなければならない。
　以下に，ISMS 認証基準（Ver.2.0）を解説していく。なお，枠囲みの箇所は認証基準の原文そのものであり，枠囲み以外の箇所にはその解説を記述してある。

1. 認証基準（Ver.2.0）の構造

　ISMS 認証基準（Ver.2.0）は第0から第7までの8部構成の本文と1から12で構成される附属書「詳細管理策」といった構成になっている。情報セキュリティマネジメントシステムの確立から運用・見直し・改善までの

ISMS（Ver.2.0）認証基準の構成

```
┌─────────────────────────────────────────────────┐
│  第0．序文  第1．適用範囲  第2．引用規格等  第3．定義  │
└─────────────────────────────────────────────────┘

    ┌─────────────────────────────────────┐
    │ 第4．情報セキュリティマネジメントシステム │
    │ 第5．経営陣の責任                       │
    │ 第6．マネジメントレビュー               │
    │ 第7．改善                               │
    └─────────────────────────────────────┘
```

附属書「詳細管理策」　　1．はじめに　　2．実践規範への手引き

基本的対策　3．情報セキュリティ基本方針
　　　　　　4．組織のセキュリティ　　　11．事業継続管理
　　　　　　5．資産の分類及び管理　　　12．適合性

人的対策　　　　　　物理的対策　　　　　　技術的対策
　6．人的セキュリティ　7．物理的及び環境的　　8．通信及び運用管理
　　　　　　　　　　　　　セキュリティ　　　　9．アクセス制御
　　　　　　　　　　　　　　　　　　　　　　10．システムの開発及び保守

　中核の要求事項は本文の第4から第7までに記されている。さらに，附属書の3から12までに詳細管理策として各種セキュリティ管理策を規定している。詳細管理策は，ISMS を構築・運用する上では，どのような組織，どのような状況においても共通に必要となる対策として「基本的対策」と，組織の必要に応じて検討される「選択的な対策」に分類できる。

　ISMS（Ver.2.0）認証基準本文の構成を次頁に示す。第0は序文でありISMS の基本的な考え方が示されている。第2では引用している規格等の紹介，第3では用語の定義がなされている。以下，第4から第7までが直接審査の対象となる箇所である。「第4　情報セキュリティマネジメントシステム」では，ISMS 全体の枠組みの確立をどうしたらよいか，ISMS の文書として文書化を要求しているものは何か，文書管理・記録の管理として何を要求しているかが記載されている。「第5　経営陣の責任」では経

営者としてのコミットメントと経営資源（人，設備・環境，資金）の提供，教育・訓練や認識をどうするかが記載されている。「第6 マネジメントレビュー」についてはISMSの見直しのための内部監査の要求事項及びマネジメントレビューの要求事項が記載されている。「第7　改善」についてはISMSの継続的改善，是正処置，予防処置についてその要求事項が記載されている。

ISMS（Ver.2.0）認証基準の附属書「詳細管理策」の構成を次頁に示す。附属

ISMS（Ver.2.0）認証基準本文の構成

第0	序文
1.	一般
2.	プロセスアプローチ
3.	他のマネジメントシステムとの両立性
第1	適用範囲
1.	一般
2.	適用
第2	引用規格等
第3	定義
第4	情報セキュリティマネジメントシステム
1.	一般要求事項
2.	ISMSの確立及び運営管理
3.	文書化に関する要求事項
第5	経営陣の責任
1.	経営陣のコミットメント
2.	経営資源の運用管理
第6	マネジメントレビュー
1.	一般
2.	マネジメントレビューへのインプット
3.	マネジメントレビューからのアウトプット
4.	内部監査
第7	改善
1.	継続的改善
2.	是正処置

書は「1．はじめに」「2．実践規範への手引き」に続いて「3．情報セキュリティ基本方針」から始まり「12．適合性」までの大分類10個の情報セキュリティ対策の要求内容が記述されている。各々の10個の大分類の中はいくつかの中分類に分かれている。この中分類は合計すると36個になる。この中分類単位でその情報セキュリティ対策の"管理目的"が挙げられている。よって，"管理目的"は36個記載されている。さらに，この中分類は小分類の詳細な管理策に分かれ，総計127個の詳細管理策が要求されている。

なお，この小分類127個の詳細管理策の要求事項は組織の状況により適

附属書「詳細管理策」の構成

大	中	内　容	小
	1.	はじめに	
	2.	実践規範への手引き	
基本的対策	3.	情報セキュリティー基本方針：1中分類，2管理策	
	3(1)	情報セキュリティー基本方針	2
基本的対策	4.	組織のセキュリティ：3中分類，10管理策	
	4(1)	情報セキュリティ基盤	7
	4(2)	第三者によるアクセスのセキュリティ	2
	4(3)	外部委託	1
基本的対策	5.	資産の分類及び管理：2中分類，3管理策	
	5(1)	資産に対する責任	1
	5(2)	情報の分類	2
人的対策	6.	人的セキュリティ：3中分類，10管理策	
	6(1)	職務定義及び雇用におけるセキュリティ	4
	6(2)	利用者の訓練	1
	6(3)	セキュリティ事件・事故及び誤作動への対処	5
物理的対策	7.	物理的及び環境的セキュリティ：3中分類，13管理策	
	7(1)	セキュリティが保たれた領域	5
	7(2)	装置のセキュリティ	6
	7(3)	その他の管理策	2
技術的対策	8.	通信及び運用管理：7中分類，24管理策	
	8(1)	運用手順及び責任	6
	8(2)	システムの計画作成及び受入れ	2
	8(3)	悪意のあるソフトウェアからの保護	1
	8(4)	システムの維持管理	3
	8(5)	ネットワークの管理	1
	8(6)	媒体の取扱い及びセキュリティ	4
	8(7)	情報及びソフトウェアの交換	7
技術的対策	9.	アクセス制御：8中分類，31管理策	
	9(1)	アクセス制御に関する業務上の要求事項	1
	9(2)	利用者のアクセス管理	4
	9(3)	利用者の責任	2
	9(4)	ネットワークのアクセス制御	9
	9(5)	オペレーティングシステムのアクセス制御	8
	9(6)	業務用ソフトウェアのアクセス制御	2
	9(7)	システムアクセス及びシステム使用状況の監視	3
	9(8)	移動型計算処理及び遠隔勤務	2
技術的対策	10.	システムの開発及び保守：5中分類，18管理策	
	10(1)	システムのセキュリティ要求事項	1
	10(2)	業務用システムのセキュリティ	4
	10(3)	暗号による管理策	5
	10(4)	システムファイルのセキュリティ	3
	10(5)	開発及び支援過程におけるセキュリティ	5
基本的対策	11.	事業継続管理：1中分類，5管理策	
	11(1)	事業継続管理の程々の面	5
基本的対策	12.	適合性：3中分類，11管理策	
	12(1)	法的要求事項への適合	7
	12(2)	セキュリティ基本方針及び技術適合のレビュー	2
	12(3)	システム監査の考慮事項	2
	10　　36		127

第3章 ISMS認証基準を理解しよう

用するか否かの取捨選択が可能である。

2. 規格本文

まず，はじめにISMS認証基準（Ver.2.0）の規定に先立って以下の記載がある。

ISMS認証基準（Ver.2.0）はじめに

> 本基準（ISMS認証基準（Ver.2.0））は，情報セキュリティマネジメントシステム適合性評価制度において，第三者である審査登録機関が本制度の認証を希望する事業者の適合性を評価するための認証基準である。本基準は，英国規格BS 7799-2:2002 (Information security management systems-Specification with guidance for use：情報セキュリティマネジメントシステム－仕様及び利用の手引）に基づき作成したもので，本基準で使用する用語，表現については，JIS X 5080:2002（国際規格ISO/IEC 17799：2000 (Information technology-Code of practice for information security management：情報技術－情報セキュリティマネジメントの実践のための規範））との互換性を確保した。
> 　また本基準は，時代に適合したものであり続けるために，情報セキュリティに関する国際標準化の動向，JIS化の動向，さらにJIS化後の周知状況等を踏まえ，適宜見直し及び改訂されるものである。
> 　なお，ISMS認証基準（Ver.1.0）は，本基準に置き換えられるものであり，2004年9月30日に廃止される。
>
> 　　　　　　　　　　　　　　　　　　　　（財）日本情報処理開発協会

【解説】
・英国規格BS 7799-2：2002（情報セキュリティマネジメントシステム－仕様及び利用の手引）

認証を希望する事業者の情報セキュリティ管理システムの適合性を，審査登録機関が評価する認証基準である。

・JIS X 5080：2002（国際規格ISO/IEC17799：2000（情報セキュリティマネジメントの実践のための規範））

事業者がISMSを構築・実施する際に，推奨される最良な実践例（ベストプラクティス）が掲載されており，有用な参考資料である。

なお，ISMS認証基準項目はBS 7799-2（要求事項）ベースであるので「～しなければならない」と表記しているが，JIS X 5080:2002はISO/IEC 17799：2000（ガイドライン）ベースなので「～することが望ましい」と表記されていることに注意されたい。

第0　序文

第0　序文

1.　一般

　本基準は，経営陣及び要員が，効果的な情報セキュリティマネジメントシステム（以下，ISMSという。）を構築し，運営管理していくためのモデルを提供することを目的として作成されたものである。ISMSを採用するかどうかは，組織における戦略上の決定とすべきである。組織におけるISMSの設計及び導入は，事業上のニーズ及び目標，その結果生じる情報セキュリティ要求事項，用いられるプロセス，並びに組織の規模及び構造によって影響を受ける。従って，これらの事項及びこれらを支えるシステムは，時とともに変化することが期待される。

　本基準は，あらゆる顧客からの要求又は規制上の要求と同様に，組織固有の要求事項を満たす組織の能力を，内部の者及び審査登録機関を含む外部の者が評価するために使用することができる。

2.　プロセスアプローチ

　本基準では，組織においてISMSを確立，導入，運用，監視，維持し，かつそのISMSの有効性を改善する際に，プロセスアプローチを採用することを奨励している。

　組織は，有効に機能するために，多くの活動を明確にし，運営管理しなければならない。インプットをアウトプットに変換することを可能にするために経営資源を使用して運営管理されるあらゆる活動は，プロセスとみなすことができる。多くの場合，一つのプロセスからのアウトプットは，

第3章 ISMS認証基準を理解しよう

後に続くプロセスへの直接のインプットとなる。
　組織内においてプロセスを明確にし，その相互関係を把握し，運営管理することとあわせて，一連のプロセスをシステムとして適用することを「プロセスアプローチ」と呼ぶ。
　プロセスアプローチによって，その利用者は次の事項の重要性を明確に認識するようになる。

①事業上の情報セキュリティ要求事項を理解し，情報セキュリティ基本方針及び目標を確立する必要性を理解すること。
②組織における全般的な事業上のリスク管理を考慮に入れて，管理策を導入し，運用すること。
③ISMSの実施状況及び有効性を監視し，見直すこと。
④客観的な測定結果に基づいて継続的に改善すること。

　本基準で採用されているモデルは，「Plan-Do-Check-Act（計画-実施-点検-処置）」(PDCA) モデルとして知られており，あらゆるISMSプロセスに適用できるものである。図1は，利害関係者の情報セキュリティ要求事項及び期待をインプットとし，必要な活動及びプロセスを経て，これらの要求事項及び期待を満たす情報セキュリティの成果（すなわち運営管理された情報セキュリティ）を生み出すことを表したものである。図1は，また，第4，第5，第6，第7に記述するプロセスのつながりも表している。
情報セキュリティ要求事項の例示
①情報セキュリティ違反によって組織が深刻な財務上の損害を受けないようにすること。
②情報セキュリティ違反によって組織の存続が脅かされないようにすること。
利害関係者の期待の例示
　電子商取引に使用しているウェブサイトに対し不正侵入のような重大な事件・事故が起こった場合，その影響を最小限に抑えるための適切な手順に対する十分な訓練を受けた要員がいること。
参考　情報セキュリティでは，「手順」という用語は，慣習的に，コンピュータや他の電子的手段ではなく，人によって実施される「プロセス」

という意味で使用される。

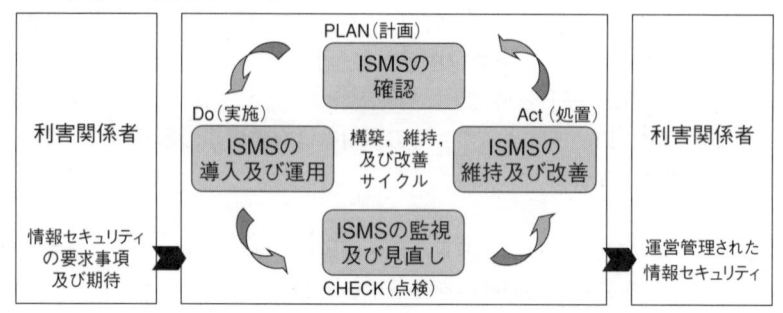

図1　ISMS プロセスに適用される PDCA モデル

Plan －計画
（ISMS の確立）
　組織の全般的な基本方針及び目標に沿った結果を出すための，リスクマネジメント及び情報セキュリティの改善に関連する情報セキュリティ基本方針，目標，対象，プロセス及び手順を確立する。
Do －実施
（ISMS の導入及び運用）
　その情報セキュリティ基本方針，管理策，プロセス及び手順を導入し運用する。
Check －点検
（ISMS の監視及び見直し）
　情報セキュリティ基本方針，目標及び実際の経験に照らしてプロセスの実施状況を評価し，可能な場合これを測定し，その結果を見直しのために経営陣に報告する。
Act －処置
（ISMS の維持及び改善）
　ISMS の継続的な改善を達成するために，マネジメントレビューの結果に基づいて是正処置及び予防処置を講ずる。

3．他のマネジメントシステムとの両立性
　本基準は，関連するマネジメント規格と矛盾なく統合して導入・運用することができるように，JIS Q 9001:2000 及び JIS Q 14001:1996 と

第3章 ISMS認証基準を理解しよう

> の整合がとられている。
> 　本基準は，組織自らのISMSを，関連する他のマネジメントシステムの要求事項に整合したり，統合したりすることができるように設計されている。

【解説】
序文

組織がISMSに取り組むか否かは，組織の戦略的な決定とすべきであり，とかく認証取得自体が目的化してしまいがちであることを注意している内容である。

事業のニーズ，事業の目的，プロセス，組織の規模，構造は，時とともに変化し，技術，社会環境の変化や法律の変更などもISMSに影響を与えることを理解し，それらに伴い見直し改善を行う必要があることを示唆している。

ところで，"事業のニーズ"や"事業の目的"とは何であろうか。そもそも組織は利害関係者，特に顧客への価値を提供するために事業を営んでおり，その意味からいえば，利害関係者からの事業への要求及び期待があり，それをセキュリティ面から見たものが利害関係者の"情報セキュリティ要求事項"及び利害関係者の"期待"である。この利害関係者からの事業への要求及び期待から"事業のニーズ"や"事業の目的"が明確になることを理解しておこう。

プロセスアプローチ

利害関係者からの事業への要求及び期待と事業の特徴から導き出される事業のニーズ，事業の目的そしてプロセス，組織の規模，構造や技術，社会環境，法律は，時とともに変化する。これらのISMSに対する影響への対応には，プロセスアプローチ及びPlan-Do-Check-Act（PDCA）モデル

の採用が有効である。

「ISMSプロセスに適用されるPDCAモデル」では，適用範囲の組織が営む事業に対して，利害関係者からの事業への要求及び期待があり，それをセキュリティ面から見たものが利害関係者の"情報セキュリティ要求事項"及び利害関係者の"期待"に応えるために，ISMSをPDCAのマネジメントサイクルを回すことにより，運営管理された情報セキュリティを実現していることを説明している。

ISMS認証基準（Ver.2.0）の序文では，ISMSを確立し，導入，運用，監視，維持し，そのISMSの有効性を改善する際に，プロセスアプローチを採用することを奨励している。

「プロセス」とは，インプットをアウトプットに変換する相互に関連する，または相互に作用する一連の活動のことであり，「プロセスアプローチ」とは，組織内において，プロセスを明確にし，その相互作用を把握し，運営管理することと合わせて一連のプロセスをシステムとして運用することである。

プロセスとは単一のプロセスの場合，情報をインプットとして提供し，それに企画や加工など付加価値を与える活動を行うことにより，アウトプットとして，付加価値が与えられた情報やサービスを提供することである。しかし，多くのプロセスの場合，複数のプロセスが相互に関連している。プロセスアプローチとは，これらの相互に関連するプロセスを明確にし，一連のプロセスをシステム（要素の集まり）として運用することである。

プロセスアプローチを採用することにより，ISMSに必要な業務とその相互関係が明確にでき，またそれぞれの業務のインプット，アウトプット，インターフェースが明確にできる。これによって組織として必要な業務が漏れなく網羅できるのと，プロセスアプローチをすることにより，業務全体の流れ，相互関係が明確になり効率的に運営できる。

また，もしも問題が発生したときはその原因がどこのプロセスにあり，

第3章 ISMS認証基準を理解しよう

どこを是正したらよいかが特定でき，効率的に問題の解決ができるというメリットが期待できる。このためには，組織に関連する部門の業務の流れや関連する業務の相互関係をきちんと把握し，インプットは何か，アウトプットは何かを明確にすることが必要である。また，個々の活動または，プロセスを実行するために規定された方法を手順というが，プロセスを効果的に運用するためにはこの手順の確立が必要となる。

プロセスアプローチを考えるとき，プロセスの大きさをどのレベルで行うかは企業の判断になるが，例えば，関連するプロセスが少ない場合，単独のプロセスとして扱ってもよいかもしれないし，複雑な場合は，関係するプロセスを特定し，プロセス間の相互関係を明確にしてシステムとして構築する必要がある。

プロセスアプローチは，ISMSを運営管理するためのPDCAプロセスと

プロセスループ

マネジメントレビュー	〈マネジメントシステムの有効性の継続的改善〉	
	マネジメントシステムの有効性の改善	第5 1.② 情報セキュリティ目標
	第6 4. 内部監査	ISMSの実施
	〈情報プロセスの有効性の継続的改善〉	
	情報プロセスの有効性の改善	「詳細管理策」管理目的
	第6 4. 内部監査	情報プロセスの運用管理

※情報プロセスとは，業務プロセスに関与する情報資産の意味

守るべき対象の情報資産は守るべき対象の業務プロセスに関与するという観点から，この業務プロセスに着目していけばよい．

他のマネジメントシステムとの両立性

　ISMSを導入するに当たって，品質や環境マネジメントシステムとの両立を考慮することが有効であり，Ver.2.0の改訂は統合マネジメントを意図している．

第1　適用範囲

> 第1　適用範囲
> 1．一般
> 　本基準は，組織の事業上のリスク全般に対して，文書化されたISMSの確立，導入，運用，監視，見直し，維持及び改善に関する要求事項を規定するものである．また本基準は，個々の組織又は組織の一部が，その必要性に応じて情報セキュリティ管理策を適切に実施できるように要求事項を規定している．
> 　ISMSは，情報資産を保護するため，十分でバランスのとれた適切な情報セキュリティ管理策を確保し，顧客及び他の利害関係者に対して信頼を与えるように設計されるものである．このように設計されたISMSは，競争力，キャッシュフロー，収益性，法令等の遵守及び企業イメージを維持し，改善することにつながる．
>
> 2．適用
> 　本基準の要求事項は汎用性があり，業種及び事業形態，規模及び事業の性質を問わず，あらゆる組織に適用できることを意図している．本基準の第4，第5，第6及び第7に定める要求事項を除外することは，いかなる場合であっても認められない．また，組織やその事業の性質によって，本基準の附属書「詳細管理策」の要求事項のいずれかが適用できない場合には，その要求事項の除外を考慮することができる．
> 　このような除外を行う場合，その除外が，リスクアセスメント及び該当

> する規制上の要求事項によって決定されるセキュリティ要求事項を満たす情報セキュリティを提供する組織の能力，責任などに影響を及ぼさないと判断されない限り，本基準への適合の宣言は受け入れられない。リスク受容の基準を満たすために必要と考えられる管理策を適用除外とする場合には，その理由及び関連するリスクが責任者によって正式に受容されたことを示す証拠が必要である。

【解説】
一般

1つの独立した組織体のみならず，その一部についても規格を適用することが可能であると明確に述べている。

またISMSは，適用範囲の組織の全般的な事業のリスクを扱い，その組織にあったマネジメントシステムを構築することを示唆している。他の組織のISMSはあくまでも他の組織に適したものであり，他の組織のISMSをそのまま適用することは適切なISMSの構築にはならない。

ISMSを構築することは情報資産の十分な保護を実現し，信頼を勝ち取ることにつながる。

ISMSは入札や企業間の取引の条件に含まれることが予想される。また事業運営のための適切なキャッシュフローの確保や収益力の増大，法律に抵触するリスクの軽減，さらには総合的な企業イメージの向上につながるといったISMS導入のメリットについても述べている。

適用

管理策はリスクアセスメント／リスク対応や法規制上の要求から決定されるものであり，附属書「詳細管理策」の表から選択される。

組織はリスクアセスメント／リスク対応や法規制上の要求の結果，選択しない管理策を決定するが，その場合，その根拠及び証拠の提示などの説

明責任を有する。

　認証基準の第4から第7の構成はマネジメントシステムについての要求であり，これについては除外を認めていない。

第2　引用規格等

> 第2　引用規格等
> 　次に掲げる規格等は，本基準の適用にあたり不可欠なものである。発行年の付いている規格等については，記載の年の版だけが本基準に適用される。発行年のない規格等については，その引用規格等の最新版が適用となる。
> JIS X 5080:2002　情報技術－情報セキュリティマネジメントの実践のための規範
> JIS Q 9001:2000　品質マネジメントシステム－要求事項
> TR Q 0008:2003　リスクマネジメント－用語集－規格において使用するための指針

【解説】

　ISMS認証基準（Ver.2.0）は，ISO 9001:2000との両立を目指しているため，要求事項は同じような構成から成り立っている。文書，記録管理，経営資源の提供，訓練，自覚，力量，マネジメントレビュー，内部監査，継続的改善，是正処置，予防処置の要求事項については特に構成が似ている。
（1）JIS X 5080:2002

　JIS X 5080:2002は，ISO/IEC17799:2000の日本版であり，情報セキュリティマネジメントの実施基準であり，情報セキュリティに関する普遍的な管理策（コントロール）を提供している。情報セキュリティマネジメントの参照文書として使用されるよう意図しているため，アセスメントや認証用には使えない。

第3章 ISMS認証基準を理解しよう

(2) ISO 9001:2000

ISO 9001:2000は，8つの章より構成され，製品の品質保証に加えて，顧客満足の向上をも目指すことを目的としている。業種，規模，提供する製品，サービスを問わず，あらゆる組織に適用できるようになっている。

(3) TR Q 0008:2003

TR Q 0008:2003は，リスクマネジメントに関する29の用語の定義が記載されている。

本規格の第3で定義された用語の多くは，JIS X 5080:2002またはTR Q 0008:2003から引用されている。

第3 用語及び定義

> 第3 用語及び定義
> 　本基準の目的のために，次に掲げる用語及び定義を適用する。
>
> 1. 可用性（availability）
> 　認可された利用者が，必要なときに，情報及び関連する資産にアクセスできることを確実にすること。
> [JIS X 5080:2002を参照]
>
> 2. 機密性（confidentiality）
> 　アクセスを認可された（authorized）者だけが情報にアクセスできることを確実にすること。
> [JIS X 5080:2002を参照]
>
> 3. 情報セキュリティ（information security）
> 　情報の機密性，完全性及び可用性の維持。
> [JIS X 5080:2002を参照]

4. 情報セキュリティマネジメントシステム　ISMS (information security management system)

　マネジメントシステム全体のなかで，事業リスクに対するアプローチに基づいて情報セキュリティの確立，導入，運用，監視，見直し，維持，改善をになう部分。

参考　マネジメントシステムには，組織の構造，及び方針，計画作成活動，責任，実践，手順，プロセス及び経営資源が含まれる。

5. 完全性（integrity）

　情報及び処理方法が，正確であること及び完全であることを保護すること。
[JIS X 5080:2002を参照]

6. リスクの受容（risk acceptance）

　リスクを受容する意思決定。
[TR Q 0008:2003を参照]

7. リスク分析（risk analysis）

　リスク因子を特定するための，及びリスクを算定するための情報の系統的使用。
[TR Q 0008:2003を参照]
参考　リスク因子(source)：結果をもたらす可能性が潜在する物事や行動。
[TR Q 0008:2003を参照]

8. リスクアセスメント（risk assessment）

　リスク分析からリスク評価までのすべてのプロセス。
[TR Q 0008:2003を参照]

9. リスク評価（risk evaluation）

　リスクの重大さを決定するために，算定されたリスクを与えられたリスク基準と比較するプロセス。
[TR Q 0008:2003を参照]

第3章 ISMS認証基準を理解しよう

10. リスクマネジメント（risk management）
   リスクに関して組織を指揮し管理する調整された活動。
   [TR Q 0008:2003 を参照]

11. リスク対応（risk treatment）
   リスクを変更させるための方策を，選択及び実施するプロセス。
   [TR Q 0008:2003 を参照]

12. 適用宣言書（statement of applicability）
   組織のリスクアセスメント及びリスク対応プロセスの結果及び結論に基づき，組織のISMSに適切で当てはまる管理目的及び管理策を記述した文書。

【解説】

ここでは，1から12までの用語の定義のいくつかに関する補足と追加の用語の解説をする。

情報セキュリティ（Information security）

組織が扱う情報資産の機密性，完全性，可用性を確実に保護し維持することである。

各々は例えば以下の通りである。

①機密性（Confidentiality）：ネットワーク上やコンピュータ内の情報を不適切な人間には決して見せないようにすること。

②完全性（Integrity）：ネットワーク上やコンピュータ内の情報が常に完全な形で保たれ，不正によって改ざんされたり破壊されないこと。

③可用性（Availability）：ネットワークやコンピュータ内の情報や資源（通信路やコンピュータ）がいつでも利用できること。

これらの情報セキュリティに対する第三者による脅威を現象別に分類すると，以下の3つに分類することができる。

①機密性の喪失：情報を不当に見られる。すなわち，不適切な主体にネットワーク上やコンピュータ内の情報を見られる。例えば，通信路上での傍受，ハードディスクの不当な読み出し，メールサーバ内のメールの内容を見られるようなことである。

②完全性の喪失：情報を不当に破壊，改ざんされる。すなわち，ネットワーク上やコンピュータ内の情報を不当に改ざんされたり，破壊される。例えば，インターネットを用いて行われる電子商取引において，金額情報を改ざんされるようなことである。

③可用性の喪失：不当な利用によりデータやコンピュータパワーが使えなくなる。ネットワークやコンピュータの機能や，保存されている情報が不当な利用によって使えなくなる。例えば，第三者が通信路上に不当に大量のデータを流すために，本来の利用者がその通信路を使えなくなるようなことである。

リスク分析 (risk analysis)

(1) リスク因子 (source) とは，ある一連の状況の発生（事象）から生じる結果をもたらす可能性が潜在する物事や行動のことである (TR Q 0008:2003)。

(2) リスク (risk) とは，事象の発生確率と事象の結果の組み合わせである (TR Q 0008:2003)。

　リスクとは，ある脅威が，資産または資産グループの脆弱性を利用して資産への損失または損害を与える可能性のことである (TR X 0036-1:2001 より)。

　つまり，脅威が現実のものとなる不確実性のレベルともいえる。

(3) リスク因子の特定 (source identification) とは，リスク因子を発見し，一覧表を作成し，特徴づけるプロセスのことである。

(4) リスク算定（risk estimation）とは，リスクの発生確率と結果の値を測定するために用いるプロセスのことである。

(5) リスクの受容（risk acceptance）とは，リスクを受容する意思決定のことである。

(6) リスクコミュニケーション（risk communication）とは，意思決定者と他のステークホルダーの間における，リスクに関する情報の交換，または共有のことである。

リスクマネジメント（リスク管理：risk management）

ISMS構築の最も重要な作業として，組織に影響を及ぼすセキュリティリスクを識別し，抑制・除去・低減するように，許容コスト内でセキュリティ対策を立案し，対処できなかった残存のリスクを「残留リスク」として経営者が承認し，引き続きリスクを監視し対策の改善を図るプロセスである。

なお，リスクマネジメントプロセスは不確実性の好ましくない（negative）側面と好ましい（positive）側面の両方に関係がある。

リスク対応（risk treatment）

リスクを変更させるための方策を選択及び実施する対応プロセス。

リスク対応の方策には，リスクの最適化，保有，回避，または移転を含むことがある。

(1) リスクの最適化（risk optimization）とは，リスクに関連して，好ましくない結果及びその発生確率を最小化し，かつ，好ましい結果及びその発生確率を最大化するためのプロセスのことである。

リスクの最適化には以下のような場合がある。

① "脆弱性を減らす"場合

・弱点を減らしたり無くしたりする
  ② "発生の可能性を減らす" 場合
   ・原因を減らしたり無くしたりする
   ・予防的な措置によって発生頻度を低減する
  ③ "影響の度合いを軽減する" 場合
   ・効果的な監視を行う
   ・影響の度合いを最小限に抑える
(2) リスクの低減（risk reduction）とは，リスクに伴う発生確率，もしくは好ましくない結果またはそれら両方を小さくするために採られる行為のことである。
(3) 軽減（mitigation）とは，ある事象のあらゆる好ましくない結果を抑制することである。
(4) リスクの保有（risk retention）とは，あるリスクからの損失の負担，または利得の恩恵の受容のことである。
(5) リスクの回避（risk avoidance）とは，リスクのある状況に巻き込まれないようにする意思決定，またはリスクのある状況から撤退する行為である。
(6) リスクの移転（risk transfer）とは，リスクに

リスクマネジメントの構造

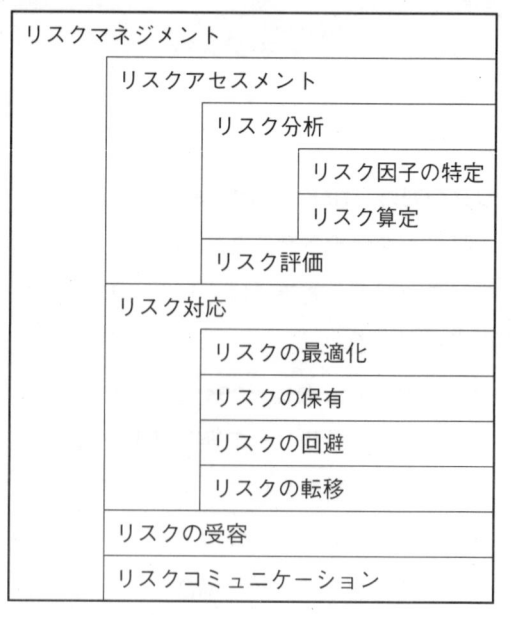

リスクマネジメント			
リスクアセスメント			
	リスク分析		
		リスク因子の特定	
		リスク算定	
	リスク評価		
リスク対応			
	リスクの最適化		
	リスクの保有		
	リスクの回避		
	リスクの転移		
リスクの受容			
リスクコミュニケーション			

関して，損失の負担，または利益の恩恵を他者と共有することである。

適用宣言書（SoA：Statement of Applicability）

　リスクアセスメントとリスク対応の結果，採用し承認された詳細管理策の一覧である。ある意味で，ISMS 要求事項と組織としての取り組みのチェックリスト的な役割がある。品質・環境など他マネジメントシステムには存在しない。

　組織の ISMS に適用する管理目的及び管理策を述べた文書である。適用宣言書には管理目的，管理策及びそれらの選択の理由を記載することが求められている。さらに，「詳細管理策」の中から適用除外とした管理目的，管理策についても除外理由を記載しなければならない。

　情報セキュリティ技術の進歩や事故の発生，事業環境の変化などによるリスク環境の変化により，たえず，実施する管理策の見直しが必要となり，それに従い，適用宣言書の内容もたえず改訂される必要性がある。

　適用宣言書の役割は次の通りである。
①審査機関に提出する
　審査員は，組織のセキュリティ対策を理解する資料として利用する。また管理策とそれに関連する部門のマトリックスの提供をすることで，サイト審査のためのサンプリング計画に使われることが多い。
②取引先に提出する
　顧客や親会社に提示して，組織のセキュリティ対策レベルの理解と，取引における信頼を獲得するために利用される。

　以下には追加の用語解説を行う。

情報資産（Information assets）

　JIS X 5080:2002では，"情報資産"の説明を以下の通りとしている。情

報と情報システム,ならびにそれらが正当に保護され使用され機能するために必要な要件の総称。組織のISMSの管理対象として価値をもつものである。

①情報資産:データベース及びデータファイル,システムに関する文書,ユーザーマニュアル,訓練資料,操作または支援手順,継続計画,代替手段の手配,記録保管された情報。

②ソフトウェア資産:アプリケーションソフトウェア,システムソフトウェア,開発用ツール及びユーティリティ。

③物理的資産:コンピュータ装置(プロセッサ,モニター,ラップトップ,モデム),通信装置(ルーター,PABX,ファクシミリ,留守番電話),磁気媒体(テープ及びディスク),その他の技術装置(電源,空調装置),什器,収容設備。

④サービス:計算処理及び通信サービス,一般ユーティリティ,例えば,暖房,照明,電源,空調。

脅威 (threat)

脅威とは,システムまたは組織に危害を与える,好ましくない偶発事故

脅威の例

故 意	偶発的(故障,過失)	環 境
盗聴	誤り及び手落ち	地震
情報の改ざん	ファイルの削除	台風
システムハッキング	不正ルーティング	落雷
意図的な操作	物理的な事故	洪水
盗難	火事	火災
故意の損害	停電	ほこり
爆破	断水	記憶媒体の劣化
盗難	ハードウェア故障	
記憶媒体の不正使用	誤操作	
ソフトウェアの違法な使用	ネットワーク機器の技術的障害	
不正なネットワーク使用		

の潜在的な原因のことである。

脆弱性（vulnerability）

脆弱性とは，脅威によって影響を受け得る資産または資産グループの弱さのことである。

脆弱性の例
・セキュリティ訓練の不足	・セキュリティ意識の欠如
・監視の不足	・不十分なメンテナンス
・不適切なネットワーク管理	・ソフトウェアのテスト不足
・ソフトウェアの欠陥	・ウイルス対策ソフトを導入していない

ISMSの目標（ISMS objectives）

情報セキュリティマネジメントシステムを構築し運用していくことにより何を達成していきたいのか，ISMSに取り組む本来の目標のことである。

情報セキュリティ目標（information security objectives）

組織の守るべき情報資産の機密性・完全性・可用性を確保・維持していくための目標である。組織により，機密性を重視するか，完全性を重視するか，可用性を重視するかは変わる。例えば，極秘で絶対に情報が漏れない，その情報資産は破損や改ざんはゼロである。稼働率は99.98％であるなどである。

管理目的（control objectives）

管理策を，組織が採用し管理する目的である。

管理目的は，組織のセキュリティリスクに対する取り組みの観点を明確にするものである。つまり，セキュリティ対策（管理策）をどのような観点で，採用し，実装し，実施し，見直しをしていくかの組織の姿勢や指針

を明確にするものである。

管理策 (controls)

　管理目的を満たすために実施される機構または手順のことである。

　セキュリティリスクに対し，検出・抑止・予防・制限・回復・監視・意識高揚をさせる方策である。認証基準では127個の管理策があり，脅威に対して保護し，脆弱性を減らし，事故の影響を制限する実施方法（practice），手順（procedure），仕組み（mechanisms）を提示している。

第4　情報セキュリティマネジメントシステム
1. 一般要求事項

> 第4　情報セキュリティマネジメントシステム
> 1. 一般要求事項
> 　組織は，自らの事業の活動全般及びリスク全般を考慮して，文書化されたISMSを構築，導入，維持し，かつこれを継続的に改善すること。本基準で使われるプロセスは，図1に示すPDCAモデルに基づいている。

【解説】

文書化されたISMSの構築，導入，維持をする。

　一般要求事項として，継続的改善，プロセスアプローチ及びPDCAに基づく考え方が強調されている。

2. ISMSの確立及び運営管理

> 2. ISMSの確立及び運営管理
> （1）ISMSの確立
> 　組織は次の事項を実施すること。
> ①事業の特徴，組織，その所在地，資産及び技術の観点から，ISMSの適

用範囲を定義する。

②事業の特徴，組織，その所在地，資産及び技術の観点から，次の事項を満たすISMSの基本方針を策定する。
(ア)ISMSの目標を設定するための枠組みを含み，情報セキュリティに関する全般的な方向性及び行動指針を確立する。
(イ)事業上の要求事項及び法的又は規制要求事項，並びに契約上のセキュリティ義務を考慮する。
(ウ)ISMSを確立し，維持するために必要な戦略上の視点からみた組織環境，並びにリスクマネジメントのための環境を整備する。
(エ)リスクを評価するための基準を確立し，定義されたリスクアセスメントの構造を確立する（第4 2.(1)③参照）。
(オ)経営陣による承認を得る。

③リスクアセスメントについての体系的な取組方法を策定する。
　当該ISMSに適しており，また，明確にされた事業上の情報セキュリティ要求事項，並びに識別された法的及び規制要求事項に適したリスクアセスメントの方法を特定する。リスクを受容可能な水準にまで軽減するために，ISMSの基本方針及び目標を設定する。また，リスクを受容するための基準を定め，受容可能なリスクの水準を特定する（第5 1.⑥参照）。

④リスクを識別する。
(ア)当該ISMSの範囲内の情報資産及び情報資産の責任者を特定する。
(イ)それらの情報資産に対する脅威を明確にする。
(ウ)脅威によって利用されるおそれのある脆弱性を明確にする。
(エ)機密性，完全性及び可用性の喪失が情報資産に及ぼすかもしれない影響を明確にする。

⑤リスクアセスメントを実施する。
(ア)セキュリティ障害に起因して想定される事業上の損害を評価する。その際に，当該情報資産の機密性，完全性又は可用性の喪失による潜在的な影響を考慮する。

(イ)一般に認識されている脅威及び脆弱性の観点から起こりうるセキュリティ障害などの現実的な発生可能性,情報資産に関連する影響,並びに現在実施されている管理策を考慮してアセスメントを実施する。
(ウ)リスクの度合いを算定する。
(エ)第4 2.(1)③で確立した評価基準を使用して,当該リスクについて,受容できるか,対応が必要かを決める。

⑥リスク対応についての選択肢を明確にし,評価する。
　考えられるリスク対応に関する選択肢として,次のような事項が含まれる。
(ア)適切な管理策を採用する。
(イ)リスクを保有する。リスクが組織の基本方針及びリスクの受容のための評価基準を明らかに満たす場合には,意識的かつ客観的に当該リスクを受容する(第4 2.(1)③参照)。
参考　リスクの保有(risk retention):あるリスクからの損失の負担,又は利得の恩恵の受容。
　　　[TR Q 0008:2003 を参照]
(ウ)リスクを回避する。
(エ)リスクを移転する。関連する事業上のリスクを,例えば,保険会社又は供給者という他者に移転する。

⑦リスク対応に関する管理目的及び管理策を選択する。
　本基準の附属書「詳細管理策」から,適切な管理目的及び管理策を選択する。また,この選択については,リスクアセスメント及びリスク対応プロセスの結果に基づいてその妥当性を示すこと。
参考　附属書「詳細管理策」のリストは組織が必要とする管理目的及び管理策の全てとは限らないので,組織は必要に応じて追加の管理目的及び管理策を選択してもよい。

⑧適用宣言書を作成する。
　第4 2.(1)⑦で選択した管理目的及び管理策,並びにこれらを選択した理由を文書化し,適用宣言書に含めること。また,附属書「詳細管理策」

に記載する管理目的及び管理策の中から適用除外としたものは記録すること。

⑨残留リスクに対する経営陣の承認及び当該 ISMS を導入し，運用するための許可を得る。

(2) ISMS の導入及び運用
　組織は次の事項を実施すること。

①情報セキュリティについてのリスクを管理するための，経営陣の適切な活動，責任及び優先順位が明確にされたリスク対応計画を策定する（第5参照）。

②識別された管理目的を達成するためにリスク対応計画を実施する。これには，必要な資金の拠出を考慮し，役割及び責任を割り当てることを含む。

③当該管理目的を達成するために第4 2.(1)⑦で選択した管理策を実施する。

④教育・訓練及び認識させるためのプログラムを実施する（第5 2.(2)参照）。

⑤運用を管理する。

⑥経営資源を管理する（第5 2.参照）。

⑦セキュリティ事件・事故を迅速に検出し，それらに対して迅速な対応を行うことのできる手順及びその他の管理策を実施する。

(3) ISMS の監視及び見直し
　組織は次の事項を実施すること。

①次の事項を行うため，監視のための手順及び他の管理策を実施する。
(ア)処理結果から誤りを速やかに検出する。
(イ)セキュリティ上の違反行為及び事件・事故は未遂であっても，迅速に識別する。
(ウ)人又は情報技術によって導入されたセキュリティ活動が意図した通りに実施されているかどうかを，経営陣や管理者が判断できるようにする。
(エ)セキュリティ違反を解決するためにとるべき処置を，事業上の優先順位を踏まえて決定する。

②当該ISMSの有効性に関して定期的な見直しを実施する(情報セキュリティ基本方針及び目標を満たすこと，並びにセキュリティ管理策の見直しを含む)。その際，セキュリティ監査の結果，事件・事故，提案及び全ての利害関係者からのフィードバックを考慮に入れる。

③残留リスク及び受容可能なリスク水準の見直しを行う。その際，次の事項に生じる変化を考慮に入れる。
(ア)組織。
(イ)技術。
(ウ)事業の目標及びプロセス。
(エ)識別された脅威。
(オ)外部の事象。例えば，法的又は規制環境や社会環境など。

④あらかじめ定められた間隔でISMSの内部監査を実施する。

⑤適用範囲が引き続き適切であり，ISMSのプロセスにおける改善策が明確にされていることを確実にするために，定期的に(少なくとも年1回)ISMSのマネジメントレビューを実施する(第6参照)。

⑥ISMSの有効性又は実施状況に影響を与える可能性のある活動及び事象を記録する(第4 3.(3)参照)。

(4) ISMS の維持及び改善
　組織は定期的に次の事項を実施すること。

①識別された ISMS の改善策を実施する。

②第7 2. 及び第7 3. に従って適切な是正処置及び予防処置を実施する。
　自らの組織及び他の組織の情報セキュリティに関する経験から学んだ教訓を活用する。

③利害関係者全てに結果及び講じた処置を伝達し，可能な限り合意を得る。

④改善が，その意図した目標を確実に達成するようにする。

【解説】
　ここでは ISMS の枠組みを確立し，導入及び運用を開始し，監視及び見直しにより ISMS を維持及び改善していく PDCA サイクルの内容について要求している。さらに具体的に確立，運用，監視，見直し，維持改善を行う詳細な要求事項を第5，第6，第7で要求している。

(1) ISMS の確立
① ISMS の適用範囲を定義する。
　適用範囲は事業の特徴，組織，場所，資産及び技術の点から保護が必要な範囲を決定する。ISMS で保護する事業活動はその企業のすべての事業を含んでいるとは限らない。特定の顧客に対するサービスのみ保護する必要性が事業上要求される場合もある。
　もし何かの理由で情報や関連資産にアクセスする人や特定のサービスが適用範囲から除かれる場合は，第三者のアクセスやアウトソーシングとして，管理を徹底することが必要である。この後のプロセスで第三者がアクセスするリスクを評価し，そこが組織の弱点にならないようにしなければ

ならない。

② ISMSの情報セキュリティ基本方針を策定する。

　ISMSの情報セキュリティ基本方針（トップポリシー）を策定する。この内容としては，(ア)から(エ)を含むことが要求されている。この内容は，ISMSの方向性を社内にコミットメントするのに必要な要件を含んでいる。

　情報セキュリティ基本方針は情報セキュリティに関する全般的な方向性や指針を示すことが重要である。またISMSの目的を設定する枠組みを提供し，組織環境，リスクアセスメント，リスクマネジメントの体系を整備するために，マネジメントシステムとしての方向性や指針を示すことも重要である。

　情報セキュリティ基本方針は，適用組織の執行責任を有するマネジメントの承認が必要である。

　なお，情報セキュリティ基本方針の公表・通知や見直し及び評価については，附属書「詳細管理策」3．情報セキュリティ基本方針（以降，Annexの内容であることから"A3"と表記する）にて要求されている。

③ リスクアセスメントについての体系的な取組方法を策定する。

　リスクアセスメントの体系的な取り組みの方法を定義することが要求されている。その際，事業上の情報セキュリティ要求事項や法律，規制に抵触するリスクについても検討できる仕組みでなければならない。

　また，その仕組みはリスクを受容可能なレベルに軽減するためにISMS文書（情報セキュリティ基本方針及び対策基準や実施手順）やISMSの目的を設定する方法を提供するものでなければならない。

　ISMSはリスクをゼロにすることを望むものではなく，受容可能なレベルに軽減することが重要である。受容可能なリスクの水準は組織のさまざまな事情を反映して基準を作成し，リスクの受容レベルを特定する方法についても確立しなければならない。

第3章　ISMS認証基準を理解しよう

④リスクを識別する。

　リスクアセスメントの結果，特定しなければならないいくつかの要素が明確にされている。

　（ア）情報資産の責任者を特定すること。

　詳細管理策4(1)③に選択可として「情報資産の保護に対する責任を定めよ」とあるが，本要求事項により，必須の要求事項となった。これは，情報資産の価値は人により判断が異なり，ある人にとっては，喉から手が出るほど重要な情報資産であっても，別の人にとってみれば，1円の価値もないものもあり，これが情報資産の価値の本質である。そこで，組織の情報資産の価値をしっかり判断できる責任者を特定しておくことが重要なことになるのである。実地審査では，この情報資産の責任者に対しリスクアセスメント実施のヒアリングを行うことになる。

　（イ）（ウ）（エ）情報資産に対する脅威，脆弱性，影響を特定する。情報資産に及ぼす影響は，機密性，完全性，可用性の喪失による影響である。実際は情報資産への脅威，脆弱性，影響の評価基準を定めることになる。

⑤　リスクアセスメントを実施する。

　事業上の損害を評価することや，セキュリティ障害の発生の可能性，既存の管理策を考慮した上でリスクアセスメントを実施する。リスクアセスメントの実施によって当該リスクの大きさを見積もることや評価基準に従って当該リスクを受容するか新たな対策を実施するかを決定する。

⑥リスク対応についての選択肢を明確にし，評価する。

　リスクアセスメントの結果から得られる選択肢は，リスクの低減，受容，回避，移転に分けられる。

　詳細管理策に掲載された36の管理目的と127の管理策はリスクを低減するために選択されるが，それぞれリスクを受容レベルまで低減するに足りるものであるかを評価しなければならない。

⑦ リスク対応に関する管理目的及び管理策を選択する。

　上記⑥の特定，評価の結果，正式に管理策が選択される。

⑧ 適用宣言書を作成する。

　適用宣言書には，管理目的，管理策及びそれらの選択の理由を記載することが求められている。

　さらに，詳細管理策の中から適用除外とした管理目的，管理策についても除外理由を記載しなければならない。

　実際の除外理由は「リスクが少ない」，「予算，財政上の制約」，「技術的に適していない」，「文化，社会的制約」，「時間的な制約，すぐには実施できない」，「適用なし」であるかもしれない。

　適用宣言書は，組織がリスクをどのようにしてコントロールしているかを示す文書であり，潜在的な取引相手に開示することも考えられる。したがって，セキュリティを破ろうとする者に有用な情報を与えるほど詳細に

ISMS の確立の手順

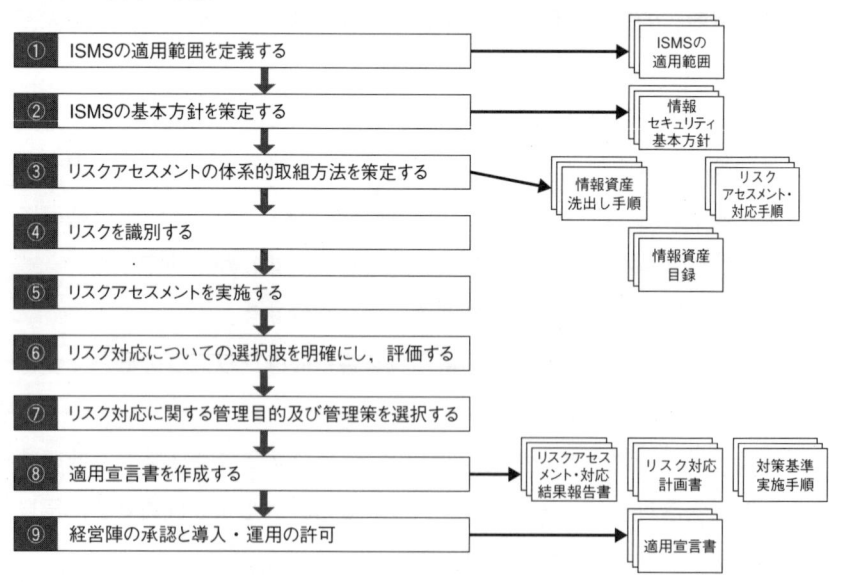

①	ISMSの適用範囲を定義する	→	ISMSの適用範囲
②	ISMSの基本方針を策定する	→	情報セキュリティ基本方針
③	リスクアセスメントの体系的取組方法を策定する	→	情報資産洗出し手順／リスクアセスメント・対応手順／情報資産目録
④	リスクを識別する		
⑤	リスクアセスメントを実施する		
⑥	リスク対応についての選択肢を明確にし，評価する		
⑦	リスク対応に関する管理目的及び管理策を選択する		
⑧	適用宣言書を作成する	→	リスクアセスメント・対応結果報告書／リスク対応計画書／対策基準実施手順
⑨	経営陣の承認と導入・運用の許可	→	適用宣言書

第3章　ISMS認証基準を理解しよう

記述しない方が良い。選択の理由は「ISMS導入前から実施」や「手順書の文書番号」，除外理由は「適用なし」，「リスク評価の結果不要」等と書いてあれば十分である。

⑨残留リスクに対する経営陣の承認，ISMS導入，運用のための許可を得る。

　残留リスクについてはISMSの執行責任を有するマネジメントが承認しなければならない。同時にこのような残留のリスクを伴う状態でISMSを導入，運用することに対する許可も必要である。

（2）ISMSの導入及び運用

①実施に際してはリスク対応計画を作成する。

　リスク対応計画は，管理目的を達成するための計画であり，管理活動，責任，優先順位を含むものである。すでに既存の管理策で十分なリスクを受容しているものは新たな計画を作成する必要がない。計画書を作成するより実施した方が早い管理策では，日程，費用を盛り込んだ詳細な計画を作成するのではなく，即日実施する。緊急性を要する管理策があれば優先的に実施することを計画する。

　計画はスケジュール，手順書，フロー図，仕様書，ポリシードキュメントなど様々な形態をとる。必要に応じて日程，費用，役割，責任を盛り込む。

⑤⑥計画された管理策の運用及び，資源を管理することも重要である。

⑦手順によらない管理策についても適切に実施されなければならない。

（3）ISMSの監視及び見直し

①ISMSの継続的改善のために情報セキュリティ上の好ましくない出来事，例えば，「プロセスを実施した結果の誤り」や「セキュリティ違反」，「セ

キュリティ事件・事故」を監視する。

　監視の目的は，ISMSの活動が期待通りであるか否かをマネジメントが判断することと，事業上の優先順位を踏まえセキュリティ違反の再発防止の処置を決定することである。

②そのためにはマネジメントレビューによって情報セキュリティ基本方針，情報セキュリティ目標，管理目的，管理策及びISMSの有効性を見直すことが重要である。

　マネジメントレビューは，内部監査の結果，セキュリティ事故，提案及び利害関係者からのフィードバックを考慮し，組織が実施サイクル，レビュー項目，アウトプットなどを定め正式に実施しなければならない。

③組織，技術，事業の目標，プロセス，特定された脅威，法律，規制及び社会環境の変化などを考慮し，残留リスク及び受容リスク水準の見直しを行うことが要求されている。

④⑤ISMSを見直す手段として他のマネジメントシステムでも用いられている内部監査とマネジメントレビューを実施することが要求されている。内部監査の実施サイクルを決めることと，マネジメントレビューを正式に行うことが要求されている。具体的な実施手段は第6に記載されている。

⑥ISMSの有効性とパフォーマンスに影響する活動，事象（ISMSの確立，導入，運用，監視，見直し，維持，改善すべてに関わる活動，出来事）を記録する。

　ISMSの活動，出来事についてどのくらい記録をとらなければならないかについては，ISMSの有効性とパフォーマンスに影響する程度に応じて決定することが重要である。

　記録は内部監査やマネジメントレビューのインプット情報として活用される。

（4）ISMS の維持及び改善

次のことを定期的に行わなければならない。

① マネジメントレビューにより特定された事項に関し，ISMS 文書を修正し周知徹底を図り，実行レベルの改善が促進されるように，特定された ISMS の改善策を実施する。

② 是正処置，予防処置。

　第7 2是正処置，第7 3予防処置に従って実施されることを意図している。

③ 顧客等の利害関係者すべてに結果，処置を伝え可能な限り合意を得る。

　例えば，ホームページにて改善した旨通知したり，重要顧客の訪問時に幹部から伝達し，合意を得たりする。

④ 意図した改善の目的を確実に達成する。

3. 文書化に関する要求事項

> 3．文書化に関する要求事項
> （1）一般
> ISMS 文書には，次の事項を含めること。
>
> ① 情報セキュリティ基本方針（第4 2.(1)②参照）及び管理目的の表明。
>
> ② 当該 ISMS の適用範囲（第4 2.(1)①参照）並びに ISMS を支える手順及び管理策。
>
> ③ リスクアセスメントの結果報告（第4 2.(1)③から第4 2.(1)⑦参照）。
>
> ④ リスク対応計画（第4 2.(2)①参照）。
>
> ⑤ 情報セキュリティに関するプロセスの効果的な計画，運用及び管理を確実に実施するために，組織が必要と判断した，文書化された手順。

⑥本基準が要求する記録(第4 3.(3)参照)。

⑦適用宣言書(第4 2.(1)⑧参照)。

　文書は全て,ISMS の基本方針の要求に応じて利用できるようにしておくこと。
参考1　本基準で「文書化された手順」という用語を使う場合には,その手順が確立され,文書化され,実施され,かつ,維持されていることを意味する。
参考2　ISMS の文書化の程度は,次の理由から組織によって異なることがある。
　　　－組織の規模及び活動の種類。
　　　－適用範囲,セキュリティ要求事項及び運営管理するシステムの複雑さ。
参考3　文書及び記録の様式及び媒体の種類はどのようなものでもよい。

(2) 文書管理
　ISMS で必要とされる文書は,保護し管理すること。次の事項を行うのに必要な管理活動を規定する文書化された手順を確立すること。

①発行前に,適切かどうかの観点から文書を承認する。

②文書の見直しを行う。また,必要に応じて更新し,再承認する。

③文書の変更の識別及び現在の改訂版の識別を確実にする。

④該当する文書の最新版が,必要なときに,必要なところで使用可能な状態にあることを確実にする。

⑤文書が読みやすく,容易に識別可能な状態であることを確実にする。

⑥どれが外部で作成された文書かが識別されていることを確実にする。

⑦文書の配付が適切に管理されていることを確実にする。

⑧廃止文書が誤って使用されないようにする。

⑨廃止文書を何らかの目的で保持する場合には，適切な識別をする。

(3) 記録の管理
　記録は，要求事項への適合及びISMSの効果的運用の証拠を示すために，作成され，維持されること。また，これらの記録は管理されること。その際，当該ISMSは該当する法的要求事項を考慮に入れること。記録は，読みやすく，容易に識別可能で，検索可能な状態であること。記録の識別，保管，保護，検索，保管期間及び廃棄に関して必要な管理策を文書化すること。運営管理プロセスで，記録の必要性及び記録の範囲を定めること。
　第4 2.に記述されているプロセスの実施状況に関する記録及びISMSに関連する全てのセキュリティ事件・事故の発生に関する記録を維持すること。

記録の例
訪問者の記録，監査記録及びアクセスの承認記録など。

【解説】
(1) 一般
　この基準項目は，ISMS文書の内容として必要なものを明確にしている。
①情報セキュリティ基本方針，及び管理目的を含む管理枠組みの表明。
　第4 2.(1)②(ア)～(エ)の内容を含む情報セキュリティ基本方針を文書化する。
　ISMS目標，情報セキュリティ目標，及び管理目的を含む「ISMSマニュアル」や「ISMS計画書」等を作成すること。
②ISMSの適用範囲とISMSを支援する手順，管理策を文書化する。
　適用範囲は「事業の特徴」，「組織」，「その所在地」，「資産」，「技術」の

観点から文書化する。

　ISMSを支援する手順，管理策は，以下5つの手順を文書化する。
- 　・第4　3(2)　文書管理手順
- 　・第4　3(3)　記録管理手順
- 　・第6　4　ISMS内部監査手順
- 　・第7　2　是正処置手順
- 　・第7　3　予防処置手順

③リスクアセスメント結果報告書 … 第4　2(1)③～⑦

　情報資産洗出し手順書，リスクアセスメント・リスク対応手順書，情報資産目録，リスクアセスメント・リスク対応結果報告を求めている。

④リスク対応計画 … 第4　2(2)②

　選択された管理策を，いつ，誰が，どのくらいの費用を投資して実行していくかを計画書にまとめることを要求している。

⑤情報セキュリティプロセスを確実に実施するために，組織が必要とした文書化された手順

　1つひとつの管理策を実施する上で必要な詳細管理策対応の対策基準及び手順書の文書化を要求している。

⑥本規格が要求する記録とは，以下7つの記録である。
- 　・第4　2(3)⑥　ISMSの有効性とパフォーマンスに影響する活動，事象の記録
- 　・第5　1　経営陣のコミットメントの証拠
- 　・第5　2(2)　教育・訓練，技能，経験，資格についての記録
- 　・第6　1　マネジメントレビューの記録
- 　・第6　4　ISMS内部監査の記録
- 　・第7　2　是正処置の記録
- 　・第7　3　予防処置の記録

⑦適用宣言書 … 第4　2（1）⑧

（2）文書管理

　ISMSで必要となる文書を保護し管理する。同文書の管理手順を定め，維持すること。紙文書と電子媒体とを考慮して管理する。

①発行に当たって，適切か確認を行い承認する。

②ISMSで必要となる文書の見直しを行うために，見直しの手順を明確にする。見直しを行う時期，情報セキュリティポリシーに対する準拠性を維持する方法，策定・改定・廃止等の手順を定める。必要に応じて更新する。文書の更新履歴を管理する手順を明確にする。

③初版の策定日や改訂日付が明記されること。また改訂内容の説明を付けることが望ましい。文書の版数などの識別方法を定める。

④文書の最新版が，運用に関わる全ての組織において，容易に閲覧できる方法を明確にする。必要文書が組織で異なる場合は，組織毎に文書体系を定める。利用者が文書を容易に利用できるように，文書管理手順では，機密性・完全性・可用性の観点を考慮し，保管方法，利用方法，公開範囲等を明確にする。

⑤文書は，容易に識別できるようにし，整頓された状態で維持されること。

⑥外部作成文書を識別する。

⑦文書の配布管理が適切であることを確実にするために，文書管理手順で明確にする。

⑧文書の必要性がなくなるとか，新たな文書が作成された場合は，当該文書を速やかに廃止する。廃止の承認及び廃止の公示方法の手順を定める。

⑨法規等の要求や，専門知識の蓄積等の理由から，廃止文書を保存する場合，対象となる文書を明確に定めておく。なお，廃止文書を誤って参照・閲覧・破棄されないよう，保管先変更など特別な保護処置をしておくこ

とが望ましい。

（3）記録の管理

　記録の管理。記録は，発生した事象を記録・保管するものであり，文書と異なり，更新・改定は行わない。なお，記録の中には，文書の性格を併せもつものがある。例えば，会議議事録の場合，決定事項に作業指示が含まれることがある。

①記録は，要求事項への適合及びISMSの効果的運用の証拠を示すために作成し維持する。
②記録を管理すること。
　記録の保管期間は，法律等で決められている場合があり，「第4　3（2）文書管理」に準じた扱いが必要である。
③記録の管理で法令上の要求事項も考慮すること。
　詳細管理策12．適合性（1）法的要求事項への適合③「組織の記録の保護」と関連する。
④記録は，読みやすく，容易に識別可能で，検索可能な状態であること。
　記録は，読みやすく，関係する行為まで容易にたどり着け，取り出しが容易で，劣化や紛失を防止するよう管理することが望ましい。特にセキュリティ記録では，一般の記録と異なり，高いアクセス制限の必要なものがある。
⑤記録を管理する手順を定め文書化すること。
　記録の管理とは，記録の識別，保管，保護，検索，保管期間及び廃棄である。例えば，記録を識別する方法，紙・電子媒体別の保管方法，作成・登録など維持の方法，参照の手続き，保管期限後の廃棄方法などを指す。
⑥運営管理プロセスで，記録の必要性及び記録の範囲を定めること。

⑦第4 2に記述されているプロセスの実施状況に関する記録及びISMSに関連する全てのセキュリティ事件・事故の発生に関する記録を維持すること。

ISMSの記録の例としては，以下のものがある。
情報セキュリティ委員会の議事録，訪問者の記録，マシン室の入退室の記録，情報システムやサーバへのアクセス許可・拒否の記録，システム変更記録，事故の記録，審査記録，システム運用ログなど。

第5 経営陣の責任

第5 経営陣の責任
1．経営陣のコミットメント
　経営陣は，ISMSの確立，導入，運用，監視，見直し，維持及び改善に対するコミットメントの証拠を，次の事項によって示すこと。

①情報セキュリティ基本方針を確立する。

②情報セキュリティ目標が設定され，計画が策定されることを確実にする。

③情報セキュリティに対する役割及び責任を定める。

④情報セキュリティ目標を達成することの重要性及び情報セキュリティ基本方針に適合することの重要性，当該組織の法的責任，並びに継続的改善の必要性を組織内に周知する。

⑤ISMSの確立，導入，運用及び維持に十分な経営資源を提供する（第5 2.(1)参照）。

⑥リスクの受容可能な水準を決める。

⑦ ISMSのマネジメントレビューを実施する（第6参照）。

2．経営資源の運用管理
(1) 経営資源の提供
　組織は，次の事項を実施するために必要な経営資源を決定し，提供すること。

① ISMSを確立，導入，運用及び維持する。

②情報セキュリティの手順が事業上の要求事項を満たすものであることを確実にする。

③法的及び規制要求事項と契約上のセキュリティに関する義務を識別し，適切に対処する。

④実施される全ての管理策を的確に適用することにより，十分な情報セキュリティを維持する。

⑤必要な場合には見直しを行い，その結果に対して適切に対応する。

⑥必要な場合には，ISMSの有効性を改善する。

(2) 教育・訓練，認識及び力量
　組織は，ISMSにおいて，明確にされた責任を割り当てられた要員全てが要求される業務を実施する力量をもつことを，次の事項を実施することによって確実にすること。

① ISMSに影響がある業務に従事する要員に必要な力量を明確にする。

②必要な力量がもてるように適切な教育・訓練を実施し，必要な場合には，適格な要員を雇用する。

③実施した教育・訓練及びその他の講じた処置の有効性を評価する。

④教育・訓練，技能，経験及び資格についての記録を維持する（第4 3.(3)参照）。

　組織はまた，該当する要員全てが，自らの情報セキュリティについての活動のもつ意味とその重要性を認識し，ISMS の目標の達成に向けて自らが，どのように貢献できるかを認識することを確実にすること。

【解説】
経営陣のコミットメント

　ISMS を成功させるための最も重要な要因は，経営陣の明確な支持を取り付けることである。経営陣は ISMS の確立，導入，運用，監視，見直し，維持，改善について取り組むことをコミットメントし全従業員に伝える。例えば，ISMS 基本方針の中で文書化するまたは情報セキュリティ委員会

経営陣の責任

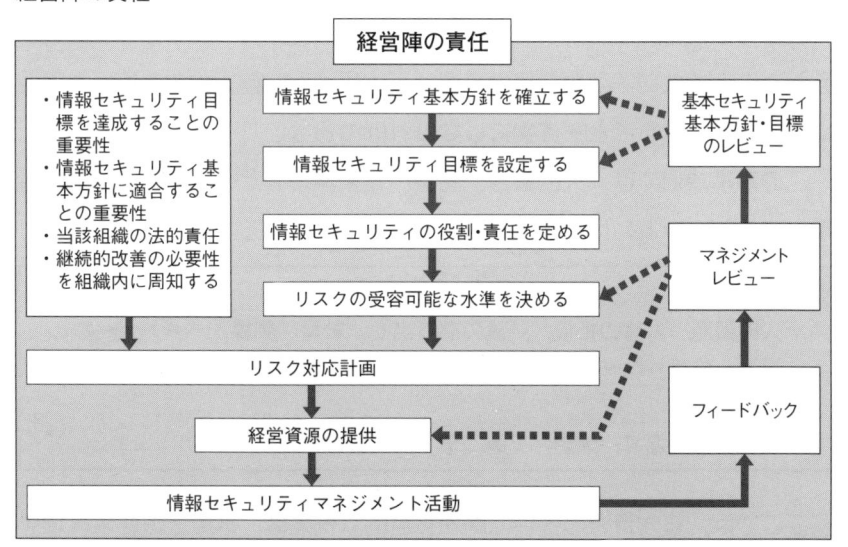

経営陣の責任		
・情報セキュリティ目標を達成することの重要性 ・情報セキュリティ基本方針に適合することの重要性 ・当該組織の法的責任 ・継続的改善の必要性を組織内に周知する	情報セキュリティ基本方針を確立する ↓ 情報セキュリティ目標を設定する ↓ 情報セキュリティの役割・責任を定める ↓ リスクの受容可能な水準を決める ↓ リスク対応計画 ↓ 経営資源の提供 ↓ 情報セキュリティマネジメント活動	基本セキュリティ基本方針・目標のレビュー ↑ マネジメントレビュー ↑ フィードバック

でコミットメントする等である。

その証拠は①～⑦によって立証されなければならない。

経営陣は情報セキュリティ基本方針，役割，責任の決定，経営資源の提供，従業員の意識改革を行うことによって，情報セキュリティを達成するための基礎を作り，受容可能なリスク水準を定めることによりISMSの方向性を決める。すなわち，経営陣が自らISMSの確立，導入，運用に関わるコミットメントを実践した証拠である。

その結果が，適切に管理目的やリスク対応計画を作成することにつながり，コミットメントが確実に浸透し運用された証拠となる。また経営陣はISMSが有効に機能しているか否かをマネジメントレビューの中で確認し，監視，見直し，維持，改善に関わるコミットメントを実践した証拠として示せるよう記録を維持することが重要である。

経営資源の運用管理

（1）経営資源の提供

経営陣は，事業上の要求事項を満たし，情報セキュリティ目標を達成するために，達成に不可欠な経営資源（人的資源，基盤，作業環境）を明確にし，利用できることを確実にしなければならない。

この基準項目では，人的資源，基盤，作業環境などの経営資源の運用管理（マネジメント）に関する要求事項を規定している。

> 経営資源：
> ・人的資源…力量の把握，要員の割り当て，教育・訓練，パートナーなど
> ・基盤…施設，ハードウェア，ソフトウェア，通信設備，支援サービスなど
> ・作業環境…温度，照明，アメニティー，資金など

ここでは，経営資源の提供に関する目的（例えば，事業上の要求事項を

第3章 ISMS認証基準を理解しよう

基盤と作業環境

```
作業環境(物理的要因)
温度，明るさ，清潔さ，広さなど
```

```
作業環境(人的要因)
労働安全衛生，快適さ，表彰制度など
```

```
基　　盤
組織運営のために必要な一連の施設，設備及びサービス
建物，什器，作業場，設備，機械，備品，ハードウェア，
ソフトウェア，通信手段，輸送手段，ユーティリティ
```

満たすこと）が明確にされている。また，この目的に基づいて資源を計画し，提供することが要求されている。

「経営資源の運営管理」の要求事項は，事業上の要求事項を満たし情報セキュリティ目標を達成する，ISMSの有効性を改善することである。そのためには，まずは要員，基盤などの必要な経営資源を明確にして，計画，準備，提供し，問題があれば見直すことが必要である。そのためには，経営資源の運用に関するプロセスや手順を明確にすることが必要となる。経営資源の運営管理は，ISMSのPDCAサイクルのPlan及びDoに相当する。

必要な経営資源が十分提供されているかどうかについては，内部監査などで確認し，不十分な場合には是正処置を採る。

（2）教育・訓練，認識及び力量

人的資源としての"要員"は，ISMSが適切に機能するかどうかに関する重要な要素であり，情報セキュリティに関する自覚や能力を維持することが重要である。要員に関しては，現実に適切な仕事が行えるかどうかに

109

重点をおいている。ISMS に影響がある業務に従事する要員は，関連する教育・訓練，技能，経験，資格を判断の根拠として，力量がなければならないと要求している。

力量のある要員の確認

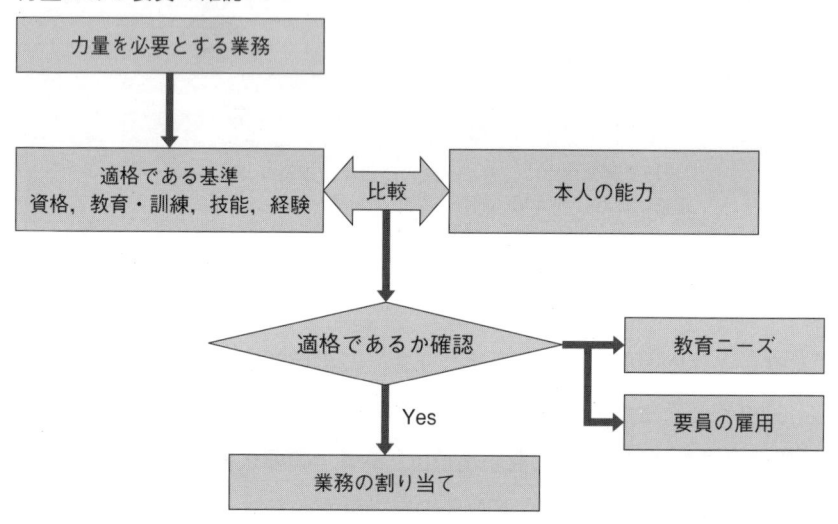

```
┌─────────────────┐
│ 力量を必要とする業務 │
└─────────────────┘
         │
         ▼
┌─────────────────┐      ┌─────────┐
│ 適格である基準        │ 比較  │ 本人の能力 │
│ 資格，教育・訓練，技能，経験│◄───►│         │
└─────────────────┘      └─────────┘
         │
         ▼
    ◇ 適格であるか確認 ◇ ──────► 教育ニーズ
         │                  └─► 要員の雇用
         │ Yes
         ▼
   ┌─────────────┐
   │ 業務の割り当て │
   └─────────────┘
```

教育・訓練の流れ

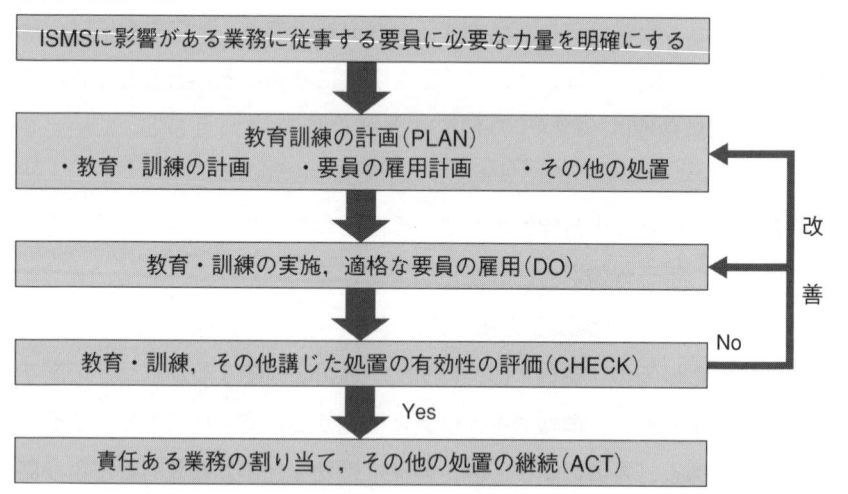

```
┌──────────────────────────────────────────────┐
│ ISMSに影響がある業務に従事する要員に必要な力量を明確にする │
└──────────────────────────────────────────────┘
                    │
                    ▼
┌──────────────────────────────────────────────┐
│ 教育訓練の計画（PLAN）                           │◄──┐
│ ・教育・訓練の計画  ・要員の雇用計画  ・その他の処置 │   │
└──────────────────────────────────────────────┘   │
                    │                              │
                    ▼                              │改
┌──────────────────────────────────────────────┐   │善
│ 教育・訓練の実施，適格な要員の雇用（DO）           │◄──┤
└──────────────────────────────────────────────┘   │
                    │                              │
                    ▼                              │
┌──────────────────────────────────────────────┐   │
│ 教育・訓練，その他講じた処置の有効性の評価（CHECK） │──┘ No
└──────────────────────────────────────────────┘
                    │ Yes
                    ▼
┌──────────────────────────────────────────────┐
│ 責任ある業務の割り当て，その他の処置の継続（ACT）   │
└──────────────────────────────────────────────┘
```

"力量"（competence）とは，「知識と技能を適用するための実証された能力」である。例えば，ペーパードライバーは実際の路上での運転ができない。つまり，技能はあっても力量がないのである。

①まず，ISMSに影響がある業務に要求されている力量が何であるかを明確にする。
②要員に必要な力量がもてるように教育・訓練をしていく。
③実施した教育・訓練やその他の講じた処置が，結果として業務遂行面で適切であったかを評価する。
④教育・訓練や技能，経験，資格について記録し，これを記録として維持管理する。

　また，すべての要員がISMSの重要性を認識し，自らの役割を自覚することが必要である。

第6　マネジメントレビュー

> 第6　マネジメントレビュー
> 1．一般
> 　経営陣は，組織のISMSが，引き続き適切で，妥当で，かつ，有効であることを確実にするために，あらかじめ定められた間隔でISMSをレビューすること。このレビューでは，ISMSに対する改善の機会の評価，情報セキュリティ基本方針及び情報セキュリティ目標を含むISMSの変更の必要性の評価も行うこと。また，このレビューの結果を明確に文書化し，その記録を維持すること（第4　3.(3)参照）。
>
> 2．マネジメントレビューへのインプット
> 　マネジメントレビューへのインプットには次の情報を含めること。
>
> ①監査及びレビューの結果。
>
> ②利害関係者からのフィードバック。

③ISMS の実施状況及び有効性を改善するために組織において利用可能な技術，製品又は手順。

④予防処置及び是正処置の状況。

⑤過去のリスクアセスメントで適切に取り扱われなかった脆弱性又は脅威。

⑥過去のマネジメントレビューの結果に対するフォローアップ。

⑦ISMS に影響を及ぼす可能性のある全ての変更。

⑧改善のための提案。

3．マネジメントレビューからのアウトプット
　マネジメントレビューからのアウトプットには，次の事項に関する決定及び処置を含めること。

①ISMS の有効性の改善。

②ISMS に影響を与える可能性のある内部又は外部の事象に対応するために必要に応じて加えられる，情報セキュリティを実現する手順の修正。
　それらの事象には，次の事項に対する変更が含まれる。
(ア)事業上の要求事項。
(イ)情報セキュリティ要求事項。
(ウ)既存の事業上の要求事項を満たす業務プロセス。
(エ)規制環境又は法的環境
(オ)リスクの度合い及びリスク受容の水準。

③必要となる経営資源。

4．内部監査
　組織は，当該 ISMS の管理目的，管理策，プロセス及び手順が次の事項を満たしているか否かを明確にするために，あらかじめ定められた間隔で

第3章　ISMS認証基準を理解しよう

ISMSの内部監査を実施すること。

①本基準の要求事項に適合していること。また，関連する法令又は規制に適合していること。

②識別された情報セキュリティ要求事項に適合していること。

③有効に実施され維持されていること。

④期待通りに実施されていること。

　組織は，監査の対象となるプロセス及び領域の状況と重要性，並びにこれまでの監査結果を考慮して，監査プログラムを策定すること。監査の評価基準，対象範囲，頻度及び方法を規定すること。監査員の選定及び監査の実施においては，監査プロセスの客観性及び公平性を確保すること。監査員は自らの仕事を監査しないこと。
　監査の計画及び実施，結果の報告，記録の維持（第４ 3.(3)参照）に関する責任，並びに要求事項を文書化された手順の中で規定すること。
　監査された領域に責任をもつ管理者は，発見された不適合及びその原因を除去するために遅滞なく処置が確実に講じられるようにすること。改善活動には，講じた処置の検証及び検証結果の報告を含めること（第７参照）。

【解説】
一般
　ここでは，マネジメントレビューで何を実施するか明確にすることが要求されている。
①経営陣は，ISMSが，適切で，妥当で，有効なものとするために，マネジメントレビューをあらかじめ定められた間隔で実施すること。

> 適切（Suitability）：適切とは「質」に関することで，構築されたマネジメントシステムが効果的な結果を出す上で，適切であるかどうかということである。特定されたプロセスやそれを実施する手順の中味が問われる。

> 妥当（Adequacy）：妥当とは「量」的なものに関することで，その組織や規模の大きさ，業務の複雑さなどに対して，システムの手順の明確化などが量的にふさわしいかということである。当然，組織の規模が大きな場合には，文書化すべき手順の量も多くなるかもしれない。逆に組織の規模以上に手順が複雑で文書化の量が多いのは妥当でないかもしれない。
>
> 有効（Effectiveness）：有効とは計画した活動が実行され，計画した通りの結果が得られているかどうかという，結果に対するものである。計画された結果が達成した程度で，目的・目標に対して効果的であることである。よい結果が得られるようにISMSが構築され，実施されているかが問われている。

② マネジメントレビューは，現在のISMSが引き続き適切なものであるか，妥当なものであるか，有効なものであるかの観点から実施する。

③ マネジメントレビューの間隔は，あらかじめ定めておく必要がある。つまり，マネジメントレビューの実施計画を策定する。第4 2.(3)⑤でマネジメントレビューは定期的に実施すると要求されている。よって，マネジメントレビューは，あらかじめ定められており，かつ定期的に実施するものと解釈できる。

④ マネジメントレビューでは，ISMSの改善の機会の評価やISMSの変更の必要性を評価する。そして，マネジメントレビューの記録は，これらの評価を確実に実施したことがわかるようにしておく。

⑤ 情報セキュリティ基本方針及び情報セキュリティ目標が形骸化するのを防ぎ，かつISMSの有効性を維持するため，情報セキュリティ基本方針及び情報セキュリティ目標もレビューの対象にすること。

⑥ マネジメントレビューの結果を記録として維持する。

　正式なISMSのマネジメントレビューを少なくとも年1回実施し，その結果を維持することを要求している。

マネジメントレビューへのインプット

　マネジメントレビューは次の情報に基づいて行い，実施状況を報告し改善の機会とする。これらの多くは，ISMSを実施したアウトプットであり，経営者に判断するための情報が集まってくる仕組みになっている。

①監査及びレビューの結果

　監査には，内部監査（第一者監査），顧客監査（第二者監査），外部審査（第三者監査）がある。監査の結果には内部監査だけでなく，顧客や認証機関によって行われる外部監査も含まれる。また，定期的に開催される情報セキュリティ連絡会議でのレビュー結果なども，インプットになる。

②利害関係者からのフィードバック

　利害関係者の満足度，利害関係者からのクレームの状況，利害関係者の変化，利害関係者ニーズの情報などを報告し，是正処置・予防処置の機会とする。利害関係者からのフィードバックは，利害関係者からのクレームのようなマイナス情報と利害関係者への強みとしてのプラス情報があり，これらに基づいて経営的な判断を行う。重要な「利害関係者」を決めておくことが重要である。

③ISMSを支えている技術，製品，または手順の機能している現状やISMSの実施状況及び有効性を改善するために組織において利用可能な新しい技術，製品または手順。

④予防処置及び是正処置の状況

　「第7 2.是正処置」，「第7 3.予防処置」のアウトプットであり，システムが有効に機能して，継続的改善が行われているかどうか確認する。また，経営者の判断を仰ぐような是正処置・予防処置を提案する。

⑤過去のリスクアセスメントで適切に取り扱われなかった脆弱性または脅威

　今まで実施したリスクアセスメントで残存となっていた脆弱性や脅威の情報をレビューのインプットとする。

⑥過去のマネジメントレビューの結果に対するフォローアップ

「第6 3.マネジメントレビューからのアウトプット」に対するフォローアップを報告する。これにより，過去に，経営陣がマネジメントレビューで指示したことが，最後までフォローアップしクローズする（完了を確認する）ということになる。

⑦ISMSに影響を及ぼす可能性のある全ての変更

ISMSに影響を及ぼす可能性のある変更であり，経営陣が知っておくべき変更である。

例を挙げれば次のようなことである。

・情報セキュリティ基本方針の変更，ISMS目標の変更。

・組織の変更による責任と権限の変更や手順の変更。

・ISMS規格の改訂によるISMSの変更。

　など

⑧改善のための提案

「第6 3.マネジメントレビューからのアウトプット」にあるように，マネジメントレビューは単なる報告会ではなく，経営陣を交え改善のための提案を行うことが求められている。マネジメントレビューは組織の方針を決める場であり，重要な役割を担っている。

また「第5 2.経営資源の運用管理（1）経営資源の提供」で，「⑥必要な場合には，ISMSの有効性を改善する。」となっている。

そこで，下部組織の情報セキュリティ連絡会議などで，ISMS改善のための提案を作成する。

マネジメントレビューからのアウトプット

マネジメントレビューは目的をもって行うことで有効なものとなる。「第6 2.マネジメントレビューへのインプット」があり，マネジメントレ

第3章 ISMS認証基準を理解しよう

マネジメントレビューの流れ

〈マネジメントレビューのインプット〉
① 監査及びレビューの結果。
② 利害関係者からのフィードバック。
③ ISMSの実施状況及び有効性を改善するために組織において利用可能な技術，製品又は手順。
④ 予防処置及び是正処置の状況。
⑤ 過去のリスクアセスメントで適切に取り扱われなかった脆弱性又は脅威。
⑥ 過去のマネジメントレビューの結果に対するフォローアップ。
⑦ ISMSに影響を及ぼす可能性のある全ての変更。
⑧ 改善のための提案。

↓

〈マネジメントレビューのプロセス〉
・組織のISMSが，引き続き適切で，妥当で，かつ，有効であることを確実にするためのレビュー。
・あらかじめ定められた間隔でISMSをレビューする。
・ISMSに対する改善の機会の評価，情報セキュリティ基本方針及び情報セキュリティ目標を含むISMSの変更の必要性の評価も行う。

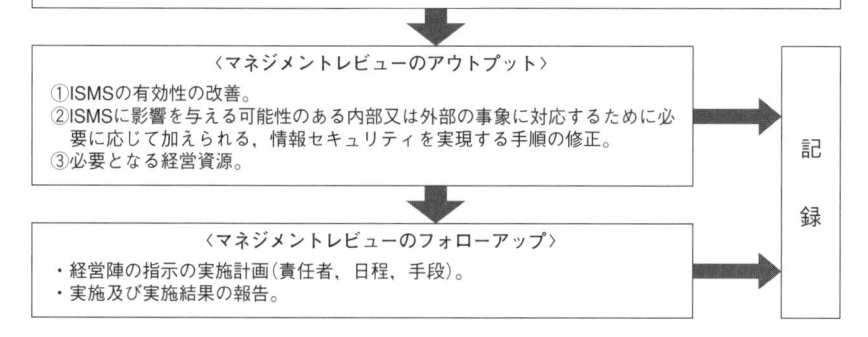

↓

〈マネジメントレビューのアウトプット〉
① ISMSの有効性の改善。
② ISMSに影響を与える可能性のある内部又は外部の事象に対応するために必要に応じて加えられる，情報セキュリティを実現する手順の修正。
③ 必要となる経営資源。

↓

〈マネジメントレビューのフォローアップ〉
・経営陣の指示の実施計画（責任者，日程，手段）。
・実施及び実施結果の報告。

→ 記録

ビューというプロセスにおいて検討し，①から③についてアウトプットを出して，レビューの成果となるようにする。

① ISMSの有効性の改善

ISMSの有効性の改善を行う。継続的改善がなされていることが実証できるようにする。ここはISMSが，適切で，妥当で，かつ，有効であるように改善する意味を表わしていると解釈できる。

"継続的改善"（continual improvement）とは，
「要求事項を満たす能力を高めるために繰り返し行われる活動」。

参考　改善のための目標を設定し，改善の機会を見出すプロセスは，監査所見及び監査結論の利用，データの分析，マネジメントレビューまたは

情報セキュリティ基本方針からマネジメントレビューへ

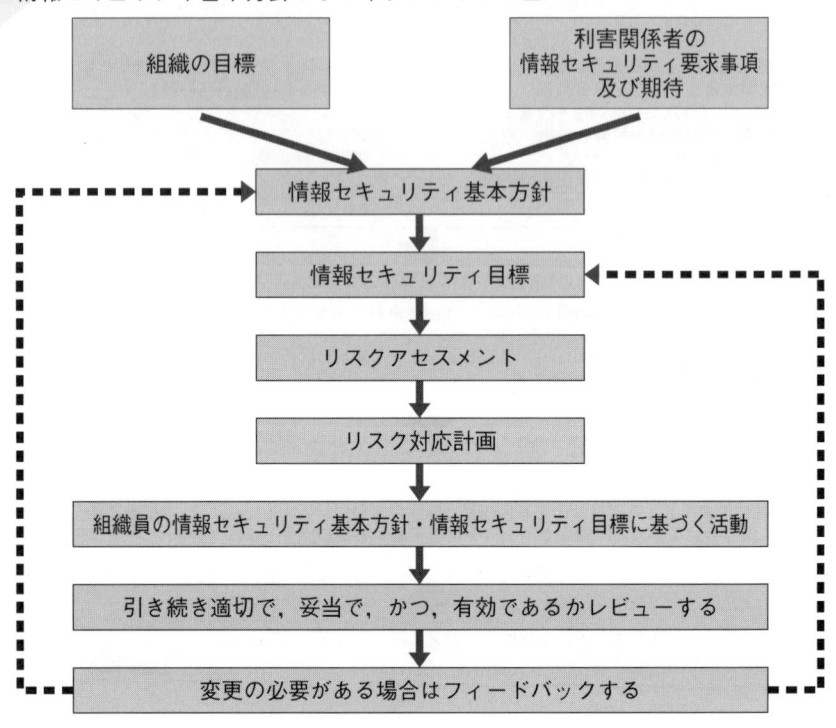

```
        ┌──────────┐              ┌──────────────┐
        │ 組織の目標 │              │  利害関係者の  │
        └────┬─────┘              │情報セキュリティ要求事項│
             │                    │   及び期待    │
             │                    └──────┬───────┘
             │                           │
             ↓                           ↓
    ┌─ → ┌──────────────────┐
    │    │ 情報セキュリティ基本方針 │
    │    └─────────┬────────┘
    │              ↓
    │    ┌──────────────────┐ ← ─ ─ ─ ─ ─ ┐
    │    │ 情報セキュリティ目標 │             │
    │    └─────────┬────────┘             │
    │              ↓                      │
    │    ┌──────────────────┐             │
    │    │  リスクアセスメント  │             │
    │    └─────────┬────────┘             │
    │              ↓                      │
    │    ┌──────────────────┐             │
    │    │  リスク対応計画    │             │
    │    └─────────┬────────┘             │
    │              ↓                      │
    │ ┌────────────────────────────────┐  │
    │ │組織員の情報セキュリティ基本方針・情報セキュリティ目標に基づく活動│  │
    │ └─────────────┬──────────────────┘  │
    │               ↓                     │
    │ ┌────────────────────────────────┐  │
    │ │引き続き適切で，妥当で，かつ，有効であるかレビューする│  │
    │ └─────────────┬──────────────────┘  │
    │               ↓                     │
    │ ┌────────────────────────────────┐  │
    └─│変更の必要がある場合はフィードバックする│─┘
      └────────────────────────────────┘
```

他の方法を活用した継続的なプロセスであり，一般に是正処置または予防処置につながる。

② 次のような事象により，情報セキュリティを実現する手順を改善する

　　（ア）事業上の要求事項

　　（イ）情報セキュリティ要求事項

　　（ウ）既存の事業上の要求事項を満たす業務プロセス

　　（エ）規制環境または法的環境

　　（オ）リスクの度合い及びリスク受容の水準

③ 必要となる経営資源

第3章　ISMS認証基準を理解しよう

　マネジメントレビューで決定された①②のような改善を行うためには，経営陣が必要な経営資源を確保しなければできないこともある。経営陣は，経営資源の選択と集中を考え，人の配属，予算，設備の確保などの指示をしていくことが必要である。
　決定事項のそれぞれに対して，経営資源の必要性の検討を行うことが求められている。

内部監査
（1）内部監査の役割
　「組織は，当該 ISMS の管理目的，管理策，プロセス及び手順が次の事項を満たしているか否かを明確にするために，あらかじめ定められた間隔で ISMS の内部監査を実施すること。」
　ISMS が①〜④の要件を満たしているかどうか明確にするために，あらかじめ定められた間隔で内部監査を実施する。ただし，定期的でなくてもよい。組織の年間スケジュールと組み合わせて，内部監査を行う時期を決めておく（これが，"あらかじめ定められた間隔で"ということ）。
　内部監査がうまく機能しないと，ISMS の形骸化が起こる。Check, Act がなければ，現状と合わなくなり，やがてシステムは二重構造になってしまう。
　内部監査によって被監査部門に ISMS の改善の機会を与えるとともに，情報セキュリティ管理責任者を通して経営陣に ISMS の実施状況を報告し，改善の必要性を判断する情報を提供する。
　①　本基準の要求事項に適合していること。また，関連する法令または規制に適合していること。
　②　識別された情報セキュリティ要求事項に適合していること。
　③　有効に実施され維持されていること。

④ 期待通りに実施されていること。

④の"期待"は利害関係者からの"期待"と，経営者からの"期待"と解釈できる。

①②は適合性の監査で，③④が有効性の監査である。

(2) プロセス監査について

内部監査の要求事項は，次のように分けられている。

① ISMS の適合性（System Audit）は，ISMS の要求事項に対する適合性を監査する。
② ISMS の有効性（Compliance Audit）は，プロセス監査，パフォーマンス監査と呼ばれるものを含め，ISMS が効果的に実施されているか，その有効性について監査する。

ISMS の有効性の監査として，プロセスアプローチの考え方から，プロ

適合性と有効性の監査

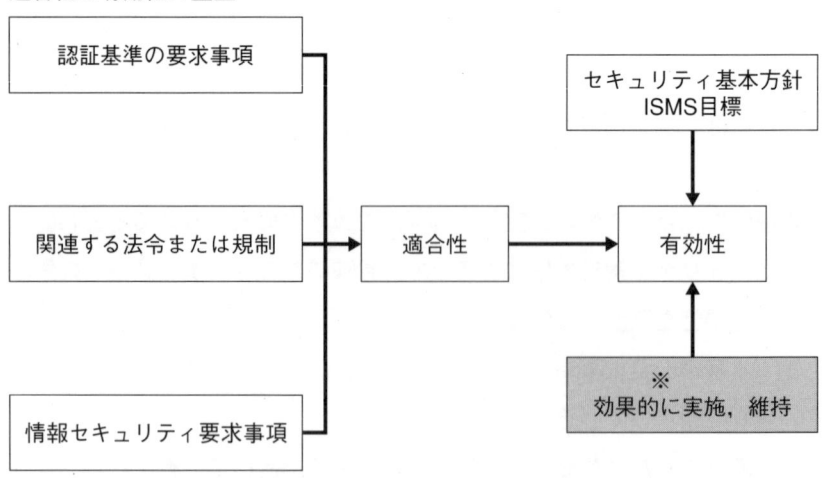

認証基準の要求事項		セキュリティ基本方針 ISMS目標
関連する法令または規制	適合性 →	有効性
情報セキュリティ要求事項		※ 効果的に実施，維持

※ "効果的"とは，計画した活動が実施され，計画した結果が達成された程度が良いこと

セスの有効性についても監査する必要がある。断片的な要求事項のチェックではなく，各プロセスの流れで監査し，要求事項の相互関係についても監査する。

(3) 監査プログラムの策定

「組織は，監査の対象となるプロセス及び領域の状況と重要性，並びにこれまでの監査結果を考慮して，監査プログラムを策定すること。」

監査プログラムを策定するときには，監査の対象をよく検討しておく。いつも同じパターンで行ったり，満遍なくすべてを行ったりするのではなく，重要性及び監査結果を考慮して効果的な監査を行う。

監査プログラムは，次のことを考慮して策定する。

①監査の対象となるプロセス及び領域の状態と重要性

監査の対象となるプロセス及び領域の状態の重要性に基づいて，どのプロセスにウエイトをかけるのかを計画する。重要なプロセスの有効性の監査を行う。

- 重要なプロセス，顧客クレームが発生しているプロセスはウエイトを大きくする。
- 組織変更があったプロセス，設備変更があった領域はウエイトを大きくする。

②これまでの監査結果

これまでの監査結果を分析し，監査方針を立てる。不適合が多い要求事項，不適合が多いプロセスなどはウエイトを大きくする。

(4) 監査プログラムの内容

「監査の評価基準，対象範囲，頻度及び方法を規定すること。」

監査プログラムには次のことを定める。

①監査の基準：適合，不適合を判断する基準

　（ISMS Ver.2.0，JIS X 5080，情報セキュリティ管理基準など）

②監査の範囲：プロセス及び領域

③監査の頻度：年間にどこをどの程度行うか

④監査の方法：監査の手順

（5）監査員の選定及び監査の実施

「監査員の選定及び監査の実施においては，監査プロセスの客観性及び公平性を確保すること。監査員は自らの仕事は監査しないこと。」

監査プロセスの客観性（Objectivity）と公平性（Impartiality）を確保するために，監査員の選定及び監査の実施をする。

監査員は自らの仕事を監査しない。内部監査は社内のクロスチェックであり，自分のした仕事を監査しても，客観的な監査が難しくなる。指摘をすることが，自分の責任に結びついてしまうので，余計な指摘をしないかもしれない。あるいは，自分は正しいという視点から，問題点が見えないかもしれない。

基本的に，自分が行ったプロセスの監査は，他の人が監査する。内部監査員は自社の者でなくても可能である。

　　・部門長は，自分の部門の監査はしない。

　　・課員は，自分の課の監査はしない。

　　・自分のプロジェクトの監査はしない。

（6）内部監査員の資質

監査員は，内部監査が適正にできるような能力のある人が行う必要がある。個人的な価値観や判断で行っても，被監査部門の納得性が得られないであろう。監査員には次のような条件が必要である。

第3章　ISMS認証基準を理解しよう

・適用される監査基準が理解できている。
・監査の技術がある。
・監査員としての資質がある。

(7) "文書化された手順"の確立

「監査の計画及び実施，結果の報告，記録の維持（第4 3.(3)参照）に関する責任，並びに要求事項を"文書化された手順"の中で規定すること。」

内部監査に"文書化された手順"が要求事項となっている。文書化された手順は，手順の確立，文書化，実施，かつ，維持されていることを意味する。

内部監査規定に次の責任及び要求事項を含めることが求められている。

①監査の計画の手順
・監査の年度計画を，いつ，だれが，何によって策定するか決める。計画の確認，承認者を決める。
・個別の実施計画をどのように策定するか決める。計画の確認，承認者を決める。
・監査チームの編成方法，監査チェックリスト，被監査部門との調整，通知などの手順を決める。

②監査の実施の手順
・監査チームの実施手順を決める。
・書類の記入方法，原本と写しの保管方法を決める。
・フォローアップの手順を決める。

③監査の結果の報告
・監査の結果の報告の手順を決める。1つは，被監査部門の責任者への報告であり，もう1つは管理責任者を通して，マネジメントレビューへのインプット情報である。

・フォローアップの報告の手順も決める。
④記録の管理の手順を決める。
　・監査の記録の維持管理方法を決める。
　・記録の残し方、帳票の形式を決める。

（8）内部監査の不適合処置と是正処置
　「監査された領域に責任をもつ管理者は、発見された不適合及びその原因を除去するために遅延なく処置が確実に講じられるようにすること。」
　不適合の処置及び是正処置は、時期を失わないうちに早期に行う。是正処置は、「第7 2. 是正処置」を参照し、よく理解する。問題点への対処ではなく、原因を明らかにし、原因を排除することで再発を防止する。同じ不適合であっても、単なるケアレスミスもあれば、ISMSの欠陥である場合もある。
　例えば、押印の忘れがあった場合に、それが1ヶ所の忘れであり、本人の不注意であれば、押印をして本人が反省して完了する。
　一方、押印の忘れが何ヶ所もあり、各メンバーが行っていない場合は、原因を個人の問題として捉えるのではなく、メンバーに対する規定の教育の問題ではないか、帳票のわかりにくさに問題があるのではないか、などと考えることが大切である。是正処置は、押印して終わりではなく、再発防止策として、社内教育を行ったり、帳票を見直したりすることが必要である。
　フォローアップでは、是正処置が実施された確認とその後の活動状況を監査し、押印の忘れがなくなっていることを確認する。
　"不適合"とは、「要求事項を満たしていないこと」である。
　"要求事項"とは、「明示されている、通常暗黙のうちに了解されている、または義務として要求されているニーズ若しくは期待」のことである。

（9）フォローアップ

「改善活動には，講じた処置の検証及び検証結果の報告を含めること。（第7参照）。」

内部監査を行い，不適合の原因に対して「第7 2．是正処置」の手順に従って是正処置を採る。

改善活動で是正処置の実施結果の検証を監査チームが行い，是正処置の検証結果の報告までをフォローアップ活動に含める。

参考

"監査"（audit）とは，

「監査基準が満たされている程度を判定するために，監査証拠を収集し，それを客観的に評価するための体系的で，独立し，文書化されたプロセス」。

内部監査は，第一者監査と呼ぶこともある。内部監査は，内部目的のためにその組織自身または代理人によって行われ，その組織の適合を自己宣言するための基礎とすることができる。

外部監査には，一般的に第二者及び第三者監査といわれるものが含まれる。

第二者監査は，顧客など，その組織に利害関係のある団体またはその代理人によって行われる。

第三者監査は，外部の独立した組織によって行われる。このような組織は，ISMSの要求事項に対する適合の認証または審査登録を行う。

2つ以上の組織が1つの被監査者を合同して監査する場合，これを合同監査という。

"監査プログラム"（audit program）とは，

「ある目的の達成に向けた，決められた期間内で実行するように計画された一連の監査」。

"監査基準"(audit criteria)とは,

「対照のための資料として用いる一連の方針,手順または要求事項」。

"監査証拠"(audit evidence)とは,

「監査基準に関連し,かつ,検証できる,記録,事実の記述またはその他の情報」。

・監査証拠は定性的または定量的なものがあり得る。

"監査員"(auditor)とは,

「監査を行う力量をもった人」。

第7 改善

第7 改善
1. 継続的改善
　組織は,情報セキュリティ基本方針,情報セキュリティ目標,監査結果,監視した事象の分析,是正処置,予防処置及びマネジメントレビューを通じて,ISMSの有効性を継続的に改善すること。

2. 是正処置
　組織は,再発防止のため,ISMSの導入及び運用に関連する不適合の原因を除去するための処置を講ずること。是正処置に関する文書化された手順では,次の事項に関する要求事項を規定すること。

① ISMSの導入及び運用における不適合の識別。

②不適合の原因の特定。

③不適合の再発防止を確実にするための処置の必要性の評価。

④必要な是正処置の決定及び実施。

⑤実施した処置の結果の記録(第4 3.(3)参照)。

⑥実施した是正処置のレビュー。

3. 予防処置
　組織は，不適合の発生を未然に防ぐための処置を決めること。予防処置は，起こり得る問題の影響に見合ったものであること。予防処置に関する文書化された手順では，次の事項に関する要求事項を規定すること。

①起こり得る不適合及び原因の識別。

②必要な予防処置の決定及び実施。

③実施した処置の結果の記録（第4 3.(3)参照）。

④実施した予防処置のレビュー。

⑤変化したリスクの識別及び大きく変化したリスクに対して確実に注意が払われるようにすること。

　予防処置の優先順位については，リスクアセスメントの結果に基づいて決定すること。

参考　不適合を予防するための処置は，多くの場合，是正処置よりも費用対効果が高い。

【解説】

継続的改善

（1）有効性の継続的改善

「組織は，情報セキュリティ基本方針，情報セキュリティ目標，監査結果，監視した事象の分析，是正処置，予防処置及びマネジメントレビューを通じて，ISMSの有効性を継続的に改善すること。」

ISMSの有効性の継続的改善によって，情報セキュリティの改善を行い，

有効性の継続的改善

規格要求事項 → ISMSの有効性の継続的改善 → パフォーマンスの継続的改善 → 利害関係者満足の向上

利害関係者満足の向上を目指すことがシステムの目的である。規格では，継続的改善はISMSの有効性（仕組みの有効性）に対して要求されていて，セキュリティ技術そのもの等の継続的改善を言っているわけではない。

（2）有効性と効率の違い

　有効性（effectiveness）は，何を行うか（What）が重要であり，企業が立てた目標が達成でき，目的が果たせたことを表す。効率（efficiency）は，どのように行うか（How）が重要であり，要求事項には目標の達成の効率や計画の実施の効率についてまでは含まれていない。

　有効性と効率の定義を次に示す。

　有効性（effectiveness）：計画した活動が実行され，計画した結果が達成された程度。

　効率（efficiency）：達成された結果と使用された資源との関係。

有効性と効率

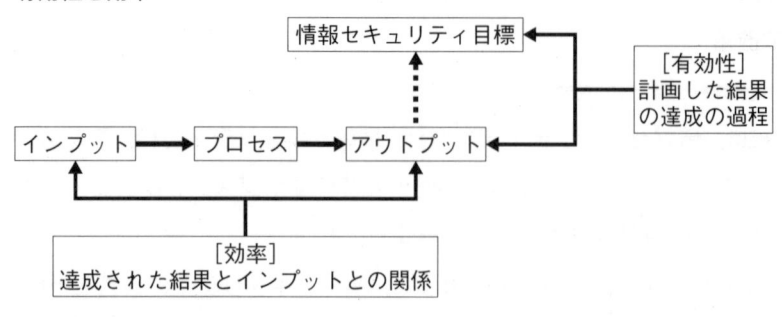

インプット → プロセス → アウトプット → 情報セキュリティ目標

［有効性］計画した結果の達成の過程

［効率］達成された結果とインプットとの関係

(3) 継続的改善のプロセスの要素

ISMSの有効性の継続的改善は,次の事項を通じて行われ,また,これらによってシステムの有効性の継続的改善が証明される。継続的改善のプロセスの部分として,次の項目の手順が確立されていること。

① 情報セキュリティ基本方針,ISMS目標
② 監査結果
③ 是正処置
④ 予防処置
⑤ マネジメントレビュー

(4) PDCAのサイクルを回す

継続的改善は,「要求事項を満たす能力を高めるために繰り返し行われる活動」となっている。繰り返し行われる活動は,PDCAのサイクルが回転する活動と考えられる。

ISMSの有効性の継続的改善は,経営レベルのPDCAのサイクルを回すことと,実務レベルのPDCAのサイクルを回すことによって行われる。

"継続的改善"(continual improvement)とは,
「要求事項を満たす能力を高めるために繰り返し行われる活動」。

参考　改善のための目標を設定し,改善の機会を見出すプロセスは,監査所見及び監査結論の利用,データの分析,マネジメントレビューまたは他の方法を活用した継続的なプロセスであり,一般に是正処置または予防処置につながる。

是正処置

是正処置は再発防止やISMSの導入,運用にかかわる不適合の原因を除去するために実施される。是正処置に関する手順は文書化しなければなら

ない。

　セキュリティ事故，欠陥報告，ソフトウェアの誤動作の再発防止策として是正処置を考えておくとよい。また，事象の記録やシステム使用の監視の記録を分析することによって不適合が発見され是正処置が必要になる場合もある。内部監査，技術的準拠のレビューでの不適合への対応やマネジメントレビューの指摘事項の対応としても是正処置のプロセスが有効に実施される。

　是正処置のプロセスで重要なことは，不適合の原因の特定と影響に見合った是正処置の決定である。また，実施した是正処置が有効なものであるか否かを見直すことも重要である。

　是正処置は結果を記録することが要求されている。

（1）再発の防止，原因の除去

　「組織は，再発防止のため，ISMS の導入及び運用に関連する不適合の原因を除去するための処置を講ずること。」

　是正処置は，再発を防止するために，不適合の原因を特定し，その原因を除去することである。原因の除去になっていなかったり，再発防止策になっていなかったりすることが多いので注意する。「不適合の処置」と「是正処置」は分けて理解しておく。

　"是正処置"（corrective action）とは，

　「検出された不適合またはその他の検出された望ましくない状況の原因を除去するための処置」。

　①不適合の原因は，1つ以上のことがあり得る。
　②予防処置は，発生を未然に防止するために採るのに対し，是正処置は再発を防止するために採る。
　③修正と是正処置とは異なる。

（2）"文書化された手順"の確立

「是正処置に関する文書化された手順では，次の事項に関する要求事項を規定すること。」

是正処置のステップは次の事項で行う。"文書化された手順"が求められているので，手順の確立，文書化，実施，維持が求められている。

① ISMS の導入及び運用についての不適合の識別

不適合の識別をする。具体的に 5W1H を意識して，現状を記録する。

②不適合の原因の特定

不適合が生じた原因はいくつかあるだろうが，真の原因を特定する。「なぜ，その不適合が起きてしまったのかと問いかけることである」。真の原因を特定するためには，何度も「なぜ？」という問いかけが必要である。

③不適合の再発防止を確実にするための処置の必要性の評価

再発防止への対応の必要性を決定する。不適合の処置で終了するものと是正処置へ至るものを選別する。例えば，うっかりしたミスや忘れは必要性がないだろうし，手順のまずさや帳票のまずさなどがあれば，再発防止策を採る必要がある。

不適合処置の結果に対して，検討しているのか放置されているのかわからないものがあるので，不適合処置の記録で，次の段階として是正処置が必要かどうか，評価結果がわかるとよい。

④必要な是正処置の決定及び実施

採るべき是正処置（再発防止策）の決定及び実施。是正処置は，原因の特定と連動し，原因の除去となっていなければ，有効な是正処置にはならない。

⑤実施した処置の結果の記録（第4 3.(3)参照）

実施した是正処置の結果を，記録として残す。是正処置の対策が行われたという確認である。それによって，再発防止になったかどうかは，次の

是正処置の流れ図

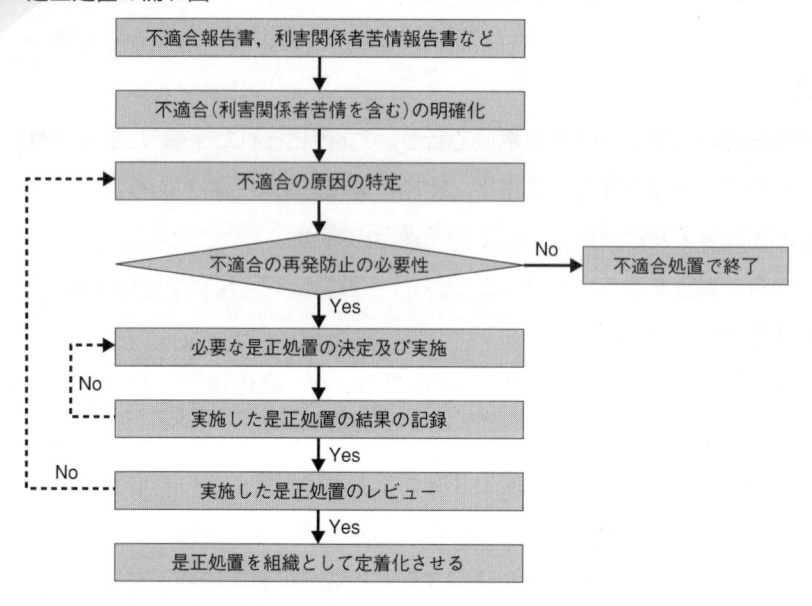

```
不適合報告書，利害関係者苦情報告書など
            ↓
不適合（利害関係者苦情を含む）の明確化
            ↓
      不適合の原因の特定  ←──┐
            ↓                │
  不適合の再発防止の必要性 ──No→ 不適合処置で終了
            ↓Yes              │
  必要な是正処置の決定及び実施  │
            ↓      ←─No─┐     │
  実施した是正処置の結果の記録 │
            ↓Yes         │     │
    実施した是正処置のレビュー─┘
            ↓Yes
  是正処置を組織として定着化させる
```

レビューで行う。

⑥実施した是正処置のレビュー

　実施した是正処置が効果的であったか，再発防止の目的を果たしたかレビューする。

予防処置

　そもそもISMSは，不適合を未然に防ぐためにリスクアセスメントを行い，処置を決定するためのプロセスの集まりであり，それそのものが予防処置と呼ぶことができる。

　当該組織ではまだ発生していないが，他社や他の組織で起きたセキュリティ事件・事故に対する対策を取り込むことは予防処置である。他にもセキュリティ事故，欠陥報告，ソフトウェアの誤動作，事象の記録やシステ

ム使用の監視の記録を分析することによって，潜在的な問題が発見されれば予防処置が必要である。

予防処置に関する手順も文書化しなければならない。予防処置を実施するにあたってはリスクアセスメントを行い，優先順位を決めること（第7 3．最後に記述）と，実施後のリスクの変化についても注意を払うこと（第7 3．⑤）が求められている。

リスクアセスメントの結果，受容された残留リスクの中で脅威の変化が大きいと予測されるリスクなど，残留リスクに対して優先順位を決めて予防処置を行う。

是正処置と同様に，起こり得る不適合の原因の特定と影響に見合った予防処置の決定及び見直しが重要である。

予防処置の結果もまた記録が必要である。

（1）発生の未然防止

「組織は，不適合の発生を未然に防ぐための処置を決めること。」

予防処置は，まだ発生していないが発生の可能性がある不適合を未然に防止するために，その原因となるものを除去することである。組織全体としては，マネジメントレビューの場を活用する。情報セキュリティ目標などへ反映させたり，課題として取り組んだりすることは，継続的改善の実証でもある。

"予防処置"（preventive action）とは，

「起こり得る不適合またはその他の望ましくない起こり得る状況の原因を除去するための処置」。

　①起こり得る不適合の原因は，1つ以上のことがあり得る。

　②是正処置は，再発を防止するために採るのに対し，予防処置は発生を未然に防止するために採る。

（2）起こり得る問題の影響に見合う

「予防処置は，起こり得る問題の影響に見合ったものであること。」

予防処置も是正処置と同様に経営資源を使うものであり，起こり得る問題の影響に見合ったものを実施する。経営者の判断を仰ぐ予防処置もある。

（3）"文書化された手順"の確立

「予防処置に関する文書化された手順では，次の事項に関する要求事項を規定すること。」

予防処置のステップは，次の事項によって行う。"文書化された手順"が求められているので，手順の確立，文書化，実施，維持が求められている。

①起こり得る不適合及び原因の識別

発生の可能性のある不適合を特定し，その原因となるものを特定する。

②必要な予防処置の決定及び実施

予防処置の流れ図

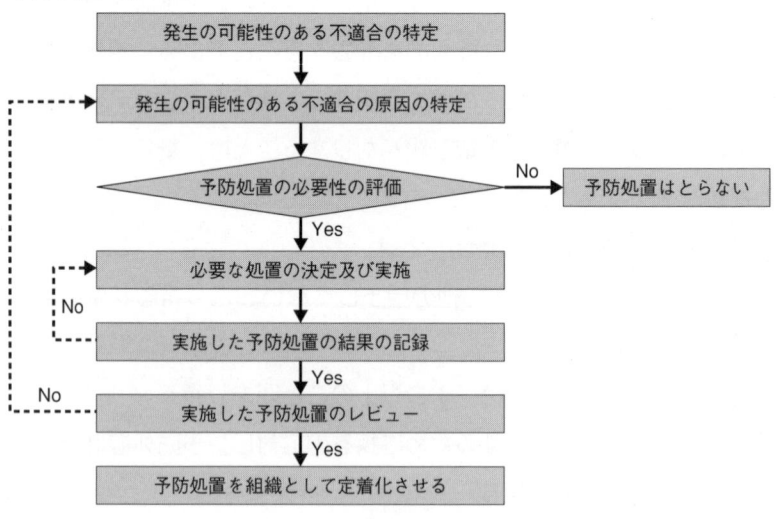

```
発生の可能性のある不適合の特定
          ↓
発生の可能性のある不適合の原因の特定
          ↓
   予防処置の必要性の評価 ──No──→ 予防処置はとらない
          ↓Yes
   必要な処置の決定及び実施
          ↓
   実施した予防処置の結果の記録
          ↓Yes
   実施した予防処置のレビュー
          ↓Yes
  予防処置を組織として定着化させる
```
（No のフィードバックあり）

第3章 ISMS認証基準を理解しよう

　発生する可能性のある不適合について，予防処置を採るべきかどうかを評価し，必要と判断されたことに対して，どのような処置を採るべきか方法を決定し，実施する。

③実施した処置の結果の記録（第4　3.(3)参照）

　実施した対策は，その結果を確認する。その記録はISMSの記録として管理する。ここでは，決定したことが実施された確認である。

④実施した予防処置のレビュー

　実施した予防処置が，不適合の発生の予防という目的を果たしたかどうかレビューする。

⑤変化したリスクの識別及び大きく変化したリスクに対して確実に注意が払われるようにすること。

　ISO9000等とは異なる要求事項である。新しいウィルス・セキュリティ事故の発生，環境の変化などの兆候の管理を行うこと。

不適合の処置・是正処置・予防処置の違い

　不適合の処置は，業務の中で行っていることであるが，是正処置や予防処置はなおざりになっている場合が多い。不適合の処置と是正処置と予防処置の違いをよく理解し，是正処置や予防処置を行っていくようにする。

不適合の処置・是正処置・予防処置の違い

項　目	不適合の処置	是正処置	予防処置
目　的	不適合への対処	再発防止	発生の防止
不適合の存在	顕在	顕在	潜在
対　策	現象への対処	原因の除去	原因の除去
処　置	・手直し ・再格付け ・特別採用 ・廃棄・返却	・不適合成の内容確認 ・原因究明 ・是正処置の決定 ・是正処置の実施 ・是正処置のレビュー	・発生の可能性 ・潜在的原因の究明 ・予防処置の決定 ・予防処置の実施 ・予防処置のレビュー

3. 附属書「詳細管理策」

1. はじめに

> 1. はじめに
> 　3. から 12. に記載する管理目的及び管理策のリストは，JIS X 5080:2002 を参照している。本基準の第 4 2.(1)で規定された ISMS のプロセスの一部として，下記のリストから管理目的及び管理策を選択すること。ただし，このリストは組織が必要とする管理目的及び管理策の全てとは限らないので，組織は必要に応じて追加の管理目的及び管理策を選択してもよい。

2. 実践規範への手引き

> 2. 実践規範への手引き
> 　JIS X 5080:2002 の 3. から 12. は，附属書の 3. から 12. に規定する管理策を基にした最良な実践の導入についての助言及び手引きを提供するものである。

3. 情報セキュリティ基本方針

　本分類項目では，組織として ISMS に取り組むに当たり，まず行うべきことが記されている。まず，経営陣はその方向性を指し示す情報セキュリティ基本方針を定める。そして，その情報セキュリティ基本方針を必要な関係者全員に公表し，内容について定期的に見直され，必要に応じて変更されることが要求されている。情報セキュリティ基本方針もマネジメントシステムの構成要素であり，PDCA サイクルの中で運用されるものである。

> 3. 情報セキュリティ基本方針
> 3(1) 情報セキュリティ基本方針
> 管理目的：情報セキュリティのための経営陣の指針及び支持を規定するため。

> 管理策
> 3(1)①情報セキュリティ基本方針文書
> 　基本方針文書は，経営陣によって承認され，適当な手段で，全従業員に公表し，通知すること。
> 3(1)②見直し及び評価
> 　基本方針は，依然として適切であることを確実にするために，定期的に，また影響を及ぼす変化があった場合に，見直すこと。

【解説】
(1)①経営者によって承認された公表される情報セキュリティ基本方針文書を，情報セキュリティに責任をもつすべてのユーザーがみることができること。
(1)②情報セキュリティ基本方針は，定期的にレビューされていて適切であること。

4. 組織のセキュリティ

本分類項目では，情報セキュリティマネジメントを運営するための組織に関する管理策をまとめている。

情報セキュリティに取り組むための体制として情報セキュリティ運営委員会を設置したり，組織間でセキュリティに関する調整が必要な場合等がある。セキュリティ組織の活動については，自組織内部の情報セキュリティ活動を管理するという視点と請負業者などの第三者が情報処理施設や情報資産へアクセスする場合，アウトソーシングや外部委託など第三者へ委託する場合に分かれる。

> 4．組織のセキュリティ
> 4(1)　情報セキュリティ基盤
> 管理目的：組織内の情報セキュリティを管理するため。

管理策
4(1)①情報セキュリティ運営委員会
　セキュリティを主導するための明りょうな方向付け及び経営陣による目に見える形での支持を確実にするために，運営委員会を設置すること。運営委員会は，適切な責任分担及び十分な資源配分によって，セキュリティを促進すること。
4(1)②情報セキュリティの調整
　大きな組織では，情報セキュリティの管理策の実施を調整するために，組織の関連部門からの管理者の代表を集めた委員会を利用すること。
4(1)③情報セキュリティ責任の割当て
　個々の資産の保護に対する責任及び特定のセキュリティ手続の実施に対する責任を，明確に定めること。
4(1)④情報処理設備の認可手続
　新しい情報処理設備に対する経営陣による認可手続を確立すること。
4(1)⑤専門家による情報セキュリティの助言
　専門家による情報セキュリティの助言を内部又は外部の助言者から求め，組織全体を調整すること。
4(1)⑥組織間の協力
　行政機関，規制機関，情報サービス提供者及び通信事業者との適切な関係を維持すること。
4(1)⑦情報セキュリティの他者によるレビュー
　情報セキュリティ基本方針の実施を，他者がレビューすること。

4(2)　第三者によるアクセスのセキュリティ
管理目的：第三者によってアクセスされる組織の情報処理設備及び情報資
　　産のセキュリティを維持するため。

管理策
4(2)①第三者のアクセスから生じるリスクの識別
　組織の情報処理施設への第三者のアクセスに関連づけてリスクアセスメントを実施し，適切なセキュリティ管理策を実施すること。
4(2)②第三者との契約書に記載するセキュリティ要求事項

> 組織の情報処理施設への第三者アクセスにかかわる取決めは，必要なセキュリティ要求事項すべてを含んだ正式な契約に基づくこと。
>
> 4(3) 外部委託
> 管理目的：情報処理の責任を別の組織に外部委託した場合における情報セキュリティを維持するため。
>
> 管理策
> 4(3)①外部委託契約におけるセキュリティ要求事項
> 　情報システム，ネットワーク及び／又はデスクトップ環境についての，マネジメント及び統制の全部又は一部を外部委託する組織のセキュリティ要求事項は，当事者間で合意される契約書に記述されること。

【解説】
「4. 組織のセキュリティ」の構造は次の通り。

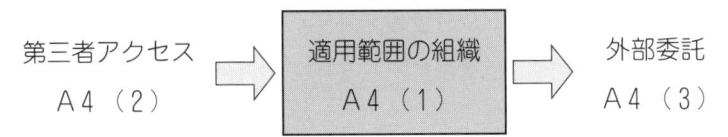

　　第三者アクセス　　⇒　　適用範囲の組織　　⇒　　外部委託
　　　Ａ４（２）　　　　　　　Ａ４（１）　　　　　　　Ａ４（３）

(1)①情報セキュリティ運営委員会は，セキュリティ主導に明確な方向性と支持を与えること。
(1)②組織の大きさが一定以上の場合，セキュリティ手段は，機能横断的会議で調整されること。
(1)③個人の資産の保護及び特定のプロセスの実行に対する責任は，明確に定義されていること。
(1)④情報処理設備を新しく導入するために，経営者の承認プロセスが導入されていること。
　情報処理設備を新しく導入する機会は，組織の必要性から導入する場合とリスク対応計画を実行する場合とがある。この場合，リスクアセスメント・リスク対応の実施を考慮する。

(1)⑤情報セキュリティについてのアドバイスを社内または外部の専門家に求めて，組織内に連絡していること。

(1)⑥組織としては，外部のセキュリティ専門家，例えば，法執行権限者，行政機関，情報サービス提供者及び電気通信運営者との接触を維持していること。

(1)⑦組織内の情報セキュリティ基本方針の実行について独立してレビューされていること。

(2)①組織の情報処理施設への第三者によるアクセスに関連したリスクが評価され，適切なセキュリティ管理が実行されていること。

(2)②組織の情報処理施設へのアクセスを持つ第三者との契約には，必要なセキュリティ条件がすべて規定されていること。

(3)①情報システム，ネットワーク及び／またはデスクトップ環境のすべてまたは一部のマネジメント及び管理を外部に委託している組織のセキュリティ要求事項は，明確に定義されて，すべての外部委託契約の全当事者間で合意されていること。

5. 資産の分類及び管理

　本分類項目では，情報資産の分類，管理・保護についてまとめている。ISMSでは，企業・組織内に存在するあらゆる情報を資産として位置づけている。これらの資産を適切に保護していくためには，すべての主要な資産を明確にし，その資産に対して責任をもつ所有者を指定する必要がある。

　また，情報資産を保護するためには，この情報資産には，この程度の価値があるから，この程度の強度で守っていこうというように，その価値を特定していかなければならない。情報資産の所有者を明確にし，情報資産の価値を決め，その情報資産がどれくらい重要か，どのような取り扱い方法が適切かを決め保護していくことになる。

第3章 ISMS認証基準を理解しよう

5．資産の分類及び管理
5(1) 資産に対する責任
管理目的：組織の資産の適切な保護を維持するため。

管理策
5(1)①資産目録
　情報システムそれぞれに関連づけてすべての重要な資産について目録を作成し，維持すること。

5(2) 情報の分類
管理目的：情報資産の適切なレベルでの保護を確実にするため。

管理策
5(2)①分類の指針
　情報の分類及び関連する保護管理策では，情報を共有又は制限する業務上の必要，及びこのような必要から起こる業務上の影響を考慮に入れておくこと。
5(2)②情報のラベル付け及び取扱い
　組織が採用した分類体系に従って情報のラベル付け及び取扱いをするための，一連の手順を定めること。

【解説】
(1)①重要な資産すべての目録があり，それらを維持していること。
(2)①格付け及びそれに関連した保護管理は，情報を共有したりまたは制約したりする業務上の必要性，及びその必要性に関連した業務上の影響に適していること。
(2)②組織が採用した格付け計画に従った情報ラベリング及び情報取り扱いの手順があること。

6. 人的セキュリティ

本分類項目では，情報の機密性，完全性及び可用性を確保するための基本となる人のセキュリティについてまとめている。

情報セキュリティがきちんと守られるかどうかは，最終的には従業員一人ひとりの行動にかかってくる。いくらきちんとしたシステムを整えていても，それを扱う人がミスをしたり，意図的に不正な行為をしたりしては意味をなさなくなってしまう。

そこで，ここでは，システムやサービスを利用する人が，情報セキュリティに関する自分の責任をきちんと理解し守っていくような仕組みをつくり，確実に教育を実施していくための手順について扱っている。

---

6. 人的セキュリティ
6(1) 職務定義及び雇用におけるセキュリティ
管理目的：人による誤り，盗難，不正行為，又は設備の誤用のリスクを軽減するため。

管理策
6(1)①セキュリティを職責に含めること
　セキュリティの役割及び責任は，組織の情報セキュリティ基本方針で定められたとおりに，職務定義のなかに文書化すること。
6(1)②要員審査及びその個別方針
　常勤職員，請負業者及び臨時職員を採用するときは，提出された応募資料の内容を検査すること。
6(1)③機密保持契約
　従業員は，入社時の雇用条件の一部として，機密保持契約書に署名すること。
6(1)④雇用条件
　雇用条件には，情報セキュリティに対する従業員の責任について記述してあること。

6(2) 利用者の訓練

管理目的：情報セキュリティの脅威及び懸念に対する利用者の認識を確実なものとし，通常の仕事の中で利用者が組織のセキュリティ基本方針を維持していくことを確実にするため。

管理策
6(2)①情報セキュリティの教育及び訓練
　組織の基本方針及び手順について，組織のすべての従業員及び関係するならば外部利用者を適切に教育すること，並びに定期的に更新教育を行うこと。

6(3) セキュリティ事件・事故及び誤動作への対処
管理目的：セキュリティ事件・事故及び誤動作による損害を最小限に抑えるため，並びにそのような事件・事故を監視してそれらから学習するため。

管理策
6(3)①セキュリティ事件・事故の報告
　セキュリティ事件・事故は，適切な連絡経路をとおして，できるだけ速やかに報告すること。
6(3)②セキュリティの弱点の報告
　システム若しくはサービスのセキュリティの弱点，又はそれらへの脅威に気づいた場合若しくは疑いをもった場合に，情報サービスの利用者に対して，注意を払い，かつ，報告するよう要求すること。
6(3)③ソフトウェアの誤動作の報告
　ソフトウェア誤動作を報告する手順を確立すること。
6(3)④事件・事故からの学習
　事件・事故及び誤動作の種類，規模並びに費用の定量化及び監視を可能とする仕組みを備えていること。
6(3)⑤懲戒手続
　従業員による組織のセキュリティ基本方針及び手順への違反は，正式な懲戒手続によって処理すること。

【解説】
(1)①該当する場合，職務分掌の中に，組織の情報セキュリティ基本方針で明確にされているセキュリティの役割及び責任が含まれていること。
(1)②常勤職員，請負業者，臨時職員については，入社申し込みの時に応募書類の検証チェックを行うこと。
(1)③従業員は，入社時の条件の一部として秘密保持契約に署名すること。
(1)④情報セキュリティに対する従業員の責任は，採用条件に述べられていること。
(2)①従業員及び，関連する場合には第三者ユーザーも，組織の情報セキュリティポリシー及び手順についての適切な訓練及びその定期的な更新訓練を受けていること。
(3)①セキュリティ事故は，事故発生後可及的速やかに適切なマネジメントのチャネルを通して報告されること。
(3)②ユーザーは，システムまたはサービスに内在する，気が付いたか若しくは疑わしいセキュリティ上の弱点またはそれらへの脅威に注目し報告する必要がある。
(3)③ソフトウェアの機能不全を報告する手順があって，その機能不全は，追跡調査されること。
(3)④事故や機能不全の種類，大きさ及びコストの分析を可能にするような機構が導入されていること。
(3)⑤従業員が組織の情報セキュリティポリシー及び手順に違反した場合，正式な懲戒プロセスを通して対処されていること。

7. 物理的及び環境的セキュリティ

　本分類項目では，情報セキュリティの対策の人的対策・物理的対策・技術的対策のうち，物理的な対策についてまとめている。

現在，オフィス内のあらゆるパソコンから，多くの共有情報にアクセスできるが，そういった情報の中にも，当然，保護すべき重要な情報資産も含まれている。リスクアセスメントを実施し，その結果，特に厳重な保護の対象とすべき情報資産を，「セキュリティ区画」と称する特定の場所に設置し，保護することが必要である。その他，物理的対策といっても様々な方法がある。例えば，建物の壁による防護や出入り口の施錠，守衛による管理，また災害など緊急事態のための対策管理などが対策の1つである。物理的な対策は，起こり得るリスクを適切に分析して，費用対効果を分析し，その大きさに応じた物理的対策を採ることが重要となる。

7．物理的及び環境的セキュリティ
7(1) セキュリティが保たれた領域
管理目的：業務施設及び業務情報に対する許可されていない物理的なアクセス，損傷及び妨害を防止するため。

管理策
7(1)①物理的セキュリティ境界
　組織は，情報処理設備を含む領域を保護するために，幾つかのセキュリティ境界を利用すること。
7(1)②物理的入退管理策
　認可された者だけにアクセスを許すことを確実にするために，適切な入退管理策によってセキュリティの保たれた領域を保護すること。
7(1)③オフィス，部屋及び施設のセキュリティ
　特別なセキュリティ要求事項のあるオフィス，部屋及び施設を保護するために，セキュリティの保たれた領域を設定すること。
7(1)④セキュリティが保たれた領域での作業
　セキュリティが保たれた領域のセキュリティを強化するために，その領域での作業のための管理策及び指針を追加すること。
7(1)⑤受渡し場所の隔離
　品物を受渡しする場所について管理し，可能ならば，認可されていないアクセスを回避するために，情報処理設備から隔離すること。

7(2) 装置のセキュリティ
管理目的：資産の損失，損傷又は劣化，及び業務活動に対する妨害を防止するため。

管理策
7(2)①装置の設置及び保護
　装置は，環境上の脅威及び危険からのリスク並びに認可されていないアクセスの可能性を軽減するように設置又は保護すること。
7(2)②電源
　装置は，停電，その他の電源異常から保護すること。
7(2)③ケーブル配線のセキュリティ
　データ伝送又は情報サービスに使用する電源ケーブル及び通信ケーブルの配線は，傍受又は損傷から保護すること。
7(2)④装置の保守
　装置についての継続的な可用性及び完全性の維持を可能とするために，装置を正しく保守すること。
7(2)⑤事業敷地外における装置のセキュリティ
　組織の敷地外で情報処理のために装置を使用するいかなる場合も，管理者による認可を要求すること。
7(2)⑥装置の安全な処分又は再使用
　装置を処分又は再使用する前に，情報を装置から消去すること。

7(3) その他の管理策
管理目的：情報及び情報処理設備の損傷又は盗難を防止するため。

管理策
7(3)①クリアデスク及びクリアスクリーンの個別方針
　組織は，情報への許可されていないアクセス，情報の消失及び損傷のリスクを軽減するための，クリアデスク方針及びクリアスクリーン方針を持つこと。
7(3)②資産の移動
　組織に属する装置，情報又はソフトウェアは，管理者による認可なしでもち出しできないこと。

第3章　ISMS認証基準を理解しよう

【解説】
(1)①セキュリティ境界線が，情報処理施設のある領域を保護するために使われていること。
(1)②安全を守る領域は，承認された者のみがアクセスできるような適切な入退管理策によって保護されていること。
(1)③安全を守る領域は，特別なセキュリティ要求事項がある事務所，部屋及び施設を保護するために創設されていること。
(1)④物理的管理によるセキュリティの質を高めるために，安全を守る領域で働くための追加的な管理及び手引きがあること。
(1)⑤出荷及び荷積み領域はマネジメントされており，可能であれば，未承認アクセスを避けるために情報処理施設から分離されていること。
(2)①機器は，環境からの脅威及び危険のリスク並びに未承認アクセスの機会を減らすようなところに置かれまたは保護されていること。
(2)②機器は，停電及び他の電気的異常から保護されること。
(2)③データ電送または情報サービスの支援をしている電力及び電気通信のケーブルは傍受及び損害から保護されていること。
(2)④機器は，製造業者の指示書及び／または文書化された手順に従って正しく保守されていること。
(2)⑤組織の建物以外で使用される機器のセキュリティを扱うセキュリティ手順及び管理があること。
(2)⑥情報は，機器が廃棄または再使用される以前に消去されること。
(3)①組織は，情報を未承認アクセス，損失または損害から守るために机上やコピー，FAXの出力用紙の整頓及びクリアスクリーンの方針を運用していること。
(3)②組織に所属する機器，情報またはソフトウェアを移動するのに承認を必要としていること。

8. 通信及び運用管理

本分類項目では，通信及び運用管理に関する情報セキュリティ上の管理策をまとめている。

情報処理設備を運用する際，セキュリティを保つ必要があり，そのための操作手順書を作成するにはどのようなポイントを盛り込むべきか，事件・事故における管理策，システムの新規・追加に備えたシステム容量・能力の予測と計画作成に関する管理策，コンピュータウイルス等への対策，システムのバックアップ等の維持管理，ネットワーク管理や，情報資産を保存した媒体の取り扱いやセキュリティ，そして電子商取引や電子メール等の情報技術を用いた情報交換の管理策を説明する。

---

8. 通信及び運用管理
8(1) 運用手順及び責任
管理目的：情報処理設備の正確，かつ，セキュリティを保った運用を確実にするため。

管理策
8(1)①操作手順書
　セキュリティ個別方針によって明確化した操作手順は，文書化して維持すること。
8(1)②運用変更管理
　情報処理設備及びシステムの変更について管理すること。
8(1)③事件・事故管理手順
　セキュリティ事件・事故に対して，迅速，効果的，かつ，整然とした対処を確実に行うために，および監査証跡及び記録といった事件・事故に関連するデータを収集するために，事件・事故管理の責任及び手順を確立すること。
8(1)④職務の分離
　情報若しくはサービスの無許可の変更又は誤用の可能性を小さくするために，職務及び責任領域を分離すること。
8(1)⑤開発施設及び運用施設との分離

開発施設及び試験施設は，運用施設から分離すること。ソフトウェアの開発から運用の段階への移行についての規則は，明確に定め，文書化すること。

8(1)⑥外部委託による施設管理
　外部委託による施設管理サービスを利用する前に，そのリスクを識別し，適切な管理策を請負業者の同意を得て契約に組み入れること。

8(2)　システムの計画作成及び受入れ
管理目的：システム故障のリスクを最小限に抑えるため。

管理策
8(2)①容量・能力の計画作成
　十分な処理能力及び記憶容量の利用を可能にするために，容量・能力の需要を監視し，将来必要とされる容量・能力を予測すること。

8(2)②システムの受入れ
　新しい情報システム，改訂版及び更新版の受入れ基準を確立し，その受入れ前に適切な試験を実施すること。

8(3)　悪意のあるソフトウェアからの保護
管理目的：ソフトウェア及び情報の完全性を，悪意のあるソフトウェアによる被害から保護するため。

管理策
8(3)①悪意のあるソフトウェアに対する管理策
　悪意のあるソフトウェアから保護するための検出及び防止の管理策，並びに利用者に適切に認知させるための手順を導入すること。

8(4)　システムの維持管理
管理目的：情報処理及び通信サービスの完全性及び可用性を維持するため。

管理策
8(4)①情報のバックアップ
　極めて重要な業務情報及びソフトウェアのバックアップは，定期的に取

得し，かつ検査すること。
8(4)②運用の記録
　運用担当者は，自分の作業の記録を継続すること。
　運用担当者の記録は，定期的に独立した検査を受けること。
8(4)③障害記録
　障害については報告を行い，是正処置をとること。

8(5)　ネットワークの管理
管理目的：ネットワークにおける情報の保護，及びネットワークを支える
　　　　基盤の保護を確実にするため。

管理策
8(5)①ネットワーク管理策
　ネットワークにおけるセキュリティを実現し，かつ，維持するために一連の管理策を実施すること。

8(6)　媒体の取扱い及びセキュリティ
管理目的：財産に対する損害及び事業活動に対する妨害を回避するため。

管理策
8(6)①コンピュータの取外し可能な付属媒体の管理
　コンピュータの取外し可能な付属媒体（例えば，テープ，ディスク，カセット）及び印刷された文書を管理すること。
8(6)②媒体の処分
　媒体が不要となった場合は，安全，かつ，確実に処分すること。
8(6)③情報の取扱手順
　認可されていない露呈又は誤用から情報を保護するために，情報の取扱い及び保管についての手順を確立すること。
8(6)④システムに関する文書のセキュリティ
　認可されていないアクセスからシステムに関する文書を保護すること。

8(7)　情報及びソフトウェアの交換
管理目的：組織間で交換される情報の紛失，改ざん又は誤用を防止するた

第3章　ISMS認証基準を理解しよう

め。

管理策
8(7)①情報及びソフトウェアの交換契約
　組織間の情報及びソフトウェアの交換（電子的又は人手によるもの）については，ある場合には正式な契約として，合意を取り交わすこと。
8(7)②配送中の媒体のセキュリティ
　配送されるコンピュータ媒体を，認可されていないアクセス，誤用又は破損から保護すること。
8(7)③電子商取引のセキュリティ
　電子商取引を，不正行為，契約紛争，及び情報の露呈又は改ざんから保護すること。
8(7)④電子メールのセキュリティ
　電子メールの使用に関する個別方針を作成し，電子メールがもたらすセキュリティ上のリスクを軽減するための管理策を実施すること。
8(7)⑤電子オフィスシステムのセキュリティ
　オフィスシステムに関連する業務上及びセキュリティ上のリスクを管理するために，個別方針及び手引を作成し，導入すること。
8(7)⑥公開されているシステム
　情報を公開する前に正式な認可の手続がとられ，また，情報の改ざんを防止するために公開した情報の完全性を保護すること。
8(7)⑦情報交換のその他の方式
　音声・映像の通信設備及びファクシミリを使用して行われる情報交換を保護するために，個別方針，手順及び管理策をもつこと。

【解説】
(1)①運用の手順は，情報セキュリティポリシーの中で明確にされ，文書化されそして維持されていること。
(1)②情報処理施設及びシステムへの変更は，マネジメントされていること。
(1)③事故マネジメントの責任及び手順は，セキュリティ事件・事故に対し

て有効かつ整然とした対応を保証するように確立されていること。

(1)④情報若しくはサービスを未承認で修正したり誤使用したりする機会を減らすために，任務と責任領域とを分離していること。

(1)⑤開発及び試験施設は，運用施設とは別になっていること。

(1)⑥外部の施設マネジメントサービスを使う前に，リスクを明確にし，適切なセキュリティ管理を業者と合意し，契約に織り込むこと。

(2)①処理能力及び保存の容量の将来見通しができるように，容量要求事項を監視すること。

(2)②新しい情報システム，アップグレード及び新しいバージョンに対して受け入れ基準を確立し，受け入れ前に適切な試験を行うこと。

(3)①不当なソフトウェアから保護するための検知・防御の管理及びユーザーに知らせる適切な手順を実行すること。

(4)①重要な業務用情報及びソフトウェアのバックアップ・コピーを定期的に取得し検査すること。

(4)②運用担当者は自分たちの作業記録を維持し，定期的に独立した検査を受けること。

(4)③障害は報告され，是正処置が採られていること。

(5)①ネットワークにおけるセキュリティを達成し維持するために，一連の管理が実行されていること。

(6)①取外しのできるコンピュータ・メディア，例えば，テープ，ディスク，カセット及び印刷された報告書は管理されていること。

(6)②メディアの安全な廃棄の手順は確立されていること。

(6)③情報の取り扱い及び保存を，未承認の開示または誤使用から守る手順を確立すること。

(6)④システムの文書化は，未承認アクセスから保護されていること。

(7)①組織間で情報及びソフトウェアを電子的にまたは手動で交換する合

意が確立していること。
(7)②搬送中のメディアは，未承認アクセス，誤使用または違法行為から保護されていること。
(7)③電子商取引は，詐欺行為，契約紛争及び情報の漏出または修正から保護されていること。
(7)④電子メール使用のポリシーが打ち出され，電子メールから生ずるセキュリティリスクをマネジメントする管理が実行されていること。
(7)⑤電子オフィスシステムに関連した業務及びセキュリティリスクをマネジメントするポリシー及び手引が確立していること。
(7)⑥外部公開ホームページなど，情報を公開する前には，正式な承認プロセスがあり，未承認の修正を防いでその情報の健全性が保護されていること。
(7)⑦音声，ファクシミリ及びビデオ通信施設の使用を通して行う情報の交換を保護する手順及び管理が実行されること。

9. アクセス制御

　情報共有はビジネスの効率化を考える場合，重要な要素であるが，情報セキュリティ保護の視点から見た場合，誰でもどのような情報にでもアクセスできるというのは必ずしも好ましい状況とはいえない。したがって，情報へのアクセスは決められたルールに基づいて制御しなければならない。
　本分類項目では，これらの「アクセス制御」全般についてまとめている。
　まず，アクセス制御方針の制定，利用者のアクセス管理，利用者のアクセスに関する責任，ネットワークにおけるアクセスに対する制御，オペレーティングシステムのアクセス制御，ビジネスアプリケーションのアクセスの制御，システムへのアクセス及びシステムの使用状況の監視，そして，モバイルPCやPDA（携帯情報端末）に代表されるモバイルコンピュー

ティング及びテレワーキングなどの遠隔作業におけるアクセス管理に関する内容を網羅している。

大きくは,「ユーザー側で行うアクセス制御に関する内容」と「システム側で行うアクセス制御に関する内容」の2つに分けられる。

---

9. アクセス制御
9(1) アクセス制御に関する業務上の要求事項
管理目的:情報へのアクセスを制御するため。

管理策
9(1)①アクセス制御方針
　アクセス制御についての業務上の要求事項を定義して文書化し,アクセスをアクセス制御方針で定義されたものに限定すること。

9(2) 利用者のアクセス管理
管理目的:情報システムへのアクセス権が,適切に認可され,割り当てられ,維持されていることを確実にするため。

管理策
9(2)①利用者登録
　複数の利用者をもつすべての情報システム及びサービスについて,それらへのアクセスを許可するための,正規の利用者登録及び登録削除の手続があること。
9(2)②特権管理
　特権の割当て及び使用は,制限し,管理すること。
9(2)③利用者のパスワードの管理
　パスワードの割当ては,正規の管理手続によって統制すること。
9(2)④利用者アクセス権の見直し
　経営陣は利用者のアクセス権を見直す正規の手順を,定期的に実施すること。

9(3) 利用者の責任
管理目的：認可されていない利用者のアクセスを防止するため。

管理策
9(3)①パスワードの使用
　パスワードの選択及び使用に際して，正しいセキュリティ慣行に従うことを，利用者に要求すること。
9(3)②利用者領域にある無人運転の装置
　無人運転の装置に適切な保護対策を備えていることを確実にするように，利用者に要求すること。

9(4) ネットワークのアクセス制御
管理目的：ネットワークを介したサービスの保護のため。

管理策
9(4)①ネットワークサービスの使用についての個別方針
　利用者には，使用することが特別に認可されたサービスへの直接のアクセスだけを提供すること。
9(4)②指定された接続経路
　利用者端末からコンピュータサービスまでの経路は，管理すること。
9(4)③外部から接続する利用者の認証
　遠隔地からの利用者のアクセスには，認証を行うこと。
9(4)④ノードの認証
　遠隔コンピュータシステムへの接続は，認証されること。
9(4)⑤遠隔診断用ポートの保護
　診断ポートへのアクセスは，セキュリティを保つように制御されること。
9(4)⑥ネットワークの領域分割
　情報サービス，利用者及び情報システムのグループを分割するための制御を，ネットワーク内に導入すること。
9(4)⑦ネットワークの接続制御
　共有ネットワークにおける利用者の接続の可能性は，アクセス制御方針に従って制限すること。
9(4)⑧ネットワーク経路を指定した制御

共有ネットワークは，コンピュータの接続及び情報の流れが業務用ソフトウェアのアクセス制御方針に違反しないことを確実にするために，経路指定の制御策を組み込むこと。

9(4)⑨ネットワークサービスのセキュリティ
　ネットワークサービスを使用する組織は，使用するすべてのサービスのセキュリティの特質について，明確な説明を受けること。

9(5)　オペレーティングシステムのアクセス制御
管理目的：認可されていないコンピュータアクセスを防止するため。

管理策
9(5)①自動の端末識別
　特定の場所及び携帯装置への接続を認証するために，自動の端末識別を考慮すること。
9(5)②端末のログオン手順
　情報サービスへのアクセスは，安全なログオン手続を使用すること。
9(5)③利用者の識別及び認証
　すべての利用者は，その活動が誰の責任によるものかを後で追跡できるように，各個人の利用ごとに一意な識別子(利用者ID)を保有すること。利用者が主張するIDを確証するための適切な認証技術を選択すること。
9(5)④パスワード管理システム
　パスワード管理システムは，質のよいパスワードであることを確実にするための，有効な対話的機能を提供すること。
9(5)⑤システムユーティリティの使用
　システムユーティリティプログラムの使用を制限し，厳しく管理すること。
9(5)⑥利用者を保護するための脅迫に対する警報
　脅迫の標的となり得る利用者のために，脅迫に対する警報を備えること。
9(5)⑦端末のタイムアウト機能
　リスクの高い場所（例えば，組織のセキュリティ管理外にある公共又は外部領域）にあるか，又はリスクの高いシステムで用いられている端末が活動停止状態にある場合，認可されていない者によるアクセスを防止するために，一定の活動停止時間の経過後，その端末は遮断されること。

9(5)⑧接続時間の制限
　リスクの高い業務用ソフトウェアに対して，追加のセキュリティを提供するために，接続時間に制限を設けること。

9(6)　業務用ソフトウェアのアクセス制御
管理目的：情報システムが保有する情報への認可されていないアクセスを
　　　　防止するため。

管理策
9(6)①情報へのアクセス制限
　情報及び業務用システム機能へのアクセスは，アクセス制御方針に従い，制限されること。
9(6)②取扱いに慎重を要するシステムの隔離
　取扱いに慎重を要するシステムは，専用の（隔離された）コンピュータ環境にあること。

9(7)　システムアクセス及びシステム使用状況の監視
管理目的：認可されていない活動を検出するため。

管理策
9(7)①事象の記録
　例外事項，その他のセキュリティに関連した事象を記録した監査記録を作成して，将来の調査及びアクセス制御の監視を補うために，合意された期間保存すること。
9(7)②システム使用状況の監視
　情報処理設備の使用状況を監視する手順を確立し，監視の結果を，定期的に見直すこと。
9(7)③コンピュータ内の時計の同期
　正確な記録のために，コンピュータ内の時計を同期させておくこと。

9(8)　移動型計算処理及び遠隔作業
管理目的：移動型計算処理（mobile computing）及び遠隔作業（tele-
　　　　working）の設備を用いるときの情報セキュリティを確実にするため。

管理策
9(8)①移動型計算処理
　移動型計算処理の設備（ノート型コンピュータ，パームトップコンピュータ，ラップトップコンピュータ及び携帯電話等）を用いた作業，特に保護されていない環境における作業のリスクから保護するために，正式な個別方針を持ち，適切な管理策を採用すること。
9(8)②遠隔作業
　遠隔作業を認可し及び管理するための個別方針，手順及び標準類を策定すること。

【解説】
(1)①アクセス制御に対する業務要求事項が明確にされ，文書化されて，アクセスは，アクセス制御方針で明確にされたものに限定されること。
(2)①マルチユーザー情報システム及びサービスすべてへのアクセスに関し，ユーザーの正式な登録及び登録抹消の手順が導入されていること。
(2)②特権の割当て及び使用は制約され，マネジメントされること。
(2)③パスワードの割当ては，正式な管理手続を通してマネジメントされること。
(2)④ユーザーのアクセス権は，正式なプロセスを使って一定の期間ごとにレビューされていること。
(3)①ユーザーは，パスワードの選択及び使用に当たり，正しいセキュリティー慣行にしたがうことを要求されていること。
(3)②ユーザーは，無人の機器に適切な保護がされていることを確認するよう要求されていること。
(4)①ユーザーは，使用することが明確に認められているサービスへのアクセスのみが許されること。
(4)②ユーザーの端末からコンピュータサービスまでのパスは，マネジメントされていること。

第3章　ISMS認証基準を理解しよう

(4)③リモートユーザーによる接続は，認証されること。

(4)④リモートコンピュータシステムへの接続は，認証されること。

(4)⑤診断ポートへのアクセスは，安全にマネジメントされていること。

(4)⑥情報サービス，ユーザー及び情報システムのグループを分離する管理（サブネットワーク化）が導入されていること。

(4)⑦共有ネットワーク上でのユーザーの接続権限は，9(1)①に規定されているアクセス制御方針に沿ってマネジメントされていること。

(4)⑧コンピュータ接続と情報の流れが9(1)①に規定されているアクセス制御方針に違反しないことを確認するために，共有ネットワークにはルート管理があること。

(4)⑨提供される全てのネットワークサービスのセキュリティ特性について，明確な記述があり，文書化されていること。

(5)①特定の場所及び携帯用機器への接続を認証するために，端末は自動的に識別されること。

(5)②情報サービスへのアクセスは，安全なログオンプロセス経由であること。

(5)③行為が個人まで追跡可能なように，ユーザーは特有な識別子（ユーザーID）を与えられていること。

(5)④質の良いパスワードを供給するためにパスワード管理システムを導入しており有効であること。

(5)⑤システムのユーティリティプログラムは，制約され，厳格にマネジメントされること。

(5)⑥ユーザーが，脅迫の標的になった場合，脅迫警報装置があること。

※もともとは，銀行のシステムを前提にしているところがあり，銀行窓口の担当者を想定し，脅迫警報や端末に間違えを装ったパスワードを入力すると警報が鳴るようにしておくなどの対応のことである。

(5)⑦リスク度の高い場所におけるまたはリスク度の高いシステムに使われている端末が活動停止状態にあるとき，タイムアウトになることを保障するための手順及び機構があること。

(5)⑧リスク度の高いアプリケーションへの接続可能時間に制約があること。

(6)①情報及びアプリケーション機能へのアクセスは，9(1)①に規定しているアクセス制御方針で明確にされているものに限定されること。

(6)②機密のシステムは，専用の（隔離された）コンピュータ環境を持っていること。

(7)①監査ログは，例外事項及び他のセキュリティ関連の事象を記録するために作られて，合意された期間保持されること。

(7)②情報処理施設の使用を監視する手順があり，このプロセスの結果が定期的にレビューされること。

(7)③すべてのコンピュータ時計は，正確な記録のために同期されること。

(8)①特に保護されていない環境下でモバイルコンピュータで仕事をする時，そのリスクから保護するポリシー及び適切な管理が導入されていること。

(8)②テレワーク活動を承認しマネジメントするポリシー及び手順があること。

10. システムの開発及び保守

本分類項目では，これから導入しようとする情報システムのセキュリティを十分なものとするために，事前に行うデータの検証や暗号技術などを用いた管理策，また，運用後のデータ保護や様々な変更に関する管理策について述べている。

システム基盤，ビジネスアプリケーションおよび利用者側で開発するソ

フトウェアなどの情報システムは，新規に開発したり，または既成の情報システムを保守またはアレンジもしくはそのまま使用するなどして，その企業・組織に合ったものを導入していくことになる。

　いずれの導入形態でも，情報システムに対するセキュリティを確保するためには，設計段階からセキュリティを組み込むようにする方が，後からセキュリティを組み込むよりも効果的で，コスト的にも低く抑えられる。したがって，まずはその情報システムに対するセキュリティ要求事項を，リスク評価により事前に明確にして管理を行っていくことになる。

---

10. システムの開発及び保守
10(1) システムのセキュリティ要求事項
管理目的：情報システムへのセキュリティの組込みを確実にするため。

管理策
10(1)①セキュリティ要求事項の分析及び明示
　新しいシステム又は既存のシステムの改善に関する業務上の要求事項では，管理策についての要求事項を明記すること。

10(2) 業務用システムのセキュリティ
管理目的：業務用システムにおける利用者データの消失，変更又は誤用を
　　　　　防止するため。

管理策
10(2)①入力データの妥当性確認
　業務用システムに入力されるデータは，正確で適切であることを確実にするために，その妥当性を確認すること。
10(2)②内部処理の管理
　処理したデータの改ざんを検出するために，システムに妥当性の検査を組み込むこと。
10(2)③メッセージ認証
　重要性の高いメッセージ内容の完全性を確保するセキュリティ要件が存

在する場合は，メッセージ認証を使用すること。
10(2)④出力データの妥当性確認
　業務用システムからの出力データについては，保存された情報の処理がシステム環境に対して正しく，適切に行われていることを確実にするために，妥当性確認をすること。

10(3)　暗号による管理策
管理目的：情報の機密性，真正性又は完全性を保護するため。

管理策
10(3)①暗号による管理策の使用に関する個別方針
　情報を保護するための暗号による管理策の使用について，個別方針を定めること。
10(3)②暗号化
　取扱いに慎重を要する又は重要な情報の機密性を保護するために，暗号化を用いること。
10(3)③ディジタル署名
　電子的な情報（電子文書等）の真正性及び完全性を保護するために，ディジタル署名を用いること。
10(3)④否認防止サービス
　事象又は動作が起こったか，起こらなかったかについての紛争の解決には，否認防止サービスを用いること。
10(3)⑤かぎ管理
　一連の合意された標準類，手順及び方法に基づくかぎ管理システムを，暗号技術の利用を支援するために用いること。

10(4)　システムファイルのセキュリティ
管理目的：ITプロジェクト及びその支援活動をセキュリティが保たれた方
　　　　法で実施されることを確実にするため。

管理策
10(4)①運用ソフトウェアの管理
　運用システムでのソフトウェアの実行を管理する手順を持つこと。

第3章 ISMS認証基準を理解しよう

10(4)②システム試験データの保護
　試験データは保護され，管理されること。
10(4)③プログラムソースライブラリへのアクセス制御
　プログラムソースライブラリへのアクセス全体にわたって，厳しい管理を維持すること。

10(5) 開発及び支援過程におけるセキュリティ
管理目的：業務用システム及び情報のセキュリティを維持するため。

管理策
10(5)①変更管理手順
　正式な変更管理手順によって，情報システムの変更の実施を厳しく管理すること。
10(5)②オペレーティングシステムの変更の技術的レビュー
　オペレーティングシステムを変更する場合は，業務用システムをレビューし，試験すること。
10(5)③パッケージソフトウェアの変更に対する制限
　パッケージソフトウェアの変更は極力行わないようにし，絶対に必要な変更は厳しく管理すること。
10(5)④隠れチャネル及びトロイの木馬
　隠れチャネル（Covert channels）又はトロイの木馬（Trojan code）の危険性から保護するために，ソフトウェアの購入，使用及び修正を管理し，検査すること。
10(5)⑤外部委託によるソフトウェア開発
　外部委託によるソフトウェア開発をセキュリティの保たれたものとするための管理策を適用すること。

【解説】
(1)①新しいシステムまたは既存のシステムの高度化に対する業務上の要求事項では，管理に対する要求事項を規定していること。
(2)①アプリケーションシステムへのデータ入力は，それが正しく適切であることを確認するために検証されること。

(2)②処理されるデータの悪用を検知できるように，システムに組み込まれた検証チェックがあること。

(2)③メッセージ内容の健全性を保護するセキュリティ要求事項がある場合，メッセージ認証システムが実行されること。

(2)④保存情報の処理が正しく，状況に対し適切であることを確認するために，アプリケーションシステムからの出力データは検証されること。

(3)①情報の保護のために暗号による管理を使用するポリシーがあること。

(3)②暗号化が機密，または重要な情報の秘密性を守るのに適用されること。

(3)③ディジタル署名が，電子情報の真実性及び健全性を守るのに適用されること。

(3)④事象又は行為の有無に関する論争を解決するのに否認防止サービスが使われること。

(3)⑤かぎ管理システムは，暗号技術の使用を支持するのに使われること。またそれは規格，手順及び方法の合意された組み合わせに基づいていること。

(4)①運用システムでのソフトウェアの実行に管理が適用されること。

(4)②試験データは，保護されマネジメントされること。

(4)③プログラムソースライブラリへのアクセスは，厳格にマネジメントされること。

(5)①情報システムの悪用を最小限にするために，変更を実行するための厳格で正式なマネジメント手順があること。

(5)②変更が生じた場合，アプリケーションシステムは，レビューされ試験されること。

(5)③ソフトウェアパッケージに対する修正は極力行わないようにし，重要な変更は厳格にマネジメントされること。

(5)④ソフトウェアの購入，使用及び修正は，隠れチャネルやトロイの木馬のようなウイルスの恐れから保護するために，マネジメントされチェック

されること。
(5)⑤外部委託のソフトウェア開発を安全にするために管理策を適用すること。

11. 事業継続管理

　本分類項目では，障害や災害が起きた場合でも，重要な事業活動を継続できるようにし，また，やむなく事業活動が中断した場合にも適切に対応するための対策についてまとめている。

　災害や重大な障害によって情報システムが利用不可能となった場合でも，事業遂行への影響を最小限に止め，事業を継続させる必要がある。このためには，最低限必要な操業を速やかに確実に回復する手立てをあらかじめ考えておかなければならない。まず，業務が中断することによってどの程度の損害が発生するのか，その影響についてリスクアセスメントを行う。そして，その結果に基づき，情報システムやサービスが停止してしまった場合でも業務を継続して行うための，または業務が中断してしまっても許容時間内に復旧させるための計画を立てる。これらの計画については，いつ問題が発生しても常に有効な状態であるように，定期的に見直しをして更新していくとともに，従業員に教育を行って周知徹底していく。

　リスクを軽減するために最大限の管理策を実行することが必要である。しかしながら，それでも事故が起こる可能性をゼロにすることはできない。事故は必ず起きるという前提のもとで，災害やセキュリティの故障による業務中断の影響を，許容できるレベルにまで抑えるための事業継続管理の手順についてまとめる。

> 11. 事業継続管理
> 11(1) 事業継続管理の種々の面
> 管理目的：事業活動の中断に対処するとともに，重大な障害又は災害の影

響から重要な業務手続を保護するため。

管理策
11(1)①事業継続管理手続
　組織全体を通じて事業継続のための活動を展開し，かつ，維持するための管理された手続が整っていること。
11(1)②事業継続及び影響分析
　事業継続に対する全般的取組方法のために，適切なリスクアセスメントに基づいた戦略計画を立てること。
11(1)③継続計画の作成及び実施
　事業運営を，重要な業務手続の中断又は障害の後，適切な時間内で維持又は復旧させるための計画を立てること。
11(1)④事業継続計画作成のための枠組み
　すべての計画が整合したものになることを確実にするため，また，試験及び保守の優先順位を明確にするために，一つの事業継続計画の枠組みを維持すること。
11(1)⑤事業継続計画の試験，維持及び再評価
　事業継続計画が最新の情報を取り入れた効果的なものであることを確実にするために定期的に試験をし，定期的な見直しをすること。

【解説】
(1)①組織全体を通して事業継続を発展させ維持するため，マネジメントされたプロセスが導入されていること。
(1)②リスクアセスメントに基づいて，業務継続への全体取組みを詳述する戦略計画が導入されていること。
(1)③重要な業務プロセスへの妨害，またはそれの停止の後，適切な時間を経て事業運営を維持または復旧させるための計画が作られること。
(1)④すべての計画が矛盾しないことを確認し，試験や保守の優先度を明確にするために事業継続計画の一連のマネジメント枠組みがあること。
(1)⑤事業継続計画は，それらが最新のもので有効であることを確認する

ために，定期的に試験され，定期的レビューによって維持されていること。

12. 適合性

本分類項目では，法規制，セキュリティ基本方針への適合性などについてまとめている。

企業・組織は，法規制をはじめ自ら定めたセキュリティ基本方針や技術的な基盤に適合する必要がある。また，法規制については，適合していないと訴訟に発展するなど大きな問題となってしまう。

そこで，これらの法規制等に対する適合性を確認するためには，自らのシステムに対する適合性の審査を行い，問題の発生を未然に防ぐ。また，システム監査では情報セキュリティの有効性についても確認するが，システムの改善を目標に行うと，より一層の効果が得られる。

ここでは，これらの適合性に関する事項について，説明する。

12．適合性
12(1) 法的要求事項への適合
管理目的：刑法及び民法，その他の法令，規制又は契約上の義務，並びに
　　　　　セキュリティ上の要求事項に対する違反を避けるため。

管理策
12(1)①適用法令の識別
　各情報システムについて，すべての関連する法令，規制及び契約上の要求事項を，明確に定め，文書化すること。
12(1)②知的所有権（IPR）
　知的所有権がある物件及びソフトウェア製品を使用する場合は，法的制限事項に適合するように，適切な手続を実行すること。
12(1)③組織の記録の保護
　組織の重要な記録は，消失，破壊及び改ざんから保護されること。
12(1)④データの保護及び個人情報の保護
　関連法令に従って個人情報を保護するために，管理策を適用すること。

12(1)⑤情報処理施設の誤用の防止
　情報処理施設の使用には管理者の認可を要するものとし，そのような施設の誤用を防ぐための管理策を用いること。
12(1)⑥暗号による管理策の規制
　暗号による管理策へのアクセス又はその使用を統制することを目的とした，国による協定，法律，規制，又はその他の手段に，適合することを可能にするために，管理策を用いること。
12(1)⑦証拠の収集
　人又は組織に対する措置が，民事であれ刑事であれ，法律にかかわるものである場合，提示する証拠は，関連法令又は事件の審理が行われる特定の法廷の規則に定められた証拠に関する規定に適合させること。また，容認される証拠を作成するために，公表されている標準類又は実践規範に適合すること。

12(2) セキュリティ基本方針及び技術適合のレビュー
管理目的：組織のセキュリティ基本方針及び標準類へのシステムの適合を
　　　　　確実にするため。

管理策
12(2)①セキュリティ基本方針との適合
　管理者は，自分の責任範囲におけるすべてのセキュリティ手続が正しく実行されることを確実にすること。組織内のすべての範囲について，セキュリティ基本方針及び標準類に適合することを確実にするために，定期的に見直すこと。
12(2)②技術適合の検査
　情報システムは，セキュリティ実行標準と適合していることを定期的に検査すること。

12(3) システム監査の考慮事項
管理目的：システム監査手続の有効性を最大限にすること，及びシステム
　　　　　監査手続への/からの干渉を最小限にするため。

第3章 ISMS認証基準を理解しよう

> 管理策
> 12(3)①システム監査管理策
> 　運用システムの監査は業務手続の中断のリスクを最小限に抑えるように慎重に計画を立て，合意されること。
> 12(3)②システム監査ツールの保護
> 　システム監査ツールは，誤用又は悪用を防止するために，保護されること。

【解説】
(1)①法令上の，規定上の及び契約上の要求事項は，個々の情報システム用にはっきりと明確にされ，文書化されていること。
(1)②知的所有権（IPR:Intellectual Property）に係る物件及びソフトウェア製品の使用上の法的制約に準拠することを確認するための適切な手順が実行されること。なお，現在では「知的財産権」と呼ぶ。
(1)③重要な記録は，損失，破壊及び偽造から守られていること。
(1)④関連する法規に従って，個人情報を保護するために適用される管理策があること。
(1)⑤情報処理施設を使用するためのマネジメント承認，及びそのような施設の誤使用を防ぐのに適用される管理があること。
(1)⑥国の契約書，法律，規則，または，暗号使用による管理へのアクセス若しくはその使用をマネジメントする書類等への準拠を確認するための管理が導入されていること。
(1)⑦証拠の収集は，関連する法規，特定法廷の規則，公表された規格または受入れ可能な証拠づくりの実施規範に定められている証拠の規則に適合していること。
(2)①管理者は，自分の責任分野内のセキュリティ手順が正しく実行されていることを保証すること。さらに，組織内のすべての分野が，情報セ

キュリティ基本方針及び規格に準拠していることを確認するために定期的にレビューされること。
(2)②情報システムは，セキュリティ実行規格への準拠を定期的にチェックされること。
(3)①運用システムのすべての監査は，業務プロセスの中断というリスクを最小限にするように計画され合意されていること。
(3)②システム監査のツールへのアクセスは，それらが誤使用されたりまたは危険にさらされたりする可能性を防ぐために保護されていること。

第4章
重要な ISMS 構築

第4章

활성탄 SMS 탐색

第4章 重要なISMS構築

　本章では，ISMS認証取得において中核となるISMS構築の作業について，詳しくみていくことにする。ISMS構築のステップについては，認証基準「第4 情報セキュリティマネジメントシステム 2. ISMSの確立及び運営管理（1）ISMSの確立」に9つのステップが示されている。この内容について，いくつかの手法と実際の構築手順について分かりやすく解説していく。

1. ISMS認証取得までの流れ

　ISMSの構築作業は，その推進母体である情報セキュリティ委員会が実際にISMSを確立する作業，及びそれ以降の日々の運用としての導入・運用，監視・見直し，維持・改善を行う手順を決め，経営者の運用開始に関する承認を得るという作業のことである。

　ISMS（情報セキュリティマネジメントシステム）とは，「マネジメントシステム全体のなかで，事業リスクに対するアプローチに基づいて情報セキュリティの確立，導入，運用，監視，見直し，維持，改善をになうもの」であった。また，マネジメントシステムには，組織の構造，及び方針，計画作成活動，責任，実践，手順，プロセス及び経営資源が含まれている。ISMSを構築し運用していくためには，組織的な取組みが必要である。まず，①経営者により情報セキュリティ責任者が任命され，この情報セキュリティ責任者が情報セキュリティ委員会を設立する。次に，②適用範囲を事業の特徴，組織，その所在地，資産及び技術の5つの観点から定義する。その後，③利害関係者からの情報セキュリティに対する要求事項及び期待を明確にし，事業上の要求事項，法的または規制要求事項，契約上のセキュリティ義務を考慮した上で情報セキュリティ基本方針及び目標を確立する。④適用範囲の情報資産ごとに情報資産の価値評価を機密性・完全性・可用性別に行い，脅威の分析，脆弱性の分析を行うことにより情報資産ご

ISMS プロセスにおける ISMS 確立のステップ

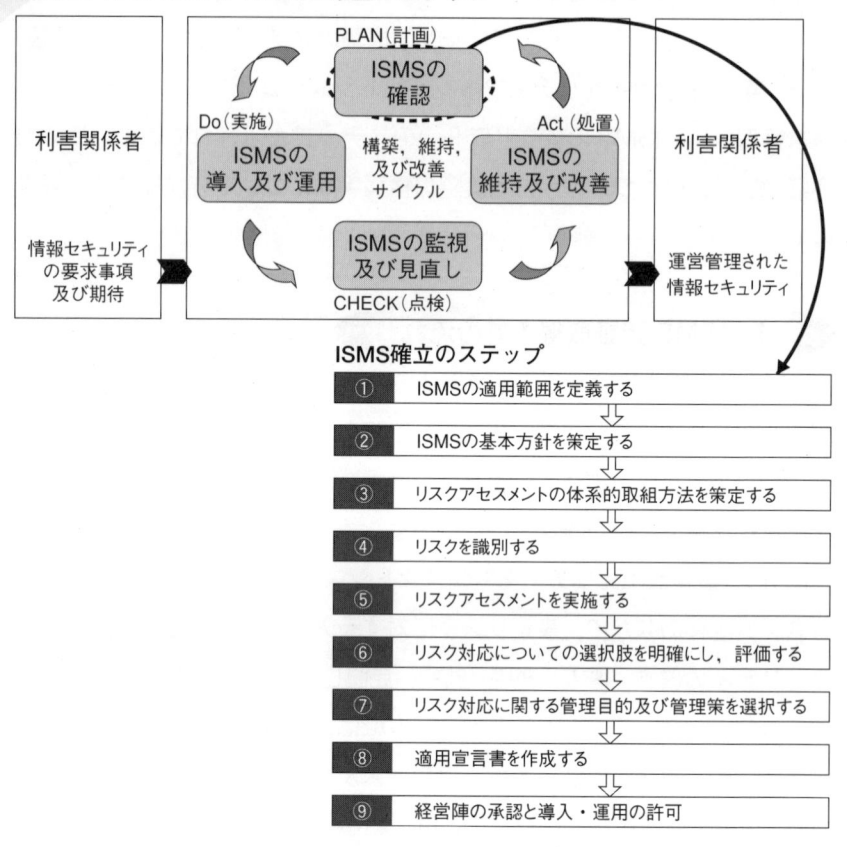

```
              PLAN(計画)
                ┌─────────┐
                │ ISMSの  │
                │  確認   │
                └─────────┘
   Do(実施)     構築，維持，    Act(処置)
  ┌─────────┐  及び改善    ┌─────────┐
  │ ISMSの  │  サイクル    │ ISMSの  │
  │導入及び運用│          │維持及び改善│
  └─────────┘              └─────────┘
              ┌─────────┐
              │ ISMSの監視│
              │ 及び見直し│
              └─────────┘
              CHECK(点検)
```

利害関係者 → 情報セキュリティの要求事項及び期待

利害関係者 → 運営管理された情報セキュリティ

ISMS確立のステップ

① ISMSの適用範囲を定義する
⇩
② ISMSの基本方針を策定する
⇩
③ リスクアセスメントの体系的取組方法を策定する
⇩
④ リスクを識別する
⇩
⑤ リスクアセスメントを実施する
⇩
⑥ リスク対応についての選択肢を明確にし，評価する
⇩
⑦ リスク対応に関する管理目的及び管理策を選択する
⇩
⑧ 適用宣言書を作成する
⇩
⑨ 経営陣の承認と導入・運用の許可

とのリスクアセスメントを行う。⑤算出されたリスクの大きさに基づき，情報資産ごとにリスクの低減・回避・移転・受容の対応を決め，低減する場合には人的対策・物理的対策・技術的対策をどうするかを決め，リスクアセスメントの結果報告書を作成するとともに，対策基準および実施手順を作成する。そして，⑥適用宣言書を作成し，⑦ISMSの運用マニュアルの作成や物理的対策，教育の実施等の人的対策，ISMS運用の年度計画書の作成，リスクマネジメント計画の作成などの運用準備を行い，残留リス

第4章 重要な ISMS 構築

ISMS の構築と認証取得

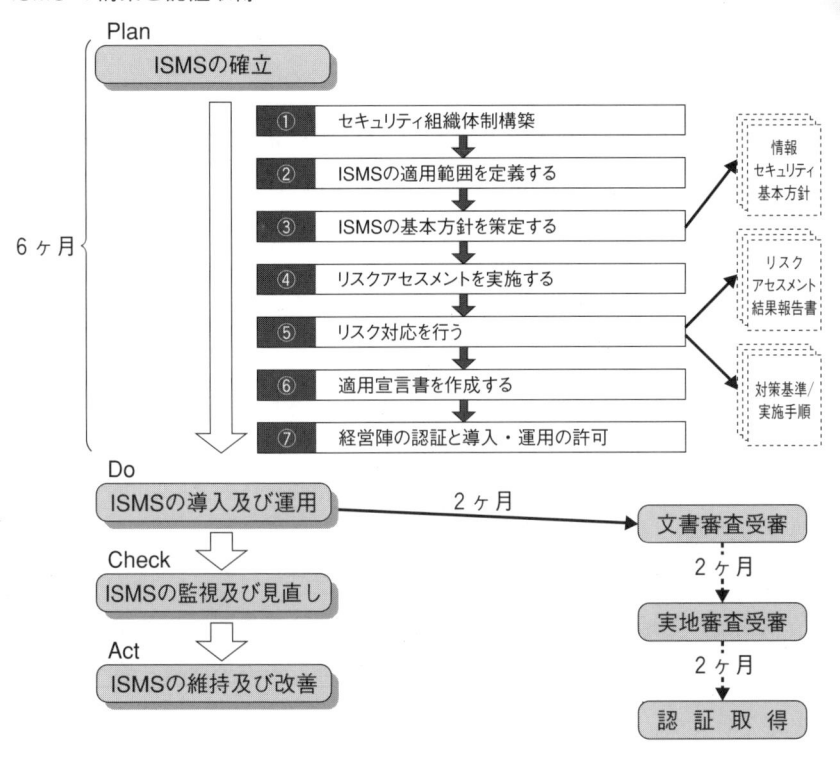

```
Plan
 ┌─────────────┐
 │  ISMSの確立  │
 └─────────────┘
        ↓
    ① セキュリティ組織体制構築
    ② ISMSの適用範囲を定義する        →  情報セキュリティ基本方針
    ③ ISMSの基本方針を策定する
6ヶ月
    ④ リスクアセスメントを実施する     →  リスクアセスメント結果報告書
    ⑤ リスク対応を行う
    ⑥ 適用宣言書を作成する            →  対策基準/実施手順
    ⑦ 経営陣の認証と導入・運用の許可

Do
 ┌─────────────────┐           2ヶ月        ┌──────────┐
 │ ISMSの導入及び運用 │ ──────────────────→ │ 文書審査受審 │
 └─────────────────┘                       └──────────┘
Check                                           ↓ 2ヶ月
 ┌─────────────────┐                       ┌──────────┐
 │ ISMSの監視及び見直し│                       │ 実地審査受審 │
 └─────────────────┘                       └──────────┘
Act                                             ↓ 2ヶ月
 ┌─────────────────┐                       ┌──────────┐
 │ ISMSの維持及び改善 │                       │ 認 証 取 得 │
 └─────────────────┘                       └──────────┘
```

クも含めて ISMS を運用することについて経営者の承認を得る。

　組織や情報システムの規模にもよるが，通常の ISMS 認証取得までの期間は，ISMS の構築に約6ヶ月，その後，実際の運用を2ヶ月ほど行い，Stage1：文書審査を受審する。この間に最低内部監査を実施しマネジメントレビューを行う。文書審査で指摘された不適合について是正計画を立案し是正処置を行い完了したら実地審査を受審する。この間約2ヶ月。実地審査における不適合指摘の是正を行い，審査機関内部の判定会議にて了承され晴れて認証取得（認証登録）されるまで約2ヶ月と見込むことができ，ISMS 認証取得までに約1年間ほどの期間を有することが一般的である。

場合によっては，文書審査の前にオプションである予備審査を受審することもある。

2. リスクアセスメントとリスク対応における用語

（1）情報セキュリティ（Information security）

組織が扱う情報資産の機密性，完全性，可用性を確実に保護し維持することである。

機密性，完全性，可用性については，以下の通りである。

①機密性（Confidentiality）：

アクセスを許可された者だけが，情報にアクセスできることを確実にすること。すなわち，ネットワーク上やコンピュータ内の情報を不適切な人間には決して見せないようにすることである。

②完全性（Integrity）：

情報及び処理方法が正確であること及び完全であることを保護すること。すなわち，ネットワーク上やコンピュータ内の情報が常に完全な形で保たれ，不正によって改ざんされたり破壊されないことである。

③可用性（Availability）：

認可された利用者が，必要なときに，情報及び関連する資産にアクセスできることを確実にすること。すなわち，ネットワークやコンピュータ内の情報や資源（通信路やコンピュータ）がいつでも利用できることである。

これら機密性，完全性，可用性に対する第三者による脅威を現象別に分類すると，以下の3つに分類することができる。

①機密性の喪失：情報を不当に見られる。すなわち，不適切な主体にネットワーク上やコンピュータ内の情報を見られる。例えば，通信路

上での傍受，ハードディスクの不当な読み出し，メールサーバ内のメールの内容を見られるようなことである。

②完全性の喪失：情報を不当に破壊，改ざんされる。すなわち，ネットワーク上やコンピュータ内の情報を不当に改ざんされたり，破壊される。例えば，インターネットを用いて行われる電子商取引において，金額情報を改ざんされるようなことである。

③可用性の喪失：不当な利用によりデータやコンピュータパワーが使えなくなる。ネットワークやコンピュータの機能や，保存されている情報が不当な利用によって使えなくなる。例えば，第三者が通信路上に不当に大量のデータを流すために，本来の利用者がその通信路を使えなくなるようなことである。

（2）情報資産

組織として資産価値を有するものである。情報と情報システム，ならびにそれらが正当に保護され使用され機能するために必要な要件の総称である。例えば，以下の4種類に分類することができる。

①情報：経営情報，顧客情報など組織運営上の情報，システムに関する文書，ユーザーマニュアル，訓練資料，操作または支援手順，継続計画，代替手段の手配，記録保管された情報，各種データベース及びデータファイルなどである。

②ソフトウェア資産：アプリケーションソフトウェア，システムソフトウェア，開発用ツール及びユーティリティ。

③物理的資産：コンピュータ装置（プロセッサ，モニター，ラップトップ，モデム），通信装置（ルーター，PABX，ファクシミリ，留守番電話），磁気媒体（テープ及びディスク），その他の技術装置（電源，空調装置），什器，収容設備。

④サービス：計算処理及び通信サービスなどのサービス提供，一般ユー

ティリティ，例えば，暖房，照明，電源，空調などのサービス．

（3）情報資産の重要度（資産価値）

各情報資産のCIA（機密性，完全性，可用性）が失われたとき，組織に与えるリスクの相対的な程度．

（4）脅威（threat）

システムまたは組織に危害を与える，好ましくない偶発事故を引き起こす事象．

（5）脆弱性（vulnerability）

脅威を発現させる原因となる事象．脅威によって影響を受け得る情報資産の弱さ．脆弱性自体は情報資産に対して危害を与えないもの．

（6）リスク（risk）

リスク（risk）とは，事象の発生確率と事象の結果の組み合わせである．また，リスクとは，ある脅威が資産または資産グループの脆弱性を利用して資産への損失または損害を与える可能性のことである．つまり，脅威が現実のものとなる不確実性のレベルともいえる．

（7）リスク因子（source）

リスク因子（source）とは，ある一連の状況の発生（事象）から生じる結果をもたらす可能性が潜在する物事や行動のことである．

（8）リスク因子の特定（source identification）

リスク因子の特定（source identification）とは，リスク因子を発見し，一覧表を作成し，特徴付けるプロセスのことである．

（9）リスク算定（risk estimation）

リスク算定（risk estimation）とは，リスクの発生確率と結果の値を測定するために用いるプロセスのことである．

（10）リスクの保有（risk retention）

リスクの保有（risk retention）とは，あるリスクからの損失の負担，ま

たは利得の恩恵の受容のことである。

(11) リスクの受容（risk acceptance）

リスクを受容する意思決定のことである。

(12) リスクコミュニケーション（risk communication）

リスクコミュニケーション（risk communication）とは，意思決定者と他のステークホルダーの間における，リスクに関する情報の交換，または共有のことである。

(13) リスク分析（risk analysis）

リスク因子を特定し，リスクを算定するために，情報を体系的に利用することである。

(14) リスク評価（risk evaluation）

リスクの重大さを決定するために，算定されたリスクを与えられたリスク評価基準と比較するプロセスのことである。

(15) リスクアセスメント（risk assessment）

リスク分析からリスク評価までの全てのプロセスのことである。

(16) リスク対応（risk treatment）

リスクを変更させるための方策を選択及び実施する対応プロセスのことである。

(17) リスクマネジメント（risk management）

リスクに関して組織を指揮し管理する調整された活動のことである。

3. 情報セキュリティ組織体制の構築

ISMS の確立の最初のステップは，情報セキュリティ組織体制の構築である。ISMS の認証取得を推進するためには推進体制の構築が重要である。どの範囲で認証を取得するかは次のステップで説明するが，まず，経営者はリーダーシップを発揮し，適用範囲の推進体制や ISMS 適用に関する設

備資金など経営資源の提供を行う必要がある。また，ISMS の確立，導入，運用，監視，見直し，維持及び改善に対してコミットメントする必要がある。そして，経営者は「情報セキュリティ管理責任者」を任命する。

情報セキュリティ管理責任者は，ISMS 活動をすべて監視し，そしてすべての側面を管理するのに必要な調整を行う。情報セキュリティ管理責任者は経営者のコミットメント及び継続的支援を必要とし，これにより，情報セキュリティ基本方針を確実に浸透推進する。

情報セキュリティ管理責任者の役割は次の通りである。

① ISMS の確立の段階
・情報セキュリティ委員会を設立する。
・情報セキュリティ委員会とともに，セキュリティ目的，戦略及びセキュリティ基本方針を開発する。
・情報セキュリティ委員会とともに，ISMS の適用範囲を定める。
・現在の脅威及び選択された管理策について，情報セキュリティ委員会に説明する。
・ISMS を整備する。
・リスクアセスメントを実施する。
・リスクマネジメントに対する組織のアプローチ及び必要な保証のレベルを識別することにより，リスクを管理する。
・実施される管理目的及び管理策を選択する。
・適用宣言書を作成する。

② ISMS の導入及び運用，監視及び見直し，維持及び改善の段階
・セキュリティ事故を記録する。
・枠組み内の進捗，事故，セキュリティ状況，現在の脅威を経営陣の委員会へ報告する。
・マネジメントレビューを実施する。

第4章　重要なISMS構築

情報セキュリティ組織体制の例
①情報セキュリティ委員会

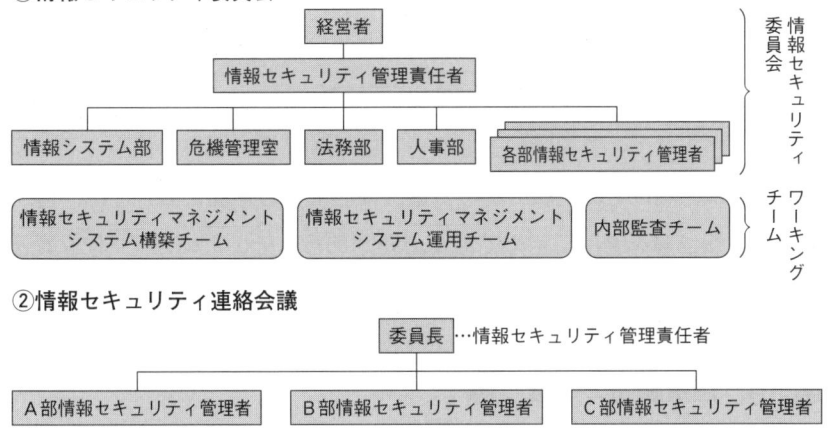

```
                    経営者
                      |
           情報セキュリティ管理責任者
    ┌─────┬─────┬─────┬─────┐
情報システム部 危機管理室 法務部 人事部 各部情報セキュリティ管理者
```
（情報セキュリティ委員会）

```
情報セキュリティマネジメント  情報セキュリティマネジメント  内部監査チーム
  システム構築チーム           システム運用チーム
```
（ワーキングチーム）

②情報セキュリティ連絡会議

```
              委員長 …情報セキュリティ管理責任者
    ┌──────────┼──────────┐
A部情報セキュリティ管理者 B部情報セキュリティ管理者 C部情報セキュリティ管理者
```

・利害関係者からのISMSの要求・期待への準拠の度合いについて監視する。

　情報セキュリティ組織体制の運営については，情報セキュリティ管理責任者をはじめ中核となる情報システム部門の管理者，各部門の情報セキュリティ管理者，総務部門，人事部門，法務部門の管理者などで構成される情報セキュリティ委員会を，例えば四半期に1回，年に4回開催し，そのうち1回はマネジメントレビューを開催する。これ

ISMS責任権限マトリックス表

責任と役割　　　役職名称　　◎：承認　○：実行／主管　□：参画／協力	経営者	情報セキュリティ管理責任者	情報セキュリティ管理者
ISMS方針の策定と確立			
基本方針の策定	◎		
リスクアセスメント		◎	○
リスク受容基準の決定	◎		
管理目的と管理策の選定		◎	○
残留リスクの承認	◎		
ISMSの導入及び実行			
情報セキュリティ委員会の開催	◎	○	
情報セキュリティ連絡会議		◎	○
リスク対応計画の作成	◎		
経営資源の割当て	◎		
管理策の実施		◎	○
教育訓練の実施と方針の徹底	◎	○	□
ISMSの監視と見直し			
管理策実施状況の監視		◎	○
内部監査の実施	◎		
マネジメントレビューの実施	◎		
ISMSの維持及び継続的改善			
是正処置の実施	◎	○	○
予防処置の実施	◎	○	○

以外に，情報セキュリティの日常監視の結果のレビューや内部監査結果の取りまとめ，組織内の連絡調整を行うために，情報システム部門，各部情報セキュリティ管理者の出席のもと，例えば，月例で定期的に情報セキュリティ連絡会議を開催することが多い。

情報セキュリティ委員会の主なテーマはISMSの仕組みの見直しであるが，見直しに向けての討議であり，最終決定および承認については，誰の役割であるか等を明確に定めておく必要がある。そのために，ISMS責任権限マトリックス表を作成することも多い。

4. 適用範囲の定義

適用範囲については，「ISMS認証基準（Ver.2.0）第4 2.(1)①」で以下のように述べられている。

「事業の特徴，組織，その所在地，資産及び技術の観点から，ISMSの適用範囲を定義する。」

ISMS認証取得の適用範囲は，以上の5つの観点から定義していくことが重要である。ISMSの認証を取得しようとする組織は，第2章3（1）で述べたように，ISMS認証基準に則った情報セキュリティマネジメントシステムを構築・維持している組織として内外にアピールするとか，取引先との関係から認証を取得し，さらに取引拡大を目指すために取得を目指すことが多い。その時に，組織として守るべき事業，業務上の重要な情報資産があるはずである。まず，その"事業の特徴"を明確にして，守るべき事業，業務上の重要な情報資産を明らかにすることで，必然的にその後の"組織"の範囲，"所在地"，"資産"，"技術"が明確になるはずである。

（1） 適用範囲の定義

適用範囲が，組織の一部の場合もあれば，組織全体が1つのものとして

定められる場合もある。事業の特徴，組織，場所，資産及び技術等を配慮して適用範囲を明確にする。

　事業の特徴：組織はその事業活動上の特徴，業務上の要件などがあり，どの情報資産を守るべきかはこの事業の特徴から明確になる。

　資産："事業の特徴"から守るべき情報資産が明確になる。ここで，情報資産とは，人事情報，顧客情報，技術情報などの紙及び電子データとしての情報，また情報システム自身，ネットワークサービスなどである。

　組織：全社の組織体系の中で，認証を取得しようとする情報資産に関係する部署が明確になるので，その関係部署が適用範囲の組織の範囲となる。

　場所：守るべき情報資産の存在する場所を特定する。通常は，組織体の入っている建物，重要な情報システムが設置されているマシン室などを明確にする。例えば，マシン室などのセキュリティ区間において，組織はそのセキュリティ区間の要求事項や専任のセキュリティスタッフの必要性を考慮する必要がある。

　技術：使用される技術の種類，例えば，コンピュータシステムの構成や通信ネットワークの構成など，強くISMSの適用範囲に影響を及ぼす。

（2）適用範囲定義の留意点

　適用範囲定義の留意点は以下の通りである。

① ISMSの適用範囲は，網羅的に定義され，ビジネスにとって有用な"範囲"であることが必要である。

② ISMSの適用範囲は，ビジネスがどのように組織されているかに基づいて定義されるべきである。

　　・部門
　　・ビジネスプロセス
　　・提供されるサービス

・プロジェクトなど
③ ISMSの適用範囲とその外部を結びつける箇所を"境界線"という。その境界線を越えてやり取りされる情報やプロセスや共有している設備等は明確にしておく必要がある。
④ ISMSの適用範囲の内部と外部におけるセキュリティ要件は識別され，範囲内においては，それらが満足されていなければならない。
⑤ 外部から要求されるセキュリティ要件を満たす必要がある。
　例えば，従う必要がある親会社，顧客のセキュリティ基本方針などである。
⑥ 適用範囲内の情報資産が外部の情報資産に大きな依存関係がある場合，依存関係を明確にする必要がある。例えば，適用範囲内の情報資産またはプロセスが外部からの入力に依存しているとか，またはその逆の場合その依存性を明確にする必要がある。

5. 情報セキュリティ基本方針の策定

適用範囲の定義を行った後，経営者により情報セキュリティ基本方針が確立される。情報セキュリティ基本方針は情報セキュリティを維持・改善していく上での最上位の方針であり，経営者からの組織の情報セキュリティを確保する決意表明である。実際の策定作業は，情報セキュリティ管理責任者を中心とする情報セキュリティ委員会で原案を作成し，経営者により承認されることが普通であろう。

（1）情報セキュリティ基本方針の位置づけ

情報セキュリティ基本方針は，情報セキュリティポリシー体系の最上位に位置づけられるものである。

①基本方針（Policy）

基本方針（基本ポリシー）では，経営者の情報セキュリティに対する意

一般的な情報セキュリティポリシー体系

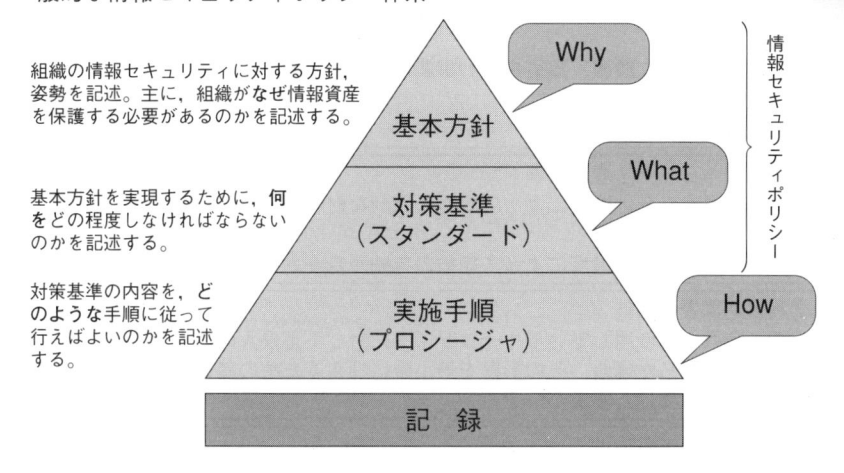

組織の情報セキュリティに対する方針，姿勢を記述。主に，組織がなぜ情報資産を保護する必要があるのかを記述する。 — 基本方針（Why）

基本方針を実現するために，何をどの程度しなければならないのかを記述する。 — 対策基準（スタンダード）（What）

対策基準の内容を，どのような手順に従って行えばよいのかを記述する。 — 実施手順（プロシージャ）（How）

記録

基本方針・対策基準：情報セキュリティポリシー

思を示す。社員，顧客，取引先，株主などに公開する。数ページで簡潔に記述する。基本方針は情報セキュリティ対策の基本方針を示しており，長期間通用させるものである。基本方針は，情報セキュリティ基本方針，情報セキュリティポリシー，また単にセキュリティポリシーとも呼ばれている。「情報セキュリティポリシー」という言葉は多義的に使われる。

②**対策基準（Standard）**

対策基準（セキュリティスタンダード）は基本方針に基づいて作成する。セキュリティを確保するための組織，情報システムの開発・運用での具体的な対策（管理策，コントロール）を記述する。数10頁から数100頁になる。対策基準は基本方針を実行に移すための，より具体的な対策方針を示したものであり，環境，技術の変化によって数年で変更する必要が出てくる場合もある。

対策基準は，セキュリティスタンダード，セキュリティ基準，行動基準（Code of practice），基準，セキュリティ規定とも呼ばれる。

情報セキュリティ基本方針策定の要件

①利害関係者 主に弊社の主要な顧客，取引先を利害関係者として明らかにする。 ・○○○○株式会社 ・××××株式会社
②情報セキュリティ要求事項 ・情報セキュリティ違反によって組織が深刻な財務上の損害を受けないようにすること。 ・情報セキュリティ違反によって組織の存続が脅かされないようにすること。
③利害関係者の期待 　電子商取引に使用しているウェブサイトに対し不正侵入のような重大な事件・事故が起こった場合，その影響を最小限に抑えるための適切な手順に対する十分な訓練を受けた要員がいること。
④事業上の要求事項 ・○○サービスの可用性の維持　　・迅速な○○ビジネスの処理 ・安全な電子商取引　　　　　　　・顧客へのタイムリーな納品
⑤法的又は規制要求事項 ・不正競争防止法　　　　　　　・電子消費者契約法 ・個人情報保護法　　　　　　　・特定商取引法 ・不正アクセス禁止法　　　　　・プロバイダ責任法 ・電気通信事業法　　　　　　　・ソフトウェア管理ガイドライン ・著作権法　　　　　　　　　　・ISO9001など
⑥契約上のセキュリティ義務 ・システム開発委託契約 ・守秘義務規定（発注元に対する契約）

③実施手順（Procedure）

　実施手順は，対策基準に基づいて作成する。対策基準のうち，技術的対策について作成されることが多い。基本方針，対策基準が組織全体で作成されるのに対してシステム，部門ごと，また，管理者，利用者用に分け，実際の運用・利用手順を記述することがある。実施手順は，セキュリティプロシージャー，運用手順，手順書，ガイダンスとも呼ばれる。

④記録（Records）

ISMSを構築・運用していく段階で達成した結果を記述した、または実施した活動の証拠を提供する文書である。

（2）情報セキュリティ基本方針策定の前準備

情報セキュリティ基本方針を策定するに当たり、前準備作業として利害関係者からの「情報セキュリティ要求事項」及び利害関係者からの「期待」を把握し、また事業を行う上での「事業上の要求事項」、「法的及び規制要求事項」、「契約上のセキュリティ義務」を確認した上で策定することが重要である（前頁参照）。

（3）情報セキュリティ基本方針の内容

情報セキュリティ基本方針に最低限含めるべき内容については、以下の通り認証基準にて要求されている。

第4　情報セキュリティマネジメントシステム
2. ISMSの確立及び運営管理
(1) ISMSの確立
②事業の特徴、組織、その所在地、資産及び技術の観点から、次の事項を満たすISMSの基本方針を策定する。
(ア)ISMSの目標を設定するための枠組みを含み、情報セキュリティに関する全般的な方向性及び行動指針を確立する。
(イ)事業上の要求事項及び法的又は規制要求事項、並びに契約上のセキュリティ義務を考慮する。
(ウ)ISMSを確立し、維持するために必要な戦略上の視点から見た組織環境、並びにリスクマネジメントのための環境を整備する。
(エ)リスクを評価するための基準を確立し、定義されたリスクアセスメントの構造を確立する（第4 2(1)③参照）。
(オ)経営陣による承認を得る。

(ア)では経営者のISMSへの取組みの決意表明,(イ)ではコンプライアンス遵守の表明,(ウ)ではISMS構築及び運用について情報セキュリティ委員会などの組織体制の確立,(エ)では当該組織ならではのリスクアセスメント及びリスク対応の体系の確立とリスク受容水準の決定についてを,情報セキュリティ基本方針に宣言することを要求している。

これ以外に,通常は以下の内容を盛り込んでいくとよい。

- ・経営者の責任
- ・情報セキュリティの管理に対する組織の取組み方法
- ・情報セキュリティの定義
- ・目的
- ・適用範囲
- ・情報共有を可能にするための機構としてのセキュリティの重要性
- ・情報セキュリティの目標を支持する経営者の意向声明
- ・原則を支持する経営者の意向声明
- ・法律上及び契約上の要求事項への適合
- ・セキュリティ教育の要求事項
- ・ウイルス及び他の悪意のあるソフトウェアの予防及び検出
- ・事業継続管理
- ・情報セキュリティ基本方針違反に対する措置
- ・セキュリティの事件・事故を報告すること
- ・情報セキュリティマネジメントの一般的責任の定義
- ・特定責任の定義
- ・基本方針を支持する文書(例えば,特定の情報システムについてのより詳細なセキュリティ個別方針及び手順又は利用者が従うことが望ましいセキュリティ規則)の参照情報

(4) 情報セキュリティ基本方針に望まれること

情報セキュリティ基本方針は従業員や顧客に公開され得ることから,単純明快な内容であることが望ましい。また,下位の対策基準や実施手順で未解決の事項があった場合の判断基準となるものである。さらに,経営者

情報セキュリティ基本方針の例

```
情報セキュリティ基本方針書
　当社が顧客の信頼を保持し，競争力を維持していくためには，情報資産に対して適切なセキュリティ対策を実施し，紛失，盗難，不正使用から保護しなくてはならない。そのため，ここに「情報セキュリティ基本方針」を定め，当社が保有する情報資産の適切な保護対策を実施する。経営者を含め全従業員は，本趣旨を理解し，当社のセキュリティ規定を熟知，遵守しなくてはならない。

　　　　　　　　　　　　　　　　　　　　　　　　20XX年〇〇月〇〇日
　　　　　　　　　　　　　　　　　　　　　　　　代表取締役社長　〇〇　〇〇

1．情報セキュリティに関する役割と責任を定め，これを組織的に管理運用する体制を確立する。
2．全ての情報資産やその取扱いについては，関係法令や契約事項を遵守するとともに，お客様から預かった情報は，約束した目的にのみ使用する。又コンピュータウイルスによる感染やその他の不正アクセス等の脅威から情報資産を守り，社内関係部門へは勿論，お客様やお取引先にご迷惑を掛ける事のないように，組織的に取り組む。
3．これらを確実に実行し，又より堅牢なものとする為に情報セキュリティ委員会を設けるとともに，情報セキュリティの管理と継続的な改善を図る為の，情報セキュリティマネジメントマニュアルを定め，関係者全員で遵守する。
4．情報資産に対する脅威と脆弱性を識別し，判明したリスクを正当な規準を用いてリスク対応を評価する仕組みを確立し，定期的にアセスメントを実施する。
5．推進に当たっては，これらの重要性を認識し，経営資源の確保や割当ての優先度を充分考慮するとともに，関係者全員への遵守と改善に必要な教育や普及活動を継続的に行う。
6．情報セキュリティの内部監査を定期的に行い，遵守状況の評価を行い，是正策等の推進による実効性の追求と信頼性向上を図り，事業継続に貢献する。
7．情報セキュリティ基本方針並びに諸規定に反する行為があった場合は　あらかじめ定められた処罰や契約内容に準じて対処する。
```

が確立するものであることから，改定頻度の少ない，あまり変化しない内容について記載することがポイントとなる。

(5) 情報セキュリティ基本方針の周知と見直し

　情報セキュリティ基本方針は策定したら終わりではなく，以下の周知や見直しが必要である。

```
・情報セキュリティ基本方針は，経営者によって承認され，適当な手段で，
```

・全従業員に公表し，通知すること
・情報セキュリティ基本方針には，定められた見直し手続きに従って基本方針の維持及び見直しに責任をもつ者が存在すること
・見直し手続きによって，当初のリスクアセスメントの基礎事項に影響を及ぼす変化（例えば，重大なセキュリティの事件・事故，新しい脆弱性，又は組織基盤若しくは技術基盤の変化）に対応して確実に見直しを実施すること
・記録されたセキュリティの事件・事故の性質，回数及び影響，事業効率における管理策の費用及び影響，技術変更によって示される基本方針の有効性について，日程を定め，定期的に見直しを実施すること

6. リスクアセスメントからリスク対応までの流れの概要

　認証基準の「第3　用語及び定義」によると，リスクアセスメント（risk assessment）とは，「リスク分析からリスク評価までの全てのプロセスのこと」であり，リスク分析（risk analysis）とは，「リスク因子（脅威のこと）を特定し，リスクを算定するために，情報を体系的に利用すること」であった。また，リスク評価（risk evaluation）とは，「リスクの重大さを決定するために，算定されたリスクを与えられた組織で決めたリスクの受容水準と比較するプロセス」ことである。

　リスク対応（risk treatment）とは，「リスクを変更させるための方策を選択及び実施する対応プロセス」のことであった。

　この流れを分かりやすく説明すると，次の通りである。すなわち，定義された適用範囲から組織にとって重要な情報資産を洗い出し，情報資産の価値（情報資産の重要度）を特定する。この情報資産に対しどのような脅威が存在するかを分析し，その脅威の発生頻度を分析する。次にその情報資産に対する既存の管理策の程度を確認することにより，脆弱性を分析する。脆弱性は管理策の程度の裏返しといえる。

第4章　重要なISMS構築

　ここで，情報資産とは主に，情報自身及び情報システムと考えると理解しやすい。

　リスクとは，ある脅威が情報資産の脆弱性を利用してその情報資産への損失または損害を与える可能性のことであり，脅威が現実のものとなる不確実性のレベルであった。つまり「脅威分析」の結果と「脆弱性分析」の結果の組み合わせである。通常は，リスク値を以下の通りとする。

　「情報資産価値」×「脅威の発生頻度」×「脆弱性の程度」

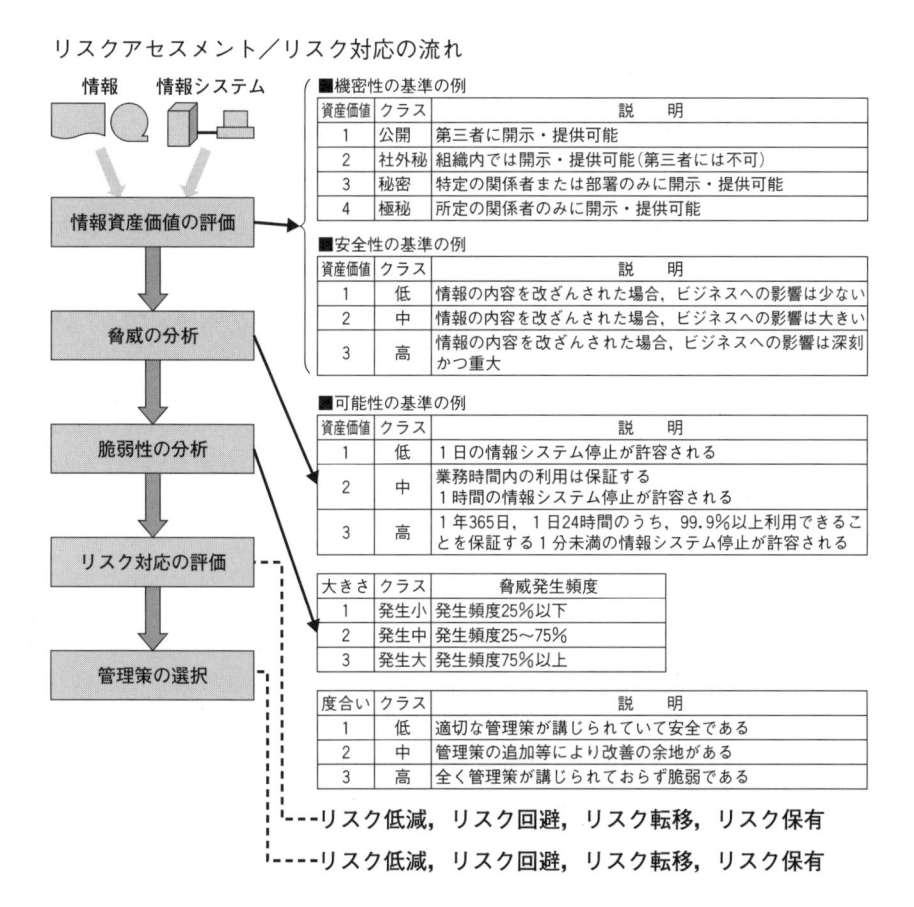

リスクアセスメント／リスク対応の流れ

フロー：情報／情報システム → 情報資産価値の評価 → 脅威の分析 → 脆弱性の分析 → リスク対応の評価 → 管理策の選択

■機密性の基準の例

資産価値	クラス	説明
1	公開	第三者に開示・提供可能
2	社外秘	組織内では開示・提供可能（第三者には不可）
3	秘密	特定の関係者または部署のみに開示・提供可能
4	極秘	所定の関係者のみに開示・提供可能

■安全性の基準の例

資産価値	クラス	説明
1	低	情報の内容を改ざんされた場合，ビジネスへの影響は少ない
2	中	情報の内容を改ざんされた場合，ビジネスへの影響は大きい
3	高	情報の内容を改ざんされた場合，ビジネスへの影響は深刻かつ重大

■可能性の基準の例

資産価値	クラス	説明
1	低	1日の情報システム停止が許容される
2	中	業務時間内の利用は保証する 1時間の情報システム停止が許容される
3	高	1年365日，1日24時間のうち，99.9％以上利用できることを保証する1分未満の情報システム停止が許容される

大きさ	クラス	脅威発生頻度
1	発生小	発生頻度25％以下
2	発生中	発生頻度25～75％
3	発生大	発生頻度75％以上

度合い	クラス	説明
1	低	適切な管理策が講じられていて安全である
2	中	管理策の追加等により改善の余地がある
3	高	全く管理策が講じられておらず脆弱である

　　　リスク低減，リスク回避，リスク転移，リスク保有
　　　リスク低減，リスク回避，リスク転移，リスク保有

リスクを受容する水準，すなわち受容水準のリスク値を既存の業務遂行レベルを加味し経営者により決定しておく。この受容水準のリスク値と算出された情報資産のリスク値とを比較評価し，受容水準を越えるものに対して管理策を追加するなどして"リスク対応"を実施する。最終的に，受容水準を下回るまで，適切な管理策を選択していく。その選択された管理策が適切であるかの妥当性確認を行った後にISMSの運用準備を行い，ISMS運用を開始する。リスク対応における管理策の選択の終了した段階で，リスクアセスメント結果報告書にまとめること，及び採用した管理策を文書化することにより，対策基準も作成する。

7. リスクアセスメントの各種手法

リスクアセスメントの手法には様々な手法がある。リスクアセスメントの手法は，リスクアセスメント結果をどういう目的で使うか，リスクアセスメントに当たっての諸条件を勘案した上で選択することになる。

基本的なリスクアセスメントのアプローチとして，4つの方法がGMITS*により紹介されている。

* GMITSとは，ITセキュリティの管理ガイドラインISO/IEC TR 13335「Guidelines for the Management of IT Security」のことで，リスクアセスメント（該当書ではリスク分析と表記されている）について詳しく解説されている。

（1）ベースラインアプローチ

広く知られている既存のリスク管理のためのガイドライン（例えば，不正アクセス対策基準やISMS認証基準の詳細管理策など）をチェックリストにして，情報資産価値の評価を行った後，それに見合う対策を選択し，基本的なセキュリティ対策を導入する方法である。企業の全情報システム

が低レベルのセキュリティ対策で十分な場合は，このベースラインアプローチが効果的である。また，とりあえずの対策として，このアプローチの採用は有効である。

[利点]

・リスクアセスメントのための時間とコストが不要。

・セキュリティ対策を選択するための時間が不要。

・汎用的な対策が容易に導入可能なため，コスト面で効率的な対策が実施できる。

[欠点]

・基本対策が高度過ぎた場合，コストや運用に悪影響。

・基本対策が低すぎた場合，セキュリティ上の未対策が残る。

・システム変更時に，現状のままでいいか否かの判断が困難。

(2) 非公式アプローチ

構造的な方法ではなく，経験に基づく実用的なリスクアセスメントを行う手法である。例えば，プロのセキュリティコンサルタントに依頼し，情報資産ごとにセキュリティ管理策を選択してもらう。この手法は，個人の能力に左右され，欠点が残るため積極的には推奨できない。

[利点]

・リスクアセスメントが簡易に実施でき，コストも軽減できる。比較的小規模システムに適している。

[欠点]

・リスクアセスメントの十分性が保証できない。

・主観が入るためシステム変更時を含めて一貫性が保てない。

・セキュリティ対策の十分性が保証できない。

(3) 詳細リスク分析

　システムの資源を特定し，その情報資産価値を評価し，脅威と脆弱性を分析することによって，リスクを分析し評価する。その結果として，各リスクに対抗する最適なセキュリティ対策を導入することにより，許容レベルにまでリスクを低減する手法。

　［利点］
　　・すべての情報資産に対して最適なコントロールが明確になる。
　　・リスクアセスメント結果は，変更管理にも利用できる。
　［欠点］
　　・多量の工数とノウハウが必要となる。
　　・コントロール（管理策）の適用に時間がかかる。

詳細リスク分析の手順について以下に紹介する。

```
① 分析対象（範囲）の決定
② 情報資産の洗い出しと資産価値の評価
③ 情報資産間の依存関係の調査
④ 脅威の評価
⑤ 脆弱性の評価
⑥ 既存コントロールの評価
⑦ リスクの評価
⑧ 制限事項の確認
⑨ コントロール（管理策）の選択
```

　この詳細リスク分析の手順は，認証基準「第4　情報セキュリティマネジメントシステム　2．ISMSの確立及び運営管理（1）ISMSの確立③～⑦」のリスクアセスメントの手順に類似しているが，そのものではない。

（4）組み合わせアプローチ

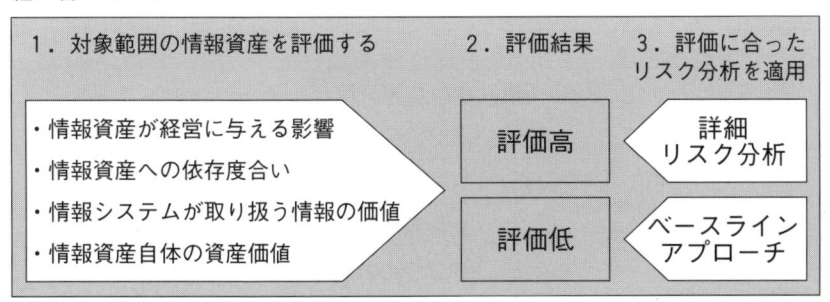

　最初に，業務の運営上，高いリスクを持っている情報資産を上位レベルリスク分析で特定する。その結果により，詳細なリスクアセスメントを行う必要がある情報資産か，ベースラインアプローチで十分な情報資産かなどの分類を行う。詳細なリスクアセスメントが必要な情報資産に対しては詳細リスク分析を，ベースラインアプローチで問題のない情報資産にはベースラインアプローチを適用する。ベースラインアプローチと詳細リスク分析とをうまく使い分ける手法である。

　　step1：上位レベルリスク分析
　　step2：ベースラインアプローチと詳細リスク分析を組み合わせる

［利点］
　・全体として費やされるコストと労力が最適化できる。
　・組織全体で一定のセキュリティレベルが維持できる。
　・重要な情報資産に高いコントロールが適用できる。
　・有効な投資が図れる。

［欠点］
　・上位レベルのリスク分析に誤りがあると，過度・過小なコントロールが適用されるため，重要な情報資産が危険にさらされることがある。

組み合わせアプローチ

1．対象範囲の情報資産を評価する	2．評価結果	3．評価に合ったリスク分析を適用
・情報資産が経営に与える影響 ・情報資産への依存度合い ・情報システムが取り扱う情報の価値 ・情報資産自体の資産価値	評価高	詳細リスク分析
	評価低	ベースラインアプローチ

以上がGMITSにより紹介されている基本的なリスクアセスメントの4つのアプローチである。この後，ISMS認証基準に基づいたリスクアセスメントの手順について見ていくのだが，ISMSではこの4つのリスクアセスメントアプローチのどの手法を推奨しているといったことはない。ISMSの認証を取得しようとしている組織として，認証基準の要求事項を満たす範囲で独自の手法を確立すればよい。しいて言えば，組織において重要な情報資産，例えば，財務管理をつかさどる情報システムなどは詳細リスク分析に近い手法で，また，特にデータが残らないような現場で利用しているWebパソコンはベースラインアプローチでといった対応が考えられる。すなわち，組み合わせアプローチに近い手法が効率的である。

　ちなみに，ISMSを構築する際作成していく「リスクアセスメント規程」等に"組み合わせアプローチ"を採用するなどという表記は必要ない。あくまでも，組織体として作り上げた手法として規程を作成していけばよい。

4つのリスクアセスメント手法

リスクアセスメントの選択肢			
ベースラインアプローチ	非公式アプローチ	詳細リスク分析	組み合わせアプローチ

「組み合わせアプローチ」	
上位レベルのリスク分析	
詳細リスク分析	ベースラインアプローチ
管理策の選択	
リスクの許容	

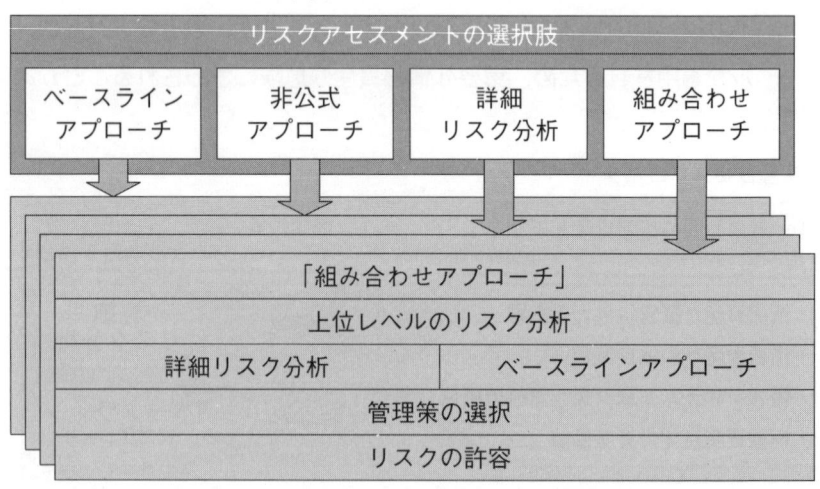

8. リスクアセスメントの実施

基本的にリスクアセスメントおよびリスク対応の手順については，認証取得企業で独自に，認証基準の要求事項を満たし，かつ自組織に合ったものを作成すべきである。ここでは，1つの例として，前出の詳細リスク分析を参考にした認証基準の要求に準拠したリスクアセスメントの手順を説明する。

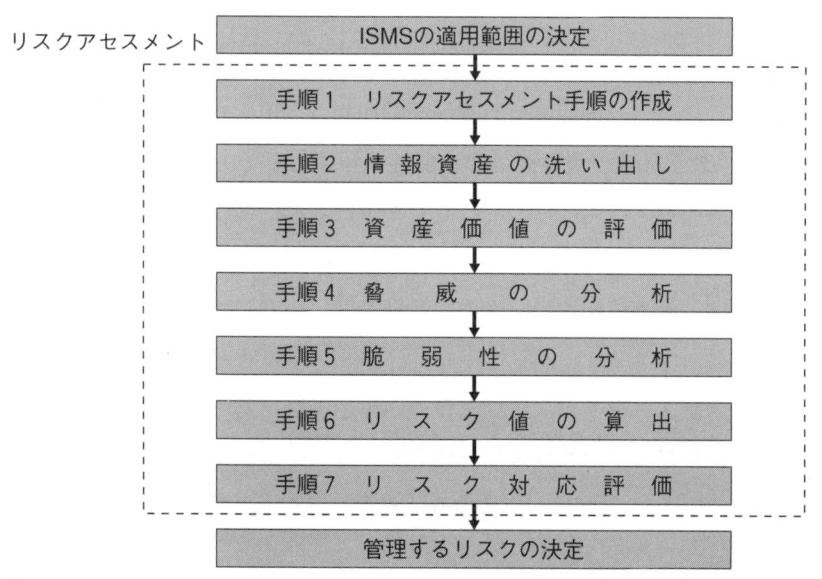

リスクアセスメントの手順としては，下図に示す通り，まず，リスクアセスメントの手順を作成し受容可能なリスクの水準を決定する。次に，適用範囲の情報資産を洗い出し，グルーピングし情報資産目録に登録する。そして，その情報資産の価値を評価し，脅威の分析・脆弱性の分析を行い，情報資産ごとのリスク値を算出し，それが受容水準を満たしているか否かを評価し，リスク対応が必要か否かを判定するといった手順である。

リスクアセスメントの手順

リスクアセスメント

- ISMSの適用範囲の決定
- 手順1　リスクアセスメント手順の作成
- 手順2　情報資産の洗い出し
- 手順3　資産価値の評価
- 手順4　脅威の分析
- 手順5　脆弱性の分析
- 手順6　リスク値の算出
- 手順7　リスク対応評価
- 管理するリスクの決定

（1）リスクアセスメント手順の作成

①リスクアセスメント／リスク対応手順を体系的に決める

　まず，最初にリスクアセスメント及びリスク対応の手順を決め，手順書として文書化する。注意を要するのは，リスクアセスメント／リスク対応については，"体系的な取組み方法"になっているかである。

　どのようにすると"体系的"なのかは，（2）以降に追って説明するが，ポイントとしては以下のような点である。

- 情報資産の洗い出しの網羅性
- 情報資産のグルーピングの論理性
- 情報資産価値と要求される保証の度合い
- 脅威の対象に対する適用性
- 脅威の種類の網羅性
- 複数管理策のバランス
- 事業継続計画へのつながり

②リスクと管理策の関係

　ここで，リスクと管理策との関係を整理する。前にも述べた通り，リスクとは，「ある脅威が情報資産の脆弱性を利用してその情報資産への損失または損害を与える可能性のこと」であった。ということは，情報資産の脆弱性が低ければ，脅威が現実のものとなる可能性は低いということである。これは，その情報資産に適切な管理策がしっかり施されているということである。

　リスクアセスメントおよびリスク対応の目的は，適用範囲の情報資産に本来個別に存在しているリスク（固有リスク）を評価し，管理策を決め適用することにより，「残留リスク」を「受容リスク」水準以下に低減することである。

リスクと管理策の関係

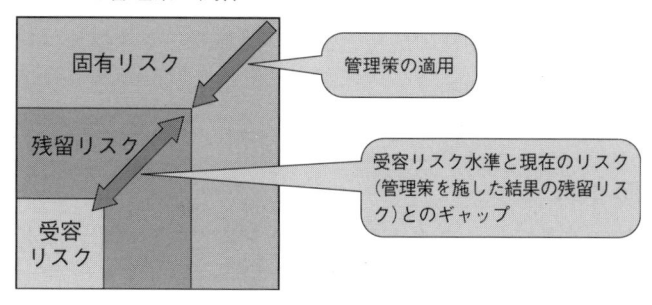

```
固有リスク  ← 管理策の適用
残留リスク
           ← 受容リスク水準と現在のリスク
             （管理策を施した結果の残留リス
             ク）とのギャップ
受容
リスク
```

　また，「残留リスク」を常に「受容リスク」水準以下に保つことが"リスクマネジメント"を行うことである。

　ところで，何故「固有リスク」を評価するのであろうか。情報資産は組織の事業上および業務上の目的から見て，固有に決まる情報資産の価値を持っており，また同時に固有のリスク値を保有していると考えられる。リスクアセスメント／リスク対応で対象にするリスクは「固有リスク」であり，情報資産をその情報資産価値に応じて適切に管理するための管理策を選択するためである。残留リスクの評価では，既に実施されている管理策が除去されてしまう。

　固有リスク：当該情報資産に本来存在するリスク
　残留リスク：当該情報資産に管理策を施した後に残るリスク
　受容リスク：当該情報資産に許容される残留リスクの程度，レベル

③受容可能なリスクの水準の特定

　経営者の責任の1つとして，リスクの受容可能な水準を決めることがある。リスクの受容水準は，組織の利害関係者（主要顧客）からの情報セキュリティ要求事項，期待を満足させるために運用する業務のサービス水準を基本に決定するとよい。通常の組織であれば，既に営んでいる業務運用の

水準を後に述べるリスク算出式によって算出したレベルが最低ラインである。このリスクの受容水準は，組織の成長とともに段階的にマネジメントレビュー時に見直されるものである。

（2）情報資産の洗い出し

　組織がISMSを確立するには，まず，適用範囲の対象となる情報資産を明確にする必要がある。情報資産1つひとつを明確にすることにより，ISMSの管理対象の詳細を把握し，適切な管理策を選択することが可能になる。また，情報資産を洗い出すことでその価値が明確化され，リスクアセスメントの実施が可能となる。

①情報資産の定義

　それでは，情報資産の定義について，まず確認しよう。

　JIS X 5080:2002によると

情報資産：
　情報と情報システム，ならびにそれらが正当に保護され使用され機能するために必要な要件の総称。組織のISMSの管理対象として価値を持つものである。

ⅰ）情報資産：データベース及びデータファイル，システムに関する文書，ユーザマニュアル，訓練資料，操作又は支援手順，継続計画，代替手段の手配，記録保管された情報。

ⅱ）ソフトウェア資産：アプリケーションソフトウェア，システムソフトウェア，開発用ツール及びユーティリティ。

ⅲ）物理的資産：コンピュータ装置（プロセッサ，モニタ，ラップトップ，モデム），通信装置（ルータ，PABX，ファクシミリ，留守番電話），磁気媒体（テープ及びディスク），その他の技術装置（電源，空調装置），什器，収容設備。

ⅳ）サービス：コンピューティング及び通信サービス，一般ユーティリティ，例えば，暖房，照明，電源，空調。

第 4 章　重要な ISMS 構築

JIPDEC 発行の「ISMS ガイド」によると

> 情報資産：
> ⅰ）物理的資産（コンピュータ・ハードウェア），通信機器，施設・設備（電源設備，建物等）
> ⅱ）情報・データ（文書，データベース等）
> ⅲ）ソフトウェア（アプリケーションソフトウェア，OS，開発ツール等）
> ⅳ）製品やサービス
> ⅴ）企業イメージ（企業の評判，信頼度等）
> ⅵ）人員（社員 [利用者，運用管理者等]，顧客等）

　まず，どちらも，紙情報・媒体やシステムに入っている情報，コンピュータシステムのソフトウェア，ハードウェア，周辺機器，施設環境等のユーティリティ，提供しているサービスは共通である。

　ISMS ガイドでは「企業イメージ」や「人員」が入っているが，JIS X 5080:2002 には入っていないことが分かる。どちらを採るかは，認証取得企業で決めることである。情報資産として扱うか否かはその後，リスクアセスメントの対象にするか否かに関係する。ここでは，「企業イメージ」は会話情報など情報の扱いに含めて考える。また，「人員」については，教育などの人的対策で扱われるので外して考えていくことにする。ただし，「人員」を情報資産として扱う場合は，（重要な）情報を保存している人，特権を持っておりサーバー室に入れたり，重要なシステムの管理者権限を持っている人として考えていくことはできる。

　以上により，情報資産は主に「情報」と「情報システム」となる。ところで，製造業における製品や装置はどうなるであろうか。基本的には情報を持つか持たないかで分かれてくる。製品としてただの物であれば情報資産ではないが，電子製品や印刷物，ソフトウェア製品であればそれは情報資産である。また，製造工程にあるただの機械であれば情報資産でないが，プログラムなどが組み込まれている装置，テストデータを内蔵する検査機

であれば情報資産である。

　以上をまとめると，リスクアセスメントの対象となる情報資産は以下の通りとなる。

・会話等情報
・文書情報
・媒体等情報
・情報システム
・ネットワークインフラ
・建物・ユーティリティ・環境
・情報製品
・情報装置
---

②情報資産の洗い出し単位

　適用範囲の情報資産として情報と情報システムに対し，その形態や従属しているものを考慮して洗い出す単位を決める。

(ア)「情報」の洗い出し単位

　①目的別情報の洗い出し単位

　　　…　個人情報，顧客情報，顧客預かり情報，経営情報，人事情報，財務情報，技術情報等

　②取扱い単位（媒体単位：形態区分別）

　　　…　会話，文書，電子ファイル，FD，システム内等

(イ)「情報システム」の洗い出し単位

　情報システムを業務目的単位，機能単位に洗い出す。

　この段階でシステムを構成する個別のハードウェアやソフトウェアまで分解しないことがポイントとなる。対策は構成要素単位に実施していく。

(ウ)ネットワークインフラ

　ネットワークインフラには情報システムが接続されている。どの情報シ

ステムがどのネットワーク区域にあるかが重要である。あるネットワーク区域にはいくつかの情報システムが従属資産として従属していると考える。
(エ) 建物・ユーティリティ・環境

　ある重要な情報システムは重要なセキュリティ区画として頑強な建物の部屋に設置されるかもしれない。建物や場所は対策でもあるが，どのようなリスクが存在するかを検証する観点からいうと，情報資産としてリスクアセスメントの対象にする必要がある。

　すなわち，情報や情報システムが存在している建物・部屋と暖房・空調・電源供給・水道などについても情報資産として洗い出す。
(オ) 情報製品，情報装置

　情報を含む製品（情報機器，印刷物，ソフトウェア製品，サービス製品）や情報を含む装置やソフトウェア開発ツールなども情報資産として洗い出す。

③プロセスアプローチによる情報資産の洗い出し

　適用範囲の情報資産のうち重要な情報資産を網羅的に洗い出す。そのためには，業務の機能単位ごとに洗い出しを行うことが望ましい。

　まず，適用範囲の業務を機能単位ごとに網羅的に洗い出し，次に，洗い出された各業務をプロセス単位に分解する。そして，業務単位／プロセス単位にオーナーを明確にする。このプロセスオーナーが通常，情報資産の責任者になる。そして，各プロセスにおける情報資産を列挙する。重要度が低い情報資産や情報資産として扱われない製品や装置は"他の情報資産"として列挙する。情報資産が入力情報，出力情報，記録，資源（人，装置，ツール，通信，環境，その他），基準（法律，規制，利害関係者，業務のポリシー，規格，手順など）などのいずれであるかを記す。

　ここで，注意すべきは，ネットワークインフラや建物・ユーティリティ・

プロセスと情報資産

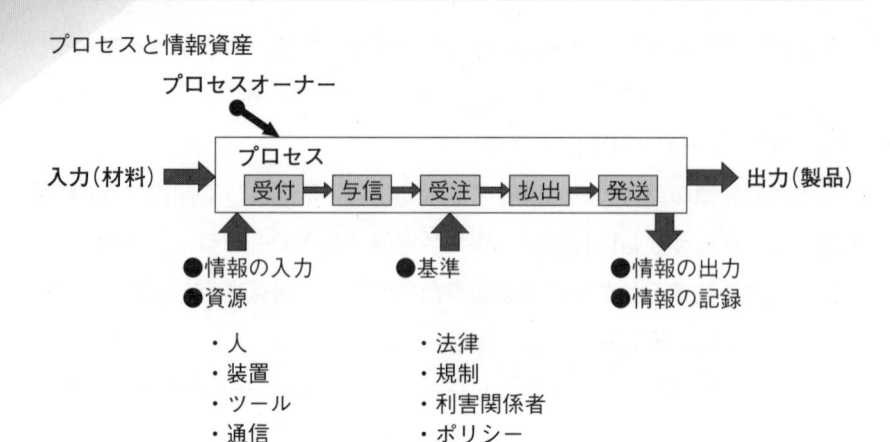

```
                  プロセスオーナー
                        ●
                        ↓
          ┌─────────────────────────────┐
入力(材料) →│           プロセス            │→ 出力(製品)
          │ ┌──┐ ┌──┐ ┌──┐ ┌──┐ ┌──┐ │
          │ │受付│→│与信│→│受注│→│払出│→│発送│ │
          │ └──┘ └──┘ └──┘ └──┘ └──┘ │
          └─────────────────────────────┘
              ↑         ↑           ↓
          ●情報の入力   ●基準    ●情報の出力
          ●資源                  ●情報の記録

            ・人         ・法律
            ・装置       ・規制
            ・ツール     ・利害関係者
            ・通信       ・ポリシー
            ・環境       ・規格
            ・その他     ・手順
```

環境，情報製品，情報装置の洗い出しを忘れないようにすることである。

情報資産の責任者の役割は，管轄するプロセスの範囲の情報資産の価値評価の責任を持つこと，同範囲の人のアクセス権限を決定することなどである。

④個別情報資産管理台帳の作成

プロセスアプローチによる情報資産の洗い出しが終わると，個別の情報資産管理台帳が作成できる。この後に作成する情報資産目録はグルーピングされた情報資産単位で登録されるものであり，リスクアセスメントはこの情報資産目録単位で行われる。最終的に管理策を選択し具体的な対策を実装する際には，個別情報資産台帳に登録されている情報資産に対し実装する。個別情報資産台帳はまた，個別の情報資産を識別（ラベリング）しセキュリティを確保するためにも必要である。

第4章 重要なISMS構築

プロセスアプローチによる情報資産洗い出し表

業務	プロセス	オーナー	入力情報	出力情報	記録	資源	基準	その他	情報資産	他資産	備考
販売	受付	○○部長	○						顧客情報		
			○						注文情報		
				○					カード情報		
				○					在庫照会情報		
						○			Web、DBサーバー		
						○			通信インフラ		
						○			アプリケーション		
							○		業務ポリシー		
							○		受注判断基準		
	在庫照会		○						在庫照会情報		
				○					在庫照会結果		
						○			Web、DBサーバー		
						○			通信インフラ		
						○			アプリケーション		
	与信照会		○						カード情報		
				○					与信紹介結果		
						○			アプリケーション		
						○			通信インフラ		
	受注		○						顧客情報		個人情報
			○						注文情報		
			○						在庫照会結果		
			○						与信紹介結果		
					○				受注入力		
				○	○				受注確認メール		
	発送		○						顧客情報		
			○						注文情報		
				○	○				発送伝票		
						○			人(発送係)		
						○			発送情報確認端末		
						○			プリンター		
							○		発送業務手順		
										ベルトコンベアー	
										台車	
					○				通信ログ		
購買		□□部長									

個別情報資産管理台帳の例

〈個別情報管理台帳〉の例

NO	大分類	中分類	情報資産名	作成日付	オーナー	形態	保管場所	保管期間	グループNO	備考

〈個別情報システム管理台帳〉の例

ID	システム名	機種名	メーカー名	型番	導入日	設置場所	管理者	オーナー	グループNO	備考

ただし，組織には，既存の情報資産の管理台帳に相当するものがあるはずである。その時はそれを生かし，追加や修正を行えばよい。後にグルーピングした情報資産目録のグルーピング情報資産と関連付けるためのグルーピング番号用の列を追加しておく必要がある。

⑤情報資産のグルーピング

情報資産を洗い出して，その資産価値評価を行った後，リスクアセスメントを実施していくが，この時，情報資産をグループ化して扱うことで，同種の情報資産に対する安定したリスクアセスメント結果を得ることができること，リスクアセスメント／リスク対応の作業効率化が図れ，また情報資産を新規に追加する際にも，既存のグルーピング情報資産の範疇であれば，再度リスクアセスメントの必要がなくなることもある。つまり時間短縮に役立つ。

それでは，どのような観点で情報資産をグルーピングしたらよいのであろうか。それは，同じ価値の情報資産であるかの観点である。

そもそも，情報資産の価値とはどういうものであるかは「（3）情報資産価値の評価」で説明するが，情報資産価値すなわち情報資産の重要度の理解のポイントは，事業上の目的，業務上の目的から見て，その情報資産の価値はどのくらいであるか，その情報資産を損なうことになったらどのくらいの事業上のインパクトがあるかで決まるということである。

その情報資産がどこにあるからとか，その情報資産にどのくらいの対策をしているかで情報資産の価値が変わるわけではない。確かに，極秘の部屋があれば，頑強な金庫があればそこには重要な情報資産があるように思えるかもしれない。しかし，そこにあるから重要な情報資産というわけではなく，重要な情報資産だからそういった場所に設置・保管する（対策する）のである。つまり，情報資産の価値，情報資産の重要度は，事業上の目的から見て，絶対的に決まるものなのである。

グルーピング用情報資産価値基準の例

■機密性の基準の例

資産価値	クラス	説　明
1	公開	第三者に開示・提供可能
2	社外秘	組織内では開示・提供可能（第三者には不可）
3	秘密	特定の関係者または部署のみに開示・提供可能
4	極秘	所定の関係者のみに開示・提供可能

■安全性の基準の例

資産価値	クラス	説　明
1	低	情報の内容を改ざんされた場合，ビジネスへの影響は少ない
2	中	情報の内容を改ざんされた場合，ビジネスへの影響は大きい
3	高	情報の内容を改ざんされた場合，ビジネスへの影響は深刻かつ重大

■可用性の基準の例

資産価値	クラス	説　明
1	低	1日の情報システム停止が許容される
2	中	業務時間内の利用は保証する 1時間の情報システム停止が許容される
3	高	1年365日，1日24時間のうち，99.9％以上利用できることを保証する 1分間未満の情報システム停止が許容される

情報資産のグルーピングは，例えば，前記のような資産価値基準を設け，同じ価値で同じ種類（文書情報，媒体情報，情報システムなどの単位）であれば，同一グルーピングにできる。

　この時，重要なことは，グルーピングするための情報資産価値評価をする単位である。基本的に○○文書などの情報は個々の単位で情報資産価値評価を行い，同じ価値であれば同一グループにできる可能性がある。

　これに対して，情報システム，ネットワークなどは，構成要素に分けず，その単位で情報資産価値評価を行う。販売管理システム，購買管理システム，原価管理システム，○○社内ネットワーク，グループ企業間ネットワーク，外部接続ネットワークなどの単位で情報資産価値評価を行うのである。

　ただし，情報資産の種類や属性が異なる場合はグルーピングせず，分けて取り扱う。

⑥情報資産目録の登録

　グルーピングされた，会話等情報・文書情報・媒体等情報・情報システム・ネットワーク区域・建物・ユーティリティ・環境・情報製品・情報装置などの情報資産を「情報資産目録」に登録する。以降に続く，リスクアセスメントは「情報資産目録」に登録されたグルーピング情報資産に対して行っていく。「情報資産目録」のポイントは，情報資産の責任者（オーナー）が明確になっていること及び個別情報資産台帳の個別情報資産とリンクされていることである。

　NO：個別管理台帳から該当個別情報資産NOを全て記入。
　資産区分：情報資産の入る区分（施設，システム，一般情報等）を記入。
　情報資産名：グルーピング情報資産の名称を記入する。

第4章　重要なISMS構築

情報資産目録の例

NO	資産区分	情報資産名	機密性	完全性	可用性	所有者	管理部門	利用者	用途	形態	保管場所	保管期間	廃棄方法

機密性，完全性，可用性：グルーピングした情報資産価値評価結果を転記する。

情報資産の所有者：情報資産の取り扱い方法を決められる部門名または役職者名を記入する。情報資産の価値評価を行う情報資産責任者。

情報資産の管理部門：情報資産を実際運用管理している部門または役職名を記入する。

情報資産の利用者：その情報資産の利用者及び利用している範囲。

用途：情報資産はどのような用途に使用されるのかを記入する。

資産の形態：情報資産の形態を記入する。

保管場所：情報資産の保管場所を記入する。

保管期間：法的義務や，その他規則により定められた保管期間を記入する。

廃棄方法：情報資産を廃棄する方法を記入する。

※実際の実地審査では，「情報資産の所有者」に対してリスクアセスメントの情報資産価値評価についてヒアリングがあり，「情報資産の管理部門」に対して，例えば，サーバーのセキュリティ管理の実体のヒア

リング,「情報資産の利用者」に対して,例えば,パソコンのウイルス対策の実体のヒアリングがある。

⑦情報資産のオーナー／ユーザー／サプライヤー

ここで,情報資産のオーナー（情報資産の責任者のこと）の役割と責任について考えてみよう。情報資産にはその「オーナー」「ユーザー」「サプライヤー」がいる。各々の意味は以下の通りである。

ⅰ) **オーナー**：情報の持ち主・管理者。「Needs to Know」（知る必要がある者だけに知らせる）の対象者の決定権をもっている。

ⅱ) **ユーザー**：オーナーの承認を得て初めて情報にアクセスできる者。

ⅲ) **サプライヤー**：ネットワークやシステムを介して情報を提供する者。情報システム部や外部委託企業などがこれに当たる。

例えば,個人情報についていえば,オーナーは個人である。会社（例えば,営業部門）は個人情報のユーザーである。個人情報がシステムにインプットされていれば,情報システム部がサプライヤーであるということになる。ここで重要なのは「オーナー」には権限があり,「ユーザー」「サプライヤー」には責任が伴うということである。

例えば,人事情報のアクセス権限を決定するのはオーナー部門すなわち人事部門であるが,システム上のアクセス権を設定するのは情報システム部である。

ISMSの対象とする組織の情報資産の運用に関しては,このオーナー／ユーザーの考え方で責任と権限を明確にしていくことが重要である。

（3）情報資産価値の評価
①情報資産価値の評価

　情報資産の洗い出しにより洗い出されたグルーピング後の重要な情報資産について，情報資産の価値評価を行う。これは影響度評価ともいう。直接的な情報資産の価値というより，それが損なわれた場合の事業上の影響度を評価（インパクト評価）する。

　先にも述べたが，情報資産価値すなわち情報資産の重要度の理解のポイントは，事業上の目的，業務上の目的からみて，その情報資産の価値はどのくらいであるか，その情報資産を損なうことになったらどのくらいの事業上の影響（インパクト）があるかで決まるということである。その情報資産がどこにあるからとか，その情報資産にどのくらいの対策をしているかで情報資産の価値が変わるわけではない。つまり，情報資産の価値，情報資産の重要度はビジネス目的からみて，絶対的に決まるものなのである。

　例えば，住民基本台帳のような個人情報が情報漏洩した場合，判例により1件当たり1万5千円の損害賠償額として計算すると，20万人の個人情報が流出すると30億円の"影響度"があるとみることができる。買取価格20万円のノートパソコンに重要な情報が入っていなければ，損失した場合，20万円の損失であるが，ここにコピーであれ20万人の個人情報が入っていたら，損失した場合は30億円の損失である。

　前者を直接的損失，後者を間接的損失というが，情報資産価値の影響度（重要度ともいう）評価とは間接的損失の評価である。

　さて，情報資産価値評価のポイントのもう1つは，認証基準に要求されているように，情報セキュリティの3要素「機密性」，「完全性」，「可用性」それぞれの観点の評価基準を設けて評価することである。実際には，この評価基準の設定（説明の内容）に苦労するであろう。評価の軸を誰にでも分かるように明確にすることがポイントである。評価の際は，主観をなる

べく排除するために，複数人による合議を行う等の工夫も検討するとよい。以下に評価基準の例を示す。

情報資産価値評価基準の例

■機密性の基準の例

資産価値	クラス	説　明
1	公開	第三者に開示・提供可能
2	社外秘	組織内では開示・提供可能（第三者には不可）
3	秘密	特定の関係者または部署のみに開示・提供可能
4	極秘	所定の関係者のみに開示・提供可能

■安全性の基準の例

資産価値	クラス	説　明
1	低	情報の内容を改ざんされた場合，ビジネスへの影響は少ない
2	中	情報の内容を改ざんされた場合，ビジネスへの影響は大きい
3	高	情報の内容を改ざんされた場合，ビジネスへの影響は深刻かつ重大

■可用性の基準の例

資産価値	クラス	説　明
1	低	1日の情報システム停止が許容される
2	中	業務時間内の利用は保証する 1時間の情報システム停止が許容される
3	高	1年365日，1日24時間のうち，99.9%以上利用できることを保証する 1分間未満の情報システム停止が許容される

②従属情報資産の価値評価

従属関係にある情報資産の価値評価については，次の通り評価する。

・従属資産の価値がそれらを処理する情報資産より，資産価値が低いかあるいは同等である場合，情報資産の価値を修正する必要はない。

　（例）あるサーバーには，すでに公表済みの広報情報しか入っておらず，データバックアップは行われている。

・従属資産の価値がそれらを処理する情報資産より，資産価値が高い場合，それらの価値を依存度や他の資産価値といった要因を踏まえて増加させる。

　（例）あるサーバーに，作業工数情報等の情報以外に重要な顧客情報が

入っている。

　従属情報資産の考え方は，ある情報システムのサーバーなどに入っているデータや情報ばかりに着目するばかりでなく，あるサーバー室などの建物・部屋の資産価値は，その部屋に従属している（設置されている）サーバーの中で，最重要なサーバーの資産価値に合わせることになる。また，あるネットワーク区域にいくつかの情報システムが従属し（接続され）ており，その中に最重要の情報システムが存在すれば，その情報システムの資産価値に合わせると考えることがポイントである。

③要求される保証の度合いの明確化

　グルーピングされた情報資産の資産価値が明確になった。これは，事業上の目的，業務上の目的からみて，その情報資産の価値はどのくらいであるかが明確になったわけである。そもそも，"受容可能なリスクの水準" とは，この情報資産すなわち，情報や情報システムなどが事業上の目的，業務上の目的を最低限遂行できるレベルに相当する。そこで，個々の会話等情報・文書情報・媒体等情報・情報システム・ネットワークインフラ・建物・ユーティリティ・環境・情報製品・情報装置について，"受容可能なリスクの水準" に相当する「要求される保証の度合い」を定性的な表現にまとめておき，"受容可能なリスクの水準" に向かって情報資産のリスクを低減していく際に，この「要求される保証の度合い」を満足するように管理策を選択しリスクを低減していくことにより妥当性の検証ができる。

　例えば，"故意，過失により情報漏洩が起きないことを確実にする"，"故障，過失により破壊・改ざんが起きないことを確実にする"，"24時間365日提供"，"障害復旧は2時間以内"，"迅速・適切な広報活動により，被害の拡大を防ぐ" などである。

(4) 脅威の分析

　脅威とは，システムまたは組織に危害を与える，好ましくない偶発事故を引き起こす事象のことであった。脅威の洗い出しは，各情報資産に固有のリスクを特定するために行う。

　脅威が現実のものとなるか否か，つまりリスクが発生するか否かは情報資産の脆弱性の程度（管理策のレベル）によって決まる。

　脅威の分析については，ある情報資産に対する脅威の種類を網羅的に検討したかがポイントになる。個々の脅威が現実のものとなるか否かは先に述べた脆弱性の程度によるということである。

　脅威の評価基準は，その発生頻度の程度により評価基準をレベル分けすることが一般的である。

　脅威の種類については，GMITSやPD3000シリーズ（BS7799-2認証のためのガイドライン）の脅威一覧表を利用する方がよい。

　脅威の分析においても，機密性・完全性・可用性（以降CIA）の観点を考慮する。

　サーバーなど設置型の情報システムは，場所の属性が一定であるので，設置されている建物・部屋についての脅威分析を1回行えば済むが，持ち

脅威の種類

発生原因		脅　　威
偶発的	災害	地震，洪水，停電，落雷，火事，…
	故障	ハードウェアの故障，空調の故障，… 電力の安定供給，静電気，…
自発的	過失	ユーザーのエラー，管理者のエラー，… プログラムのバグ
	故意	不正アクセス，ウイルス， 個人情報漏洩，情報盗聴，…

第 4 章 重要な ISMS 構築

脅威の評価基準の例

大きさ	クラス	脅威発生頻度
1	発生小	発生頻度25％以下
2	発生中	発生頻度25〜75％
3	発生大	発生頻度75％以上

情報資産のライフサイクル

```
1．収集，取得          11．バックアップ
2．持ち込み            12．回復
3．作成，分類，登録     13．持ち出し
4．保管                14．預託
5．参照                15．配布
6．照会                16．送付，伝送
7．記憶                17．点検
8．更新                18．審査
9．分類・登録の変更    19．廃棄
10．複製
```

運び可能な文書情報，媒体情報，ノートパソコンなどは，情報資産が物理的に移転していくので，脅威が刻々と変化すると考える。つまり，可動型の情報資産については，場所属性により脅威が変化する。これを発展させると，脅威を分析する際には，情報資産のライフサイクルの各々の場面での脅威についても検討する必要があると考えることができる。例えば，保管だけでなく，分類，バックアップ，預託，廃棄などの場合である。

（5）脆弱性の分析
①脆弱性とは

脆弱性とは，脅威を発現させる原因となる事象で，脅威によって影響を受け得る情報資産の弱さのことである。脆弱性は，固有リスクに管理策を施した結果の残留リスクに対応するものとみることもできる。実施する管

理策が弱ければ，脅威が顕在化する可能性が高くリスクは大きくなる（残留リスクが受容リスクより大きい）。逆に，たとえ大きな脅威が存在したとしても適切な管理策が実施されていれば，リスクは小さく深刻な問題には陥らない（残留リスクが受容リスクより小さい）。

②既存の管理策の把握

　脆弱性を把握するためには，グルーピングされた情報資産ごとに，既に施されている管理策を調べる必要がある。ここで問題になるのは，今までは，グルーピングされた文書情報，媒体文書，情報システムを評価してきたのだが，管理策は個々の構成要素に対して施されているはずなので，個別の文書や情報システムの構成要素に分解して現状の管理策を調査する作業が発生する。

　当然，建物や部屋に対する現状の管理策の調査も忘れずに行う。また，ここで既存の人的対策の状況を調査することになる。重要な情報資産に携わる，経営幹部や管理職，経理部門の要員，研究部門の要員，サーバー室を運用するオペレータ要員など，適切なグルーピングを行って既存の人的対策を調査する。

③脆弱性の分析

　脆弱性は，脆弱性一覧などを活用し，脅威の種類ごとに関連付けて把握する。また，脆弱性はCIAの観点で洗い出す。

④管理策の選択によって脆弱性が変化する

　リスクアセスメント／リスク対応によりリスクを受容水準以下に低減していく時のポイントは，例えば，現在の脆弱性"3"や"2"であった場合，"要求される保証の度合い"を目指し，リスクを低減すべく管理策を選

脆弱性の基準

度合い	クラス	説明
1	低	適切な管理策が講じられていて安全である
2	中	管理策の追加等により改善の余地がある
3	高	全く管理策が講じられておらず脆弱である

択していき，脆弱性を"1"にするといった手順を検討することである。脅威は脆弱性により変化するという考え方を採らず，脅威の頻度は一定であると考えることがポイントである。

⑤リスクの捉え方

　度々確認するが，リスクとは，ある脅威が情報資産の脆弱性を利用してその情報資産への損失または損害を与える可能性のことであり，脅威が現実のものとなる不確実性のレベルであった。

　ここに至るまでに，あるグルーピングされた情報資産に対し，その情報資産価値を評価し，次に脅威を分析しそして脆弱性を分析してきた。つまり，あるグルーピング情報資産に対し，どのような種類の脅威が存在し，それに対する脆弱性（レベル"2"以上の脆弱性）があるかを見てきたのである。ここで，"脅威"と（レベル"2"以上の）"脆弱性"の組み合わせが"リスク"となる。"脆弱性"が"1"のものの"脅威"は存在しないと考えて，どのような"脅威"がレベル"2"以上の"脆弱性"を利用して現実のものになる可能性があるかを定性的に明示し，これに対して管理策を施していくと考えることがポイントである。

⑥法的及び規制要求事項の脆弱性分析

　認証基準の要求事項に「識別された法的及び規制要求事項に適したリス

脅威と脆弱性の一覧表

項	脅　　威	脆　弱　性
1．環境および基礎構造	盗難という脅威	建物，ドアおよび窓の物理的保護の欠如
	故意の損傷という脅威	建物，部屋への物理的アクセス管理の不適当または不注意な使用
	電力不安定という脅威	不安定な電力配電網
	洪水という脅威	洪水の影響を受けやすい地域への配置
2．ハードウェア	記憶媒体の劣化という脅威	定期的な交換計画の欠如
	電力不安定という脅威	電圧の変化に対する影響の受けやすさ
	極端な温度という脅威	温度変化に対する影響の受けやすさ
	ホコリという脅威	湿気，ホコリ，汚れに対する影響の受けやすさ
	電磁放射という脅威	電磁放射に対する影響の受けやすさ
	保守エラーという脅威	記憶媒体の不十分な保守／不適当な設置
	オペレーターのエラーという脅威	有効な構成変更管理の欠如
3．ソフトウェア	ソフトウェア障害という脅威	開発者のための不明確または不完全な仕様書
	不正なユーザーによるソフトウェア使用という脅威	ソフトウェアのテストをしない，または不十分なソフトウェアのテスト
	操作スタッフのエラーという脅威	複雑なユーザーインターフェース
	ユーザーのなりすましという脅威	ユーザーの識別および認証メカニズムの欠如
	不正な方法でのソフトウェア使用という脅威	監査証跡の欠如
	不正なユーザーによるソフトウェア使用という脅威	ソフトウェアの公知の欠如
	ユーザーのなりすましという脅威	保護されていないパスワードファイル
	ユーザーのなりすましという脅威	不充分なパスワード管理（簡単に推測できるパスワード，平文でのパスワードの保管，不充分な頻度での変更）
	不正な方法でのソフトウェア使用という脅威	アクセス権の誤った割当て
	不当なソフトウェアという脅威	管理されていないソフトウェアのダウンロードおよび使用
	不正なユーザーによるソフトウェア使用という脅威	ワークステーションから離れる際に"ログアウト"しない
	ソフトウェアの故障という脅威	効果的な変更管理の欠如
	操作スタッフのエラーという脅威	文書化の欠如
	悪意のあるソフトウェアという脅威または火災という脅威	バックアップコピーの欠如
	不正なユーザーによるソフトウェア使用という脅威	適切に削除されていない記憶媒体の処理または再利用
4．通信	盗聴という脅威	保護されていない通信回線
	通信侵入という脅威	ケーブル接続の欠陥
	ユーザーのなりすましという脅威	送信元および受信者の識別と認証の欠如
	不正なユーザーによるネットワークアクセスという脅威	平文でのパスワードの転送
	否認という脅威	メッセージ送受信の証明の欠如
	不正なユーザーによるネットワークアクセスという脅威	ダイヤルアップ回線
	盗聴という脅威	保護されていない重要度の高いトラフィック
	トラフィックの過負荷という脅威	不適切なネットワーク管理（経路指定の回復）
	不正なユーザーによるソフトウェア使用という脅威	保護されない公衆回線への接続
5．文書	窃盗という脅威	保護されない保管
	窃盗という脅威	廃棄時の注意欠如
	窃盗という脅威	管理されないコピー作成
6．人事	要員不足という脅威	要員の不在
	窃盗という脅威	外部または清掃スタッフによる作業時の監督不在
	運用スタッフのエラーという脅威	不十分なセキュリティ訓練
	ユーザーエラーという脅威	セキュリティ意識の欠如
	運用スタッフのエラーという脅威	ソフトウェアおよびハードウェアの正しくない使用
	不正な方法によるソフトウェア使用という脅威	モニターのしくみの欠如
	不正な方法によるネットワーク設備使用という脅威	遠隔通信媒体およびメッセージ伝達の正しい使用のためのポリシーの欠如
	故意による損害という脅威	不適切な採用手続
7．一般に適用される脆弱性	通信サービスの故障という脅威	単一の障害点特性（Single point of failure）
	ハードウェア故障という脅威	不適切なサービス保守の対応

クアセスメントの方法を特定する」とある。そこで，適用範囲の情報資産に関連する法的（付録1参照）及び規制要求事項の一覧表を作成し，既存の管理策を確認し，それにより脆弱性があれば脆弱性の内容を評価し，追加の管理策を選択する。この時，多くは要員への教育・訓練や啓蒙といった人的対策が中心になるが，人員はあくまでも情報資産と考えず，情報や情報システムといった情報資産に対する法律や規制を考え，人的対策の程度から脆弱性を評価することになる。

法的及び規制要求事項の一覧表は以下の項目になる。

法的及び規制の名称，同要求事項，該当情報資産名，既存の管理策の内容，脆弱性の内容，追加の管理策

(6) リスク値の算出

情報資産価値の評価において，「機密性」，「完全性」，「可用性」の個別評価と「脅威」及び「脆弱性」のレベルを掛け合わせ，「機密性」，「完全性」，「可用性」別のリスク値を算出する。

リスク値早見表

資産価値		脅威 1			脅威 2			脅威 3		
		脆弱性 1	脆弱性 2	脆弱性 3	脆弱性 1	脆弱性 2	脆弱性 3	脆弱性 1	脆弱性 2	脆弱性 3
機密性	1	1	2	3	2	4	6	3	6	9
	2	2	4	6	4	8	12	6	12	18
	3	3	6	9	6	12	18	9	18	27
	4	4	8	12	8	16	24	12	24	36
完全性	1	1	2	3	2	4	6	3	6	9
	2	2	4	6	4	8	12	6	12	18
	3	3	6	9	6	12	18	9	18	27
可用性	1	1	2	3	2	4	6	3	6	9
	2	2	4	6	4	8	12	6	12	18
	3	3	6	9	6	12	18	9	18	27

※受容する水準がリスク値"9"未満の場合の例

リスク値＝「個別情報資産の価値」×「脅威の大きさ」×「脆弱性の度合い」

「機密性」、「完全性」、「可用性」別の「リスク値の早見表」を前頁に示す。

（7）リスク対応評価
①リスク対応評価

　算出されたリスク値と（1）で経営者により確立されたリスクの受容水準と比較評価し、当該リスクについて、受容できるかリスク対応が必要かを決める。

　この時、（3）で明確にされた「要求される保証の度合い」を満足しているかを確認する。例えば、リスクの受容水準が"9"未満であるということは、単に算出されたリスク値が"9"未満であればよいということではなく、情報資産ごとにリスク値"9"未満の意味合いが異なるはずである。これがまさに「要求される保証の度合い」で表現された内容であるので、これを満足したかを確認することが重要なのである。

②事業継続管理の対象の明確化

　自然災害やテロ、大規模停電、最重要情報資産を乗り物に忘れたなどの大きな過失や、DDoS攻撃によるシステム停止などの故意による大損失については、対策を採り発生確率を極力低減しているものの、リスクはゼロにはならずリスクを保有している状態である。

　これらは、事業継続管理の対象となり、発生確率は低いがリスクが発生した場合、どう対応したらよいかを事前に検討し、計画しておき、リスク発生時の損害を極力抑えることが望ましい。

　これが、事業継続管理である。リスクの低減とリスクの保有及び「事業継続管理」対象リスクの関係を次頁に示す。

第4章　重要なISMS構築

リスクの保有と事業継続管理の関係

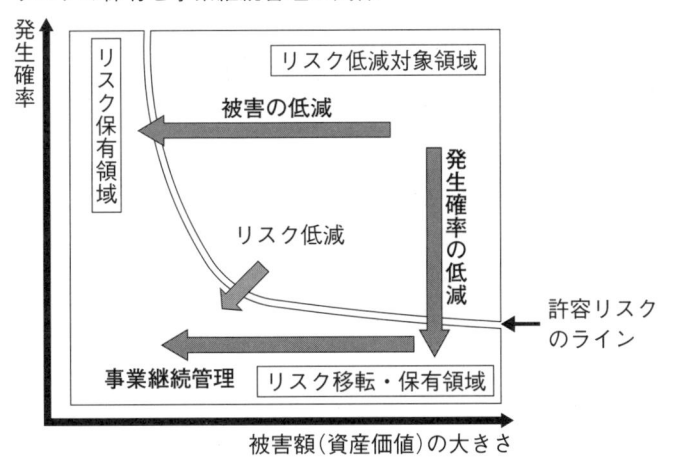

（縦軸：発生確率、横軸：被害額（資産価値）の大きさ）

- リスク保有領域
- リスク低減対象領域
- 被害の低減
- 発生確率の低減
- リスク低減
- 許容リスクのライン
- 事業継続管理
- リスク移転・保有領域

リスクアセスメントシートの例

カテゴリ	情報資産名称 詳細	形態	所属／責任者	保管場所	損害評価	資産価値	脅威	レベル	脆弱性	レベル	リスク値
情報資産						機密性					
						安全性					
						可用性					
						機密性					
						安全性					
						可用性					
						機密性					
						安全性					
						可用性					

カテゴリ	情報資産名称 情報システム名	構成ハード/ソフト	所属／責任者	保管場所	損害評価	資産価値	脅威	レベル	脆弱性	レベル
情報システム						機密性				
						安全性				
						可用性				
						機密性				
						安全性				
						可用性				
						機密性				
						安全性				
						可用性				
						機密性				
						安全性				
						可用性				

9. リスク対応の実施

リスクアセスメントにより，グルーピングされた情報資産及び構成要素の情報資産において受容リスク水準を越えている情報資産，脅威の種類とその発生頻度，既存の管理策と脆弱性の程度が明らかになった。もちろん，受容リスク水準を満足している情報資産も明らかになっている。

リスク対応では，以上の受容水準を越えている情報資産及び受容水準を満足している情報資産について，4つの選択肢（リスク低減，リスク保有，リスク回避，リスク移転）を明らかにして，特にリスク低減する場合の管理策の選択とその評価を行っていくことになる。リスク対応の流れを下図に示す。

（1）リスク取扱いの選択

管理策の選択の最初のステップは，リスクアセスメントの結果として得られた構成要素の情報資産ごとの「管理すべきセキュリティリスク」に対して，リスクの低減を図るか，リスクの回避をするか，リスクの移転をす

リスク対応の手順

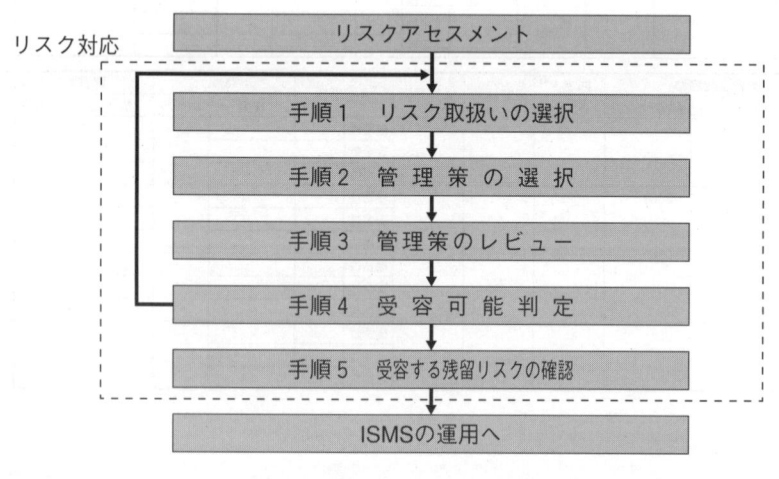

```
リスク対応 ── リスクアセスメント
              ↓
              手順1  リスク取扱いの選択
              ↓
              手順2  管理策の選択
              ↓
              手順3  管理策のレビュー
              ↓
              手順4  受容可能判定
              ↓
              手順5  受容する残留リスクの確認
              ↓
              ISMSの運用へ
```

るか，リスクを受容するかの検討を行い，リスク対応の選択肢を明確にすることである。

なお，認証基準「第4情報セキュリティマネジメントシステム2. ISMSの確立及び運営管理（1）ISMSの確立⑥リスク対応についての選択肢を明確にし，評価する。」とある。よって，リスク対応の選択肢を明確にし，特に"リスク回避"及び"リスク移転"の場合に"評価"が必要である。これは，情報資産ごとに明確になっている"要求される保証の度合い"を満足するか，また受容リスク水準の満足するかを評価することを要求されている。

＜リスク対応の選択肢の明確化＞
・リスクを低減させるために，附属書の「詳細管理策」を適用する。
・脅威の種類を減らす管理策を検討する（検出，抑止）。
・脆弱性を減らす管理策を検討する（予防，制限，意識高揚）。
・セキュリティ事故の対策及び回復策の管理策を検討する（監視，回復，是正）。

これらの方法または組み合わせのどれを採用し，どれを採用しないかは組織で決めることである。

①リスク低減

リスク低減とは，附属書の「詳細管理策」を適用することにより，リスクを減少させることである。リスク値が受容水準以上のリスクは，可能な限りリスクを低減するよう管理策の適用を検討する。

a）リストアップされた各種情報資産について認証基準に関する管理目的を決める。

b）情報資産に関係するリスク懸念事項（脅威と脆弱性）を使って対応する管理策を決める。

②リスク回避

リスク回避とは，脅威発生の要因を停止あるいは全く別の方法に変更することにより，リスクが発生する可能性を取り去ることである。リスク管理上は，認証基準の管理策を適用できない場合や，適用してもリスク値が受容水準以上の場合，リスク移転ができない場合等はリスク回避を検討する価値がある。

③リスク移転

リスク管理上は，認証基準の管理策を適用できない場合や，適用してもリスク値が受容水準以上の場合リスク移転を検討する。例えば，地震等の不可避な脅威について，事業に与える影響は大きいが，比較的発生する可能性が低いので保険の利用を検討する等ということが相当する。

④リスク保有

リスクが情報資産の要求される保証の度合い及びリスクの受容のための評価基準を満たす場合，当該リスクを受容しリスクを保有する。そのリスクについてセキュリティ対策は不要とする。

（2）管理策の選択

リスク対応の結果，"リスクを低減"させることが決まった場合，附属書の「詳細管理策」から適切な管理策を選択していくことになる。

管理策の選択にあたっては，"リスクアセスメント"の実施によって，対象の情報資産に対し，どのような種類の脅威とそれに対応する脆弱性の組み合わせ，すなわちどのような"リスク"があるかが明確になっているはずである。つまり，対象の情報資産の内容，設置環境等に依存して脅威の種類を抽出しているわけである。この"脅威"を抑え込むために現状の脆弱性の程度すなわち管理策の状況に対して追加・変更の管理策を強化・選択していくのである。

管理策の選択については，「物理的対策」「技術的対策」「管理的対策」の観点から選択していくことがポイントである。

（3）管理策のレビュー
①管理策のレビュー

選択候補となった管理策が実装可能かどうかをレビューする。検討の観点は以下の通りである。

a) 管理策の実装では，ユーザーの遵守が得られるような無理のない管理策かを確認する。

- 管理策は使いやすいか
- ユーザーに分かりやすいか
- ユーザーへのサポートは大丈夫か
- 管理策の強度は，期待通りの効果を出せるか
- 管理策の機能特性バランスは適切か
  （予防，抑止，検出，制限，回復，是正，監視，意識高揚）
- 管理策の適用により業務に支障をきたすことはないか

b) 管理策が採用されたが，今すぐ対応できない場合はその理由を明確にする。

- 予算上の理由：実行するセキュリティ対策の規模によっては，財政的な困難が発生する。
- 環境的な理由：借用の建物など法律・契約上の制約などで，実施できる管理策が制約される。
- 技術的な理由：ハードとソフトが両立できなくて，技術的な見通しが立たないことがある。
- 組織文化の理由：情報公開を原則とする経営方針がある場合，情報制限の管理策が採用できない。組織慣習を無視すると，ユーザーの協力が得られず非効率な対策になる。

- 時間的な制約：全ての要求事項が全て実行可能とは限らない。場合によっては，予算の規制が緩むのを待つ場合もあるし，ケーブル配線が建物などの制約がある場合には，事務所移転など広範囲な対策が可能になるまで対策の実施が凍結される場合もある。
- 適用の基準を満たさない：例えば，組織の規模が大きくない場合，組織横断的な調整機能は必要ない場合や，重要な機密保持のために暗号化の必要がない場合がある。
- その他の理由：上記以外の理由で管理策の実施が困難な場合がありうる。

管理策を今すぐ対応できないものについては，それをいつ実施するかを「リスク対応計画書」に明らかにする必要がある。「リスク対応計画書」については12で説明する。

②管理策の強度の評価

附属書「詳細管理策」8，9，10などにおいては，管理策の具体性が不足しており，実装レベルの管理策を検討しなければならない場合がある。

詳細管理策に対する具体的な対策の検討

情報資産	基準項番	管理策項目	管理策内容	具体的な対策	処置	評価	現状の脆弱性	対策後脆弱性
ルーター1	A9(5)③	利用者の識別及び認証	すべての利用者は，その活動が誰の責任によるものかを後で追跡できるように，各個人の利用ごとに一意な識別子(利用者ID)を保有すること。利用者が主張するIDを確認するための適切な認証技術を選択すること。	利用者IDの設定	済み	—	3	2
				共通鍵認証	不採用	公開鍵認証で十分と判断		
				公開鍵認証(秘密鍵HDD保存)	追加	HDD暗号化併用が望ましい		
				公開鍵認証(トークン)	不採用	ICカード採用を進めているため		
				公開鍵認証(ICカード耐タンパー)	保留	必要投資：○○円　効果：大		
				公開鍵認証(PKI併用)	済み	—		
				バイオメトリクス	保留	必要投資：○○円　効果：大		

※処置済みの対策・未処置の対策
　済み　：処置済みの対策　　　　　保留　：改善事項として保留する対策
　追加　：追加が必須の対策　　　　不採用：現段階では不要だが，将来的に選択する可能性がある対策

また，このレベルまで検討しないと，対策基準に対する実施手順が作成できないことになる。そこで附属書「詳細管理策」に対して，JIS X 5080:2002などを参照して，さらに"具体的な対策"を検討評価する必要がある。

(4) 受容可能判定

認証基準第4 2.（1）⑦では，管理策選択の"妥当性を示す"ことが求められている。

すなわち，対象の情報資産に管理策を採用したことにより，狙った通り，リスク値が低減し受容リスク値を満足したかを確認する必要がある。

そのための方法はいくつかある。1つは，管理策を採用した前提で，全てのリスクアセスメントを再度行えばよい。

ただし，これは工数のかかる方法なので，この管理策を採用したことで情報資産の価値評価の際に定めた「要求される保証の度合い」を満足しているかを確認する方法を採るとよい。

この「要求される保証の度合い」を満足していなければ，再度「（1）リスク取扱いの選択」からの作業を行い，「要求される保証の度合い」を満足し，受容リスク水準を満足するまで繰り返す。

リスク取扱いを決定したあと，実施できる対策の全体を評価して，残留リスクが受容できる範囲に収まっているか，まだ改善の可能性または改善の必要がないかを判断する。必要ならば，追加の対策を検討することが必要である。このサイクルが全て終わったあと管理策の選択の最終確認として，残留リスクに対する経営者の承認を実施する。

全てのリスクが受容リスク水準を満足できればよいが，なかにはある程度リスクの低減はできたものの最後に受容水準を満足するためには，莫大

リスク低減と残留リスク

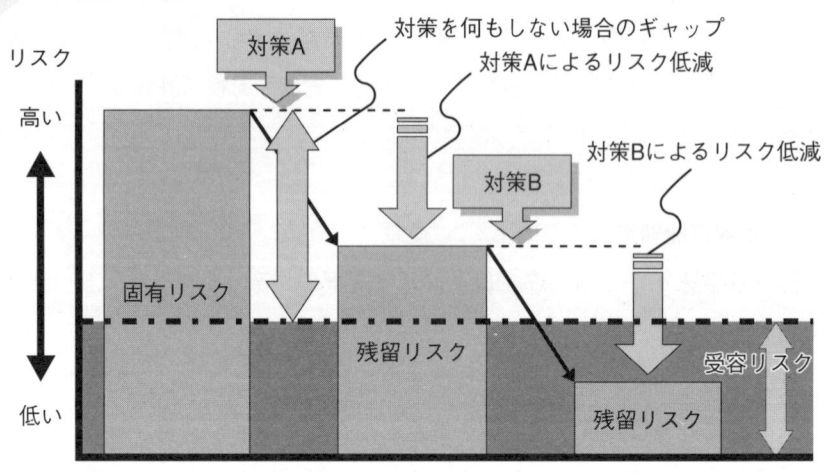

図：リスク低減と残留リスクの概念図（縦軸：リスク（高い／低い）。固有リスクに対して対策Aによるリスク低減を行い残留リスクとなり、さらに対策Bによるリスク低減を行い残留リスクが受容リスク水準に近づく様子を示す。「対策を何もしない場合のギャップ」も示されている）

な費用がかかるといった場合がある。そこで，以下のように場合により，受容リスク水準を満足しない場合であっても，経営者により"受容"との判断を下す場合がある。

①残留リスクを識別する
　・選択した管理策によっても解消されないリスクを明確にする。
②残留リスクを「受容可能」と「受容不可」に分類する
　・受容可能：リスクが低いもの，推奨管理策のコストが高すぎるもの
　・受容不可：リスクが高いもの，事業への影響が大きいもの
③受容不可のリスクについて追加の管理策を検討する
　・受容可能なレベルにするための追加の管理策の費用を承認するか，あるいはリスクを最終的に許容するかの決定を，経営レベルで判断を下すことが必要である。

（5）受容する残留リスクの確認

　リスク対応の結果，受容リスク水準を満足しているが，リスクがゼロと

なることはなく，何らかのリスクが残っていることになる。その残留のリスクを明確にしておき，経営者の承認を得る。

この残留リスクはリスクマネジメントの実施，すなわち「ISMSの導入及び運用」「ISMSの監視及び見直し」段階で"監視"の対象となる。また，"予防処置"の対象としても考慮されるべきリスクである。

（6）リスクアセスメント結果報告書の作成

認証基準「第4 情報セキュリティマネジメントシステム 3．文書化に関する要求事項(1)一般③リスクアセスメントの結果報告」に"リスクアセスメント結果報告書"の文書化の要求がある。リスクアセスメントの最初に作成されたリスクアセスメント及びリスク対応の手順書に基づき，リスクアセスメントとリスク対応を実施した結果，すなわち「8．リスクアセスメントの実施」「9．リスク対応の実施」の結果をリスクアセスメント結果報告書としてまとめる。

内容としては，以下のものをまとめる。

- ・情報資産洗い出し表＊1
- ・個別情報資産管理台帳＊1
- ・情報資産目録
- ・リスクアセスメントシート
- ・リスク対応シート
- ・残留リスク一覧
- ・リスク対応計画＊2

＊1「リスクアセスメント結果報告書」とは，別資料として管理する方がよい。
＊2 今後のリスク対応の計画書なので「リスクアセスメント結果報告書」とは別に扱う。

リスク対応シートの例

カテゴリ	情報資産名称		形態	リスク値	リスク対応	物理的対策	基準項番	技術的対策	基準項番	管理的対策	基準項番	低減リスク値
	詳細											
情報資産												

カテゴリ	情報資産名称			リスク値	リスク対応	物理的対策	基準項番	物理的対策	基準項番	技術的対策	基準項番
	情報システム名	構成ハード/ソフト									
情報システム											

10. 適用宣言書の作成と経営者の承認

①適用宣言書の作成

　適用宣言書は，組織の ISMS に適用する管理目的及び管理策を述べた文書である。適用宣言書には管理目的，管理策及びそれらの選択の理由を記載することが求められている。さらに，「詳細管理策」の中から適用除外とした管理目的，管理策についても除外理由を記載しなければならない。「詳細管理策」にない対策が必要であれば追加する。ある意味で，ISMS 要求事項と組織としての取組みのチェックリスト的な役割がある。品質・環境など他マネジメントシステムには存在しないものである。

　適用宣言書は情報資産ごとの既存の管理策とリスクアセスメントとリスク対応の結果，採用し承認された管理策の一覧である。適用宣言書は審査機関が最初に提出を求める文書である。適用宣言書により，どのような情報セキュリティ対策をとっているかが分かる。不採用の管理策については，

第4章 重要な ISMS 構築

適用宣言書の例

項目			ISMS認証基準(Ver.2.0)詳細管理策	採否	参考文書または理由
3．情報セキュリティ基本方針	3(1)情報セキュリティ基本方針	① 情報セキュリティ基本方針文書	基本方針文書は、経営陣によって承認され、適当な手段で、全従業員に公表し、通知すること。	採	経営陣の支持を得ておりセキュリティ委員会で情報セキュリティポリシーを策定。関係者全員に配布済み
		② 見直し及び評価	基本方針は、依然として適切であることを確実にするために、定期的に、また影響を及ぼす変化があった場合に、見直すこと。	採	セキュリティ委員会にて組み合わせアプローチによりリスクアセスメントを実施した。定期的な内部監査を実施し適切な見直しを行っている。
4．組織のセキュリティ	4(1)情報セキュリティ基盤	① 情報セキュリティ運営委員会	セキュリティを主導するための明りょうな方向付け及び経営陣による目に見える形での指示を確実にするために、運営委員会を設置すること。運営委員会は、適切な責任分担及び十分な資源配分によって、セキュリティを促進すること。	採	社長命によりセキュリティ委員会が設立されている。
		② 情報セキュリティの調整	大きな組織では、情報セキュリティの管理策の実施を調整するために、組織の関連部門からの管理者の代表を集めた委員会を利用すること。	採	セキュリティ委員会は組織内を横断的に調整させることができるように、経営陣からの承認を受けている。
		③ 情報セキュリティ責任の割当	個々の資産の保護に対する責任及び特定のセキュリティ手順の実施に対する責任を、明確に定めること。	採	業務規定書に規定されている。
		④ 情報処理設備の認可手続	新しい情報処理設備に対する経営陣による認可手続を確立すること。	採	システム管理手順書により定義されている。
		⑤ 専門家による情報セキュリティの助言	専門家による情報セキュリティの助言を内部又は外部の助言者から求め、組織全体を調整すること。	採	セキュリティ管理者が、セキュリティ情報を定期的に収集しており、法務部経由でIT法規関連情報を得て、セキュリティ委員会議で公表している。
		⑥ 組織間の協力	行政機関、規制機関、情報サービス提供者及び通信事業者との適切な関係を維持すること。	採	関係外部組織への連絡体制を確立している。
		⑦ 情報セキュリティの他者によるレビュー	情報セキュリティ基本方針の実施を、他者がレビューすること。	採	定期的なセキュリティ内部監査を実施している。
	4(2)第三者によるアクセスのセキュリティ	① 第三者のアクセスから生じるリスクの識別	組織の情報処理施設への第三者のアクセスに関連づけてリスクアセスメントを実施し、適切なセキュリティ管理策を実施すること。	採	アクセスコントロール規程に準拠している。
		② 第三者との契約書に記載するセキュリティ要求事項	組織の情報処理施設への第三者アクセスにかかわる取決めは、必要なセキュリティ要求事項すべてを含んだ正式な契約に基づくこと。	採	アクセスコントロール規程に準拠している。契約手順書に準拠している。
	4(3)外部委託	① 外部委託契約におけるセキュリティ要求事項	情報システム、ネットワーク及び／又はデスクトップ環境についての、マネジメント及び統制の全部又は一部を外部委託する組織のセキュリティ要求...	採	契約手順書に準拠している。
5．情報資産	5(1)情報資産に対する	①			

審査機関に重点的に確認されることになる。

②経営者の承認

　残留リスクについて経営者が承認する。残留リスクを放置しないことも重要な対策である。一度設定した受容リスク水準でも，時間の経過で事情が変わってくることがある。「リスク受容シート」を作って管理し定期的にレビューすることが有効である。

　例えば，「受容不可と判定したリスクが，何かの理由で（戦略的な理由で），受容可能に変わった」とか「コストの理由で採用を見送ったが，対策費の価格低下で採用可能となった」などである。

11. 対策基準の作成と実施手順の作成

　リスクアセスメントの脆弱性分析の際に，情報資産ごとの既存の管理策の調査を行った，また，リスク対応のリスク低減の際に情報資産ごとに追加の管理策を選択していった。この時，「詳細管理策」8，9，10においては特に具体的な対策を評価し採用した。この既存の管理策，追加の管理策，具体的対策の全てを「詳細管理策」に対応するISMS文書として体系的に文書化する必要がある。

　認証基準「第4　情報セキュリティマネジメントシステム　3. 文書化に関する要求事項(1)一般⑤情報セキュリティに関するプロセスの効果的な計画，運用及び管理を確実に実施するために，組織が必要と判断した，文書化された手順」で要求されている，この文書化要求が採用された「詳細管理策」のISMS文書である。

　ISMS文書は読み手すなわちその文書の主な利用者がいる。例えば，人事部門向けには「セキュリティ人事管理規程」，購買部門には「契約管理規程」，教育部門向けには「セキュリティ教育・訓練規程」，サーバー管理者

向けには「サーバー構築・運用管理規程」，ネットワーク管理者向けには「ネットワーク構築・運用管理規程」などである。

そこで，情報資産ごとに明確になった既存の管理策，追加の管理策，具体的対策を目的別の各種 ISMS 文書にまとめる作業がある。この時，「サーバー構築・運用管理規程」は読者であるサーバー管理者にとって，作業のしやすいように，分かりやすく作成することが望ましい。

「詳細管理策」の ISMS 文書は，リスクアセスメント／リスク対応が完了しないと作成できない文書である。

リスクアセスメント／リスク対応の結果作成された，情報資産ごとの対応管理策一覧表に，対応 ISMS 文書名（文書内の項番も）を追記するとよい。

（1） ISMS 文書の体系

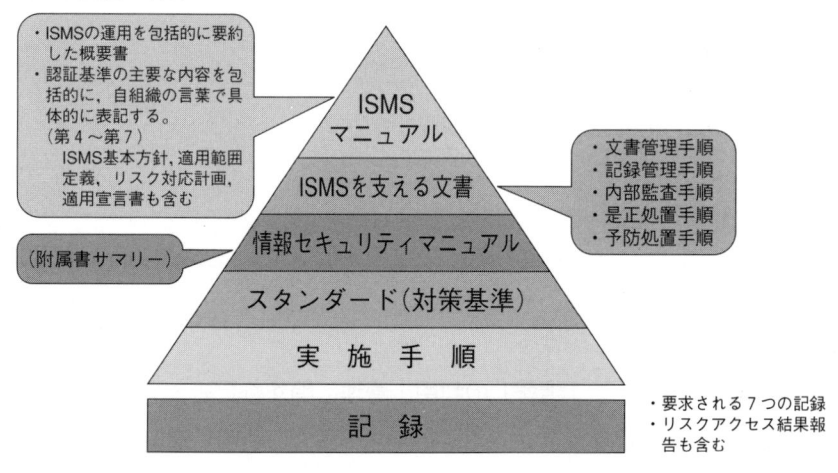

ISMS 文書の体系としては，情報セキュリティマネジメントシステムの運用管理について記述する「ISMS マニュアル」から始まり，文書管理手

ISMS 文書の体系

- ISMSの運用を包括的に要約した概要書
- 認証基準の主要な内容を包括的に，自組織の言葉で具体的に表記する。
  （第4～第7）
  ISMS基本方針，適用範囲定義，リスク対応計画，適用宣言書も含む

ISMS マニュアル

ISMSを支える文書

- 文書管理手順
- 記録管理手順
- 内部監査手順
- 是正処置手順
- 予防処置手順

（附属書サマリー）

情報セキュリティマニュアル

スタンダード(対策基準)

実 施 手 順

記　録

- 要求される7つの記録
- リスクアクセス結果報告も含む

順・記録管理手順・ISMS内部監査手順・是正処置手順・予防処置手順といった「ISMSを支える5つの手順」，127個の詳細管理策中採用する詳細管理策についてのサマリーを記述した「情報セキュリティマニュアル」，そして各「詳細管理策」の対策内容を記述した「対策基準」と各部門等で記述する実際の作業手順ベースの「実施手順」と各種「記録」がある。認証基準が要求している7つの記録とは，①ISMSの有効性とパフォーマンスに影響する活動，事象の記録②経営陣のコミットメントの証拠③教育・訓練，技能，経験，資格についての記録④マネジメントレビューの記録⑤ISMS内部監査の記録⑥是正処置の記録⑦予防処置の記録　である。

（2）対策基準の作成

　対策基準は基本方針の下位に属する規定であり，基本方針の実装である。実際の手順や製品などは実施手順に書く。

　対策基準の作成方法はいくつかの方法が考えられる。

①「詳細管理策」の単位に対策基準を設ける方法

- ・セキュリティ組織規程
- ・情報資産の分類及び管理規程
- ・人的セキュリティ規程
- ・物理的及び環境的セキュリティ規程
  　　　　︙

②情報資産の分類別に設ける
- ・情報管理規定　…　「情報」の利用・管理に関する記述
- ・情報システム管理規定　…　「情報システム」の利用・管理に関する記

ISMS 文書の例

ID	文書名	内容
1	ISMSマニュアル	情報セキュリティマネジメントシステムの運用管理について規定
2	文書・記録管理規程	文書・記録の管理方法について記述
3	内部監査規程	監査員の責任、権限、監査の実施手順を記述
4	是正・予防処置規程	不適合に対する是正処置、未然防止のための予防処置手順を記述
5	情報セキュリティマニュアル	情報セキュリティ管理策への取組み概要について規定
6	情報セキュリティ組織規程	情報セキュリティの委員会、情報セキュリティ連絡会議の体系、役割、責任、権限、連絡体制などを記述
7	情報資産目録登録規程	情報資産の分類と評価基準、資産目録の維持について記述
8	リスクアセスメント規程	リスクアセスメント及びリスク対応の基本的な考え方と手順について記述
9	セキュリティ人事管理規程	雇用、職務定義、機密保持などに関する規定
10	契約管理規程	外部委託に関するセキュリティ要件について記述
11	セキュリティ事件・事故管理規程	情報に関連する事故時の対応、連絡体制について記述
12	教育・訓練規程	情報セキュリティに関する教育・訓練の手順を記述
13	建物・施設管理規程	セキュリティ境界、入退館、フロア、セキュリティ区間での作業、受け渡し場所の管理運用についての記述
14	情報設備管理規程	情報関連設備の計画、導入、維持(保守)、廃棄のルールを記述
15	オフィス機器等情報資産管理規程	紙情報、オフィス機器情報等の取扱いを規定
16	クライアントPC管理規程	モバイルコンピュータの設定・運用管理の規定
17	サーバー構築・運用管理規程	サーバー機器の導入から廃棄までのルールについて規定
18	ネットワーク構築・運用管理規程	ネットワーク及びネットワーク機器の導入、維持(保守)、監視等、ネットワークサービスの提供、利用ルールについて記述
19	システム開発管理規程	社内、受託運用、開発、保守の情報システムのセキュリティ上の管理ルールについて記述
20	事業継続管理規程	事業に対する危機を回避し、被害を抑えるための危機管理実施について記述 復旧への対象、計画、教育訓練、維持について記述
21	個人情報保護管理規程	個人情報保護に関する運用についての手順を記述
22	電子商取引規程	電子商取引に関する個別規定
23	情報セキュリティ利用者ガイドライン	規定及び手順書類で規定された事項を、利用者が理解しやすいように具体的な内容を示し、ISMSの運用の手助けとなるような内容を記述

述

③情報資産を管理する側と利用する側に分けて設ける
　・情報資産管理基準　…　情報資産の管理者向け基準
　・情報資産利用基準　…　情報資産の利用者向け基準

（3）実施手順の作成

　実施手順は，対策基準の下位に属する文書である。対策基準の実装であり，管理，運用，利用などの具体的な手順を記述する。また，具体的なアプリケーションソフトの名称や設定などもこのレベルで記述する。既に実施手順がある場合，それを持って代用することができる。

　部門ごとに具体的な手順が異なる場合などに部門単位に実施手順を作成する。実施手順は必ずしも，体裁を整えた書類形式のものでなくても構わない。よく使う手順で，かつシンプルな手順の場合など，例えば，利用する情報システム自身そばの見やすい位置に貼っておく形式でも構わない。

12. ISMS計画書とリスク対応計画書の作成

（1）ISMS計画書

　ISMS計画書は，情報セキュリティ委員会が中心になって推進するISMS活動の年間計画及び年度末に記入する活動評価報告を兼ね備えたものである。利害関係者の特定，情報セキュリティ要求事項や期待，情報セキュリティ目標や経営資源の提供などについてはここで規定していく。

（2）リスク対応計画書

　リスク対応計画書は，今すぐ対応できない管理策について，それをいつ誰が責任を持って，実施するかを計画するものである。リスク対応計画は，

ISMS 計画書

```
　　　　　２０ＸＸ年度　　○○株式会社　ISMS活動計画／報告書
１．当計画書の目的と概要　　　　　　６．経営資源の提供
　(1) 活動の目的　　　　　　　　　　　(1) 要員
　(2) 適用範囲　　　　　　　　　　　　(2) 設備
２．適用期間　　　　　　　　　　　　　(3) 作業環境
３．情報セキュリティに対する考え　　　(4) コスト
　(1)要件　　　　　　　　　　　　　７．監査及び見直し
　　・利害関係者　　　　　　　　　　　(1) 内部監査
　　・情報セキュリティ要求事項　　　　(2) マネジメントレビュー
　　・利害関係者の期待　　　　　　８．ISMS改善
　　・事業上の要求事項　　　　　　　　(1) 是正処置
　　・法的又は規制要求事項　　　　　　(2) 予防処置
　　・契約上のセキュリティ義務　　　９．本年度活動の反省と課題
　(2)基本方針　　　　　　　　　　　　(1) 活動実績
４．情報セキュリティ目標　　　　　　　(2) 活動評価
５．推進体制　　　　　　　　　　　　　(3) 次年度への課題
```

リスク対応計画書の例

管理NO	情報資産	要求される保証の度合い	基準項番	追加管理策内容	責任者	費用措置	対策前リスク値	対策後リスク値	作業内容	実施時期	備考

　受容できないレベルのリスクを低減する措置と，情報の保護のために要求される管理策を実施する措置の２つを，ともに定義する文書である。

　許される費用の範囲内で，受容できるレベルにまでリスクを常に低減できるとは限らない。リスクの受容可能レベルを決めるときは，管理策の効力及びそのための費用が，事件・事故によって発生する可能性のある費用に比べ大きいなどの場合がある。そのときは，さらに管理策を追加するか，またはリスクを受容するかを決断することが望ましい。

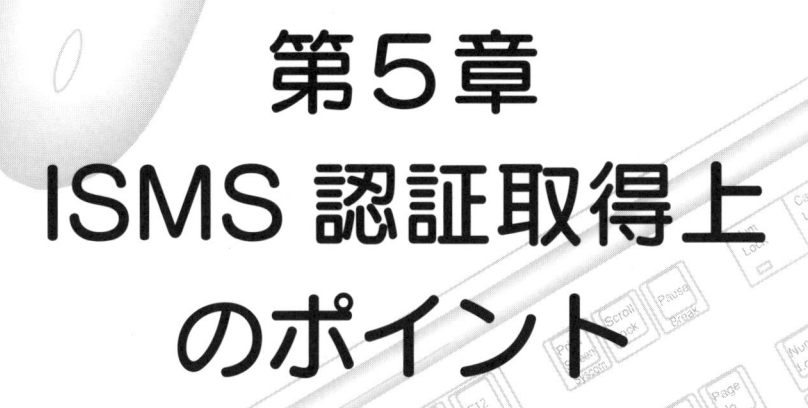

第5章
ISMS 認証取得上のポイント

第5章　ISMS認証取得上のポイント

　本章では，ISMS認証取得に向けて，実際にISMSを構築している時，及び審査時に苦慮する点の対策のポイントのいくつかについてまとめた。

　本項目はじっくり吟味し，認証取得組織自身の方法を検討し推進していくことが望まれる。

1. ISMS認証取得推進体制をどうするか

　ISMS認証取得を決断した組織において，まず最初に悩むことは，認証取得の推進体制であろう。現状では，情報システム部門長がISMSの存在を知り，経営者の承認をとり，自ら推進事務局となり動き出すか，経営者の方がISMSの存在を知り，認証取得を決め情報システム部門長や品質管理部門長に取得推進を命じるかの形が多いと思われる。

　いずれにしても，部門長を中心とした推進体制をどのようにするかが問題となる。ISMS認証基準（Ver.2.0）は，2003年4月に発効されたばかりであるし，Ver.1.0が発効されてからもまだ数年である。本家のBS7799-2:2002にしても，グローバルなパブリックコメントを受けて2002年秋に改定されたばかりである。すなわち，ISO9001のようにまだ歴史が浅く，認証基準自身の解釈がゆらいでいる箇所も多い。よって，推進体制として中心になる要員が1名では厳しいであろう。他の業務と兼務でも構わないが，最低2名の中心となって推進する要員を用意したいところである。この2名の要員は稼働率が0.5人日ずつで構わない。この2名はISMS認証基準を深読みして，解釈を議論し深めていくことが望まれる。

　ISMSの推進事務局としては，大きな業務を2つあげるとすれば，リスクアセスメント／リスク対応の作業である。これに通常3ヶ月から4ヶ月はかかる。そして，ISMSの文書化である。ISMS文書はリスクアセスメントの結果，管理策の手順等を含め20文書ほどを作成することになるが，これも結構な作業工数がかかる。よって，推進リーダー2名以外に，作業

要員が数名必要になる。ただし，現場要員の支援を仰ぐ等の方法もあるので，一概にはいえないが，中心2名が各0.5人日，作業要員2名～4名が0.3人日欲しいところである。

さて，以上は認証取得推進事務局の要員の話であるが，最終的な情報セキュリティ組織体制について，1つの例を示す。

（1）情報セキュリティ委員会

ISMSの構築とその維持管理は，監査，情報システム，人事，安全，経営，財務に関連する責任者から構成する「情報セキュリティ委員会」で行う。経営者が委員長を務める。

情報セキュリティ委員会は年3回定期的に開催する。その他，委員長の判断に応じて随時開催する。

構成員	役職	任命者
情報セキュリティ統括責任者	情報システム統括役員	社長
情報セキュリティ管理責任者	情報システム本部長	社長
委員	部門責任者	情報システム統括役員

情報セキュリティ委員会

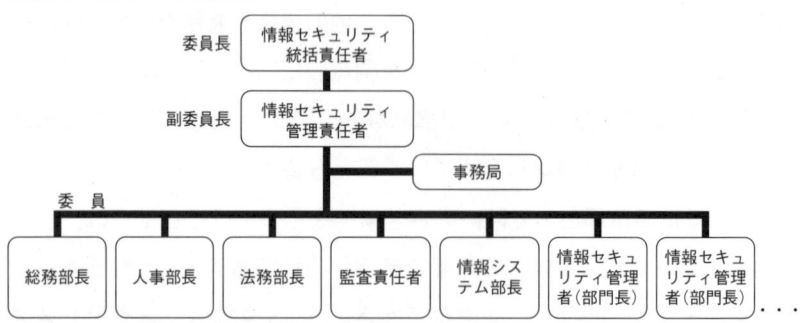

委員長：情報セキュリティ統括責任者（代表取締役社長）
副委員長：情報セキュリティ管理責任者（情報システム部役員）
委員：総務部長，人事部長，法務部長，監査責任者（監査担当役員），情報システム部長，情報セキュリティ管理者（部門長），その他委員長が必要と認める者

情報セキュリティ委員会は，全社の情報セキュリティを確保するために，下記の責任をもつ。

①情報セキュリティポリシーの策定と関連者への周知徹底
②情報セキュリティポリシーに関する見直しの実施
③情報資産の脅威に対する監視
④セキュリティポリシーに関わるセキュリティ問題のレビューと監視
⑤情報セキュリティを強化するための推進策の承認
⑥組織全体としての情報セキュリティ支持の明確化
⑦リスクアセスメント，リスクマネジメント，社外組織との連携，指導

(2) 情報セキュリティ連絡会議

情報セキュリティ連絡会議は，組織横断的に情報セキュリティ対策を推進するために，情報セキュリティマネジメントシステムの維持・運営に関する事項について協議・調整する委員会であり，次の構成メンバーからなる。

構成員	役職	任命者
情報セキュリティ管理責任者	情報システム本部長	社長
委員	部門実務責任者	情報システム本部長

その開催は原則として隔月とし，重要な発議について協議・調整が必要な時，情報セキュリティ管理責任者が随時開催する。

情報セキュリティ連絡会議は下記の責任をもつ。

①セキュリティ計画策定について情報セキュリティ委員会の支援
②組織間にまたがるセキュリティ関連事項の調整
③組織全体として，情報セキュリティに対する具体的な役割と責任の明確化
④情報セキュリティ推進の具体的な方法と手順のためのセキュリティ実

情報セキュリティ連絡会議

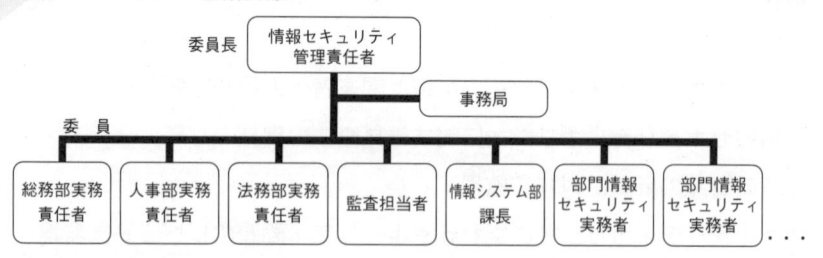

```
                    委員長  ┌情報セキュリティ┐
                            │ 管理責任者   │
                            └───────┬───────┘
                                    ├──────── 事務局
        ┌──────┬───────┬─────┼─────┬──────┬──────┐
   委 員
   総務部実務  人事部実務  法務部実務  監査担当者  情報システム部  部門情報     部門情報
   責任者    責任者    責任者           課長      セキュリティ   セキュリティ ...
                                              実務者      実務者
```

取りまとめ　情報セキュリティ推進室
情報セキュリティ委員会委員の部門の実務責任者

　施規程の策定
⑤情報セキュリティ対策の実現計画や導入に関する支援
　……新規のシステムまたはサービスに対する情報セキュリティ管理対策の十分性の評価と実施に関する調整
⑥情報セキュリティ対策の導入の監視
⑦企業の情報セキュリティポリシー／実施規程の有効性とその準拠性のレビュー
⑧セキュリティ教育・訓練の推進
⑨組織全体に関わるセキュリティ問題のレビューと改善
　※レビューのタイミングは，定期，セキュリティ問題の発生，セキュリティ問題に関わる情報の入手，システムの変更など
⑩組織全体としての情報セキュリティの推進

（3）情報セキュリティ推進室

　情報セキュリティ推進室は，情報セキュリティに関わる下記の責務を有する。
①情報セキュリティに関する規則，規程，細則等及び個人情報の保護に関する情報セキュリティ実施規程を作成し，情報セキュリティ対策に関す

る計画を立案する。
②情報セキュリティマネジメントシステムの構築に関するリスクアセスメント／リスク対策，管理策案の策定及び規程類の改定・発行。
③新規のシステム，またはサービスに対する情報セキュリティ管理対策の十分性の評価及び実施に関する管理を行う。
④保護資産に対するリスクマネジメントを行う。
⑤情報セキュリティについての教育を実施する。
⑥情報セキュリティに関する監査を受け，必要ならば，その対応を行う。
⑦各部門に対して，セキュリティに関わる専門的な助言を行う。
⑧情報セキュリティマネジメントシステム維持・運営・見直しに対する調査・提案・企画及び関連部署の調整。
⑨情報セキュリティ関連情報，業界動向などの調査・検討・社内への情報公開。

2. 適用範囲をどうするか

適用範囲については，ISMS認証基準（Ver.2.0）第4　2.(1)①で以下のように述べられている。

「事業の特徴，組織，その所在地，資産及び技術の観点から，ISMSの適用範囲を定義する。」

すなわち，適用範囲は①事業の特徴，②組織，③場所，④資産，⑤技術を配慮して適用範囲を明確にすることが大切である。

適用範囲は，組織の一部の場合もあれば，組織全体が1つのものとして定められる場合もある。

①事業の特徴
　組織はその事業活動上，特徴，ビジネス要件がありこれらを考慮する必要がある。

②組織
　全社の組織体系の中で，認証を取得しようとする情報資産に関係する組織の範囲を明確にする。
③場所
　守るべき情報資産の存在する場所を特定する。通常は，適用範囲の組織体の入っている建物やフロア，重要な情報システムが設置されているサーバー室などの所在を明確にする。
④資産
　組織のビジネス目標・活動により適用範囲内の資産が決定される。
⑤技術
　使用される技術の種類，特にコンピュータ及び通信は，強くISMSの適用範囲に影響を及ぼす。情報技術設備を頻繁に使用し統合することによって，それらがすべて重要視されるよう努力する必要がある。

　適用範囲を定義していく上で，企業の一部の部門，できるならばあるITビジネスサービスのみで認証を取得しようというように，適用範囲を極力小さくしたいという傾向がある。しかし，必要な情報交換を社内の電子メールを使用していることは通常のことであり，これを考えるとあるITビジネスサービスのみというわけにもいかない状況が理解できるであろう。最低でも，保護しようとする業務プロセスとそこの情報資産を含め部門単位で認証取得することをお勧めする。
　適用範囲定義上の留意点は次の通りである。

- ・ビジネスにとって有用な"範囲"であること
- ・ビジネスがどのように組織されているかに基づくこと
　部門，業務プロセス，提供サービス，プロジェクトなど
- ・適用範囲との境界線を越えてやり取りされる情報，プロセス，共有設備等を明確にする
- ・適用範囲内部のセキュリティ要件が識別され，満足されている
- ・外部から要求されるセキュリティ要件を満たす
- ・適用範囲内の情報資産が外部の情報資産に大きな依存関係がある場合，

第5章　ISMS認証取得上のポイント

```
依存関係を明確にすること
```

　下図に適用範囲定義書の例を示す。まず，事業の特徴，組織，場所，資産，技術の5つの観点で適用範囲を文書定義する。次に，全社の組織図の中で適用範囲の組織はどこかを明示する資料を作成する。そして，物理的

適用範囲定義書

```
                       適用範囲定義書
適用範囲の考え方：
  当社の主要なお客様から入手した顧客情報及び当社の主要事業である○○情
報提供サービスの情報セキュリティを確実に確保していくために，営業部門及
び情報サービス運用部門を適用範囲として選定した。
①事業の特徴
  ・○○情報提供サービスの運用
  ・社内ネットワークサービスの運用
②組織
  営業部　　○名
  情報システム部（○名），　業務委託・派遣者（○名）
③情報資産
  構成する○種類のシステム及びこれらと関連する情報資産
      システム1：社外接続システム
      システム2：外部公開システム
      システム3：支店通信システム
      システム4：社内公開システム
      システム5：営業支援システム
      システム6：勤務管理システム
      システムに関連する情報資産
  機器，文書，契約書，設計・構成管理情報など
④物理環境（対象サイト）
  本社　　2階　情報システム部　マシン室
          6階　情報システム部　事務室
          9階　営業部
  ○○支社
⑤技術
  ・外部ネットワークとの接続
  ・通信事業者が提供する専用線で接続
  ・モバイルからの接続要求を受け付ける機能
```

重要セキュリティ区間フロア平面図

【セキュリティ管理区分】
○○○事務所　2階マシン室
　（同室入口にICカード入退場管理装置が設置済み）→レベル3
　（ビル1階に受付及び守衛による入館チェック有り）→レベル1

○○○事務所　2階マシン室の平面図

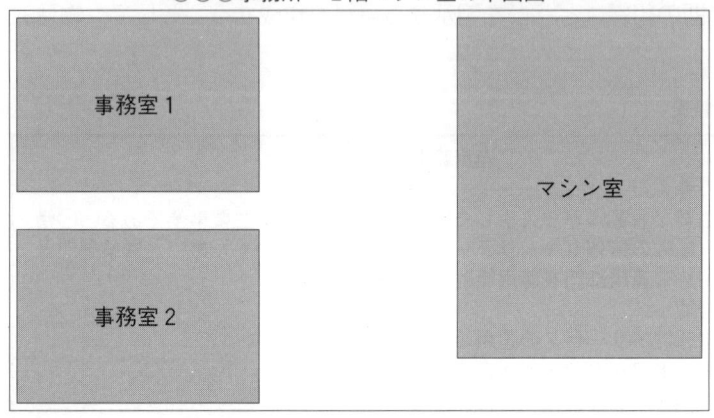

事務室1

事務室2

マシン室

ネットワーク適用領域図

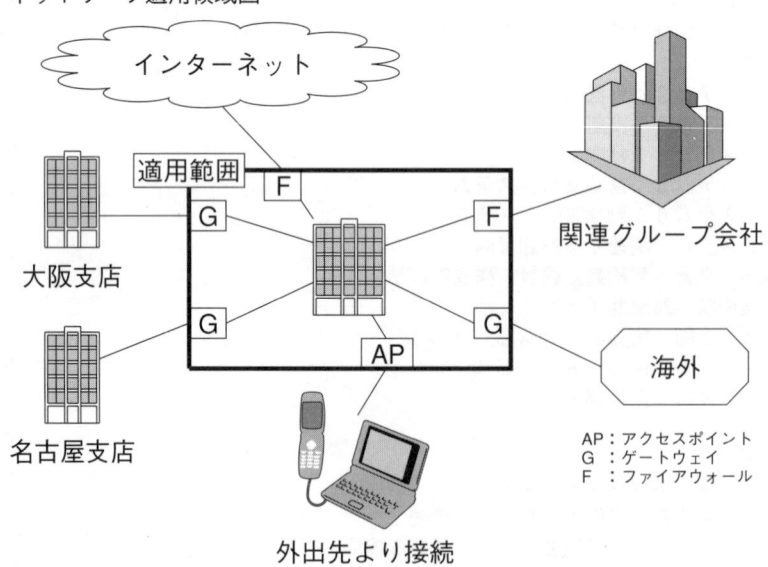

インターネット

適用範囲

F
G
G
F
G
AP

大阪支店

名古屋支店

関連グループ会社

海外

外出先より接続

AP：アクセスポイント
G ：ゲートウェイ
F ：ファイアウォール

第5章　ISMS認証取得上のポイント

適用領域内論理ネットワーク図

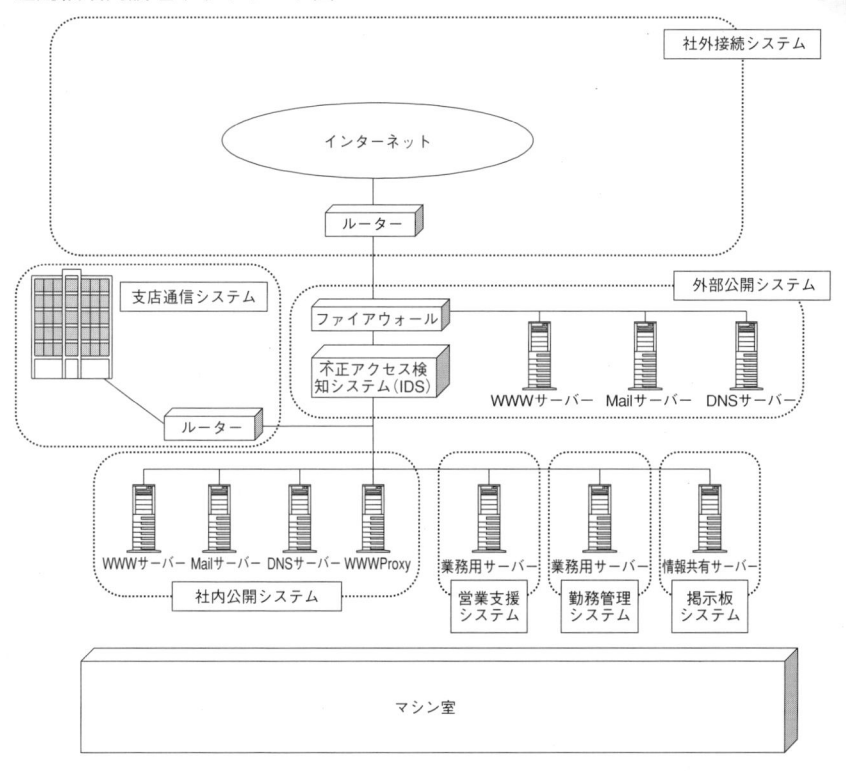

```
                    社外接続システム
              インターネット
                    │
                  ルーター
                    │
   支店通信システム          外部公開システム
                ファイアウォール
                不正アクセス検
                知システム(IDS)   WWWサーバー Mailサーバー DNSサーバー
      ルーター
   
   WWWサーバー Mailサーバー DNSサーバー WWWProxy   業務用サーバー 業務用サーバー 情報共有サーバー
          社内公開システム              営業支援     勤務管理     掲示板
                                      システム     システム     システム
                          マシン室
```

環境として，事業所エリア図，建物概要図，重要なセキュリティ区間の平面図などを作成する。これらは，後のリスクアセスメントにおいて，物理的なアクセスの脅威と脆弱性を明示するのに役に立つ。

　技術的な観点からは，主に，ネットワーク上の適用領域図や，適用範囲内の論理ネットワーク図を作成し，ネットワーク上，システム上の脅威や脆弱性をリスクアセスメント時に明確にしていく。

3. ISMSマニュアルは必要か

　ISMSを運営管理していくということは，ISMSの確立，導入，運用，監視，見直し，維持及び改善していくことであった。これらを推進していく中心的な役割を担うのは，情報セキュリティ委員会やその事務局，そして情報セキュリティ推進室である。また，情報セキュリティ基本方針はどうやってどういう要件で策定されるのであろうか。情報セキュリティ基本方針は，ISMSの認証を取得しようという適用範囲の組織からみた顧客などの利害関係者からの情報セキュリティ要求事項や期待を吟味し，さらに事業上の要求事項や法的または規制要求事項，並びに契約上のセキュリティ義務を考慮して策定され経営者により承認され周知され，定期的に見直しされる。

　以上のような，情報セキュリティ委員会が中心になって進めていくISMSの運営管理の手順や情報セキュリティ基本方針をどのように策定して，どう周知して，いつ見直しするかといった手順は，どの文書に記述されるのであろうか。

　文書化の要求事項「第4　情報セキュリティマネジメントシステム　3. 文書化に関する要求事項（1）一般」には明確に書かれていない。

　しかし，現状ではこれらを「ISMSマニュアル」という形で文章化しておくことが望ましい。「ISMSマニュアル」は，ISO9001における「品質マニュアル」に相当するものであり，主に情報セキュリティ委員会が中心になって進めていくISMSの運営管理，PDCAサイクルの内容について記述したものである。ISMS文書体系の中では，一番最初にくるものであり，審査員は最初にこれを読むことにより，該当組織の残りのISMS文書をたどって全て読んでいくことができるように構成していく。ISMS認証基準の本文第7までの内容に，具体的に誰が（情報セキュリティ管理責任者が，情報セキュリティ委員会など），いつ行うかを追加修正していくことによ

り作成していく。

　ISMS認証基準の附属書「詳細管理策」の内容については，その中で選択されたものに対し，誰が，いつ実施するかを追加修正していくことにより「情報セキュリティマニュアル」を作成していくとよい。この「情報セキュリティマニュアル」は各管理策の概要であり，より具体的な対策は「情報セキュリティ組織規程」や「サーバー構築・運用管理規程」「事業継続管理規程」などにそれぞれ記述していく。

　「ISMSマニュアル」の第4　3.（1）の中から「情報セキュリティマニュアル」を参照し，さらに「情報セキュリティマニュアル」から各個別詳細管理策の規程を参照できるようにISMS文書の全体関連構造を保っておくことが重要である。

ISMSマニュアルの例

```
1. 目的及び適用範囲
1.1　一般
1.2　適用範囲
     事業の特徴，組織，所在地，資産，システム／ネットワーク技術
2. 引用規格
3. 用語の定義
3.1　情報セキュリティマネジメントシステム
3.2　情報セキュリティ
3.3　機密性
3.4　完全性
3.5　可用性
3.6　リスクの受容
3.7　リスクアセスメント
3.8　リスク分析
3.9　リスク評価
3.10　リスクマネジメント
3.11　リスク対応
```

3.12　適用宣言書
3.13　情報資産
4．情報セキュリティマネジメントシステム
4.1　一般要求事項

　当社は，自らのビジネス活動全般及びリスク全般を考慮して，ISMS 規格に合致した ISMS を確立・構築し，文書化し，導入し，維持し，かつこれを継続的に改善する。

　当社は，これらのプロセスを下図「ISMS プロセスに適用される PDCA モデル図」に示す PDCA モデルに従って運営管理する。

図　ISMS プロセスに適用される PDCA モデル

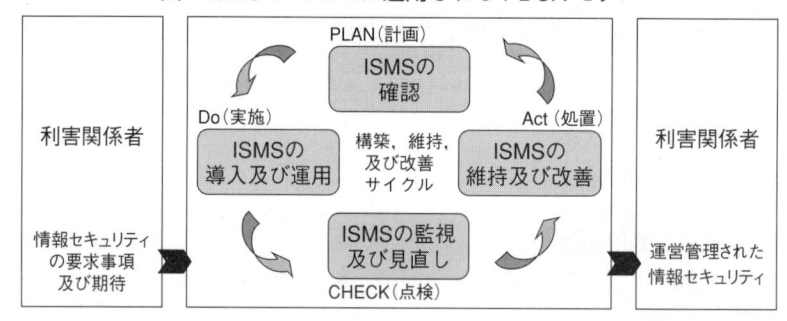

```
利害関係者                                              利害関係者

                    PLAN（計画）
                     ISMSの
                      確認
          Do（実施）            Act（処置）
           ISMSの    構築，維持，   ISMSの
          導入及び運用  及び改善     維持及び改善
                    サイクル
                    ISMSの監視
                    及び見直し
                    CHECK（点検）

情報セキュリティ                                      運営管理された
の要求事項                                            情報セキュリティ
及び期待
```

4.2　ISMS の確立及び運営管理
4.2.1　ISMS の確立（Plan）

　当社は，ISMS 規格の要求を満たす当社 ISMS の確立かつ，継続的な改善を図るため，「ISMS 計画書」に従い毎年 1 回及び情報セキュリティ管理責任者が必要と判断した場合，以下の項目について実施し，経営責任者の承認を得る。

①適用範囲の定義

　情報セキュリティ管理責任者は，次の 5 つの観点から適用範囲を適正に定義し，適用内外の境界と根拠を明確にし，策定する。（1.2 項参照）
（ア）ビジネスの特徴，社内的なミッション
（イ）組織体制
（ウ）ロケーション及び物理的条件
（エ）情報資産（サービス及びシステム等を含む）

(オ) 技術的見地
② 情報セキュリティ基本方針の策定
　情報セキュリティ管理責任者は，上記により定義された適用範囲における最適な情報セキュリティ基本方針を策定する。
　情報セキュリティ基本方針は，次の事項について考慮された内容とする。
(ア) 情報セキュリティ目標を設定するための枠組みを含み，全社方針における位置づけ
(イ) ビジネス要求事項，法令・規制に基づく要求事項，契約上の義務，及びセキュリティ要求事項
(ウ) ISMSの確立・維持に向けた戦略上視点からの具体的施策の業務目標への展開，並びにリスクアセスメント実施のための環境整備
(エ) リスクアセスメントに関する判断基準，仕組みの確立
(オ) 適用範囲の全対象者に対する周知と意識の共有
(カ) 必要に応じた見直しと改善の表明
(キ) 経営責任者による承認
　なお，法令・規制に基づく要求事項に関しては，全社的なコンプライアンスへの取組みを基本に，当社の適用範囲における独自の法的要求事項を明確にし，別紙「情報セキュリティ関連法令」に定義する。
【関連文書】「情報セキュリティ基本方針」
　　　　　　別紙「情報セキュリティ関連法令」
③ リスクアセスメント方法・手順と受容基準の決定
　情報セキュリティ管理責任者は，当社の情報セキュリティ基本方針に従い，また，明確にしたビジネス要求事項，法令・規制に基づく要求事項，契約上の義務，及びセキュリティ要求事項に適したリスクアセスメントの方法とリスク受容基準を確立し，かつISMSのための目標及び施策を明確にする。その結果を，手順として「リスクアセスメント規程」を策定する。
【関連規程】「リスクアセスメント規程」
④ 資産調査に基づくリスクの識別
　情報セキュリティ管理責任者は，「リスクアセスメント規程」に基づき，適用範囲に含まれる情報資産調査を行い，リスクを識別する。
　リスクの識別には，次の事項を含む
(ア) ISMSの適用範囲内の情報資産及びそれらの情報資産の責任者を特定

する
(イ)それらの情報資産に対する脅威を明確にする
(ウ)脅威によって利用されるおそれのある脆弱性を明確にする
(エ)機密性，完全性及び可用性の喪失が情報資産に及ぼすかもしれない影響を明確にする
【関連規程】「リスクアセスメント規程」

4. 重要な資産の洗い出し手順を明確化する

リスクアセスメントの最初のステップでは，「すべての重要な情報資産」を洗い出し，「情報資産目録」に登録し，この「情報資産目録」に挙げられた情報資産についてのみリスクアセスメントの対象となる。

ISMS認証基準　附属書「詳細管理策」を参照する。

５．資産の分類及び管理
５(1)　資産に対する責任
管理目的：組織の資産の適切な保護を維持するため。
管理策
５(1)①資産目録
　情報システムそれぞれに関連づけてすべての重要な資産について目録を作成し，維持すること。
５(2)　情報の分類
管理目的：情報資産の適切なレベルでの保護を確実にするため。
管理策
５(2)①分類の指針
　情報の分類及び関連する保護管理策では，情報を共有又は制限する業務上の必要，及びこのような必要から起こる業務上の影響を考慮に入れておくこと。

第5章 ISMS認証取得上のポイント

5(2)②情報のラベル付け及び取扱い
　組織が採用した分類体系に従って情報のラベル付け及び取扱いをするための，一連の手順を定めること。

　この「情報資産目録」には，同じ価値の情報資産であり利用目的が同じレベルである情報資産をグルーピングしたものが登録される。したがって，

情報資産の洗い出しの手順の例

No.	手順	目的	内容
1	業務プロセス別情報資産の洗い出し	・情報資産の洗い出しの漏れを無くすため。 ・特に，紙情報を洗い出すため	業務単位，プロセス単位に入出力情報，資源情報，基準情報，記録等を洗い出す。
2	個別情報資産管理台帳の作成	個別の情報資産のセキュリティを確保（ラベリング）するため	個別の情報資産のセキュリティ確保（ラベリング）のために，全ての情報資産に対する管理台帳を作成する。この時，既存の管理台帳があればそれを生かし，追加・修正を行う。 グルーピング項目と関連付けるためのリンクNo.用の列を追加する。
3	業務上の目的・機能別情報資産分類	情報・システム・サービスを意味のある単位で価値評価するため	事業上，業務上の目的から意味のある情報資産単位でその重要度を価値評価するために，適切な分類を行う。 ① 情報を価値分類 ② システム単位で価値分類 ③ サービス単位で価値分類 ※ネットワークインフラはその従属するサービス，システムの価値に依存する（一番高いものに依存する）
4	情報資産価値評価	グルーピングのため	同一の情報資産価値のものは同一グルーピングとするためにCIAの観点で評価する。それが損なわれた場合，事業上の影響はどれくらいか，事業継続の観点から見てどうかを評価する。
5	情報，システム，サービス単位で上位方向にグルーピング	同一価値のものをまとめてリスクアセスメントするため	同種の分類の情報資産で同一価値のものをグルーピングする。 ・グルーピングできない場合は無理にグルーピングしない。 ・グルーピング後の情報，システム，サービスごとに"定義"を記入する。
6	グルーピング方針の確定とグルーピング分類一覧表の作成	情報資産目録に記入される，グルーピング後の情報資産がどのような方針でグルーピングされたかを明確にするため	情報資産目録にはグルーピング後の情報資産名を記入していくため，どのようなグルーピング方針であるかを明記しておく。また何種類のグルーピングになったかの一覧表を作成する。
7	グルーピング資産の構成要素分解	構成要素単位でリスクアセスメント，リスク対応するため	例えば，情報システムの構成要素を，データ・情報，ソフトウェア，ハードウェアと分解するように，構成要素分解を行う。 構成要素の情報資産価値はリスクアセスメント時に評価されるが，親のCIA資産価値と必ずしも同一とは限らない。親の資産価値は構成要素の最大のものから成り立っている。
8	情報資産目録の登録	リスクアセスメントを行うため	以上のグルーピング情報資産とその構成要素を情報資産目録に登録する。

255

情報資産のグルーピング数分のリスクアセスメントを行うことになる。このグルーピングを上手に行うことがリスクアセスメントの工数を削減するポイントとなるのである。

　以上により，情報資産の洗い出しから情報資産目録登録までの手順は重要である。前頁の図に情報資産の洗い出しの例を示す。

5. リスクアセスメントの体系的なアプローチ

　審査の際によく指摘されることの1つとして「リスクアセスメントの手順が体系的になっていません」がある。

　これは，ISMS認証基準「第4　情報セキュリティマネジメントシステム　2．ISMSの確立及び運営管理（1）ISMSの確立　③リスクアセスメントについて体系的な取組方法を策定する。」からくる。

　リスクアセスメント及びリスク対応の手順では，以下のような点が審査上のポイントになる。

a) 重要な情報資産すべてを網羅的に洗い出したか
b) その情報資産の価値を適切に評価したか
c) その情報資産に関連する脅威について網羅的に検討されたか
d) 脅威の発生頻度の脆弱性の評価は適切か
e) リスク対応の低減・回避・移転・保有の評価はされたか
f) リスク低減の場合の管理策の選択は物理的，技術的，管理的対策の組み合わせを十分考慮されているか
g) 具体的な管理対策の強度の確認はされたか
h) 管理策選択の結果本当に受容水準を満足したのかの妥当性確認はされたか

　以下にいくつかの審査ポイントの解説を行う。

第5章　ISMS認証取得上のポイント

①情報資産の価値評価

　情報資産価値，すなわち情報資産の重要度の理解のポイントは，「ビジネス目的」「業務上の目的」から見て，その情報資産の価値はどのくらいであるか，その情報資産を損なうことになったらどのくらいの事業上のインパクトがあるかで決めるということである。

　その情報資産がどこにあるからとか，その情報資産にどのくらいの対策をしているからで情報資産の価値が変わるわけではない。ビジネス目的から見て，絶対的に決まるものである。ということは，事業環境が変化したり，ビジネスの目的が変わったりした場合には，資産価値が変わるということである。そこで，環境が変化した時以外に，年に1回は見直しをする必要がある。

②建物・施設からリスクアセスメントを始める

　脅威は，偶発的なものとして，災害や故障と自発的なものとして，過失や故意に分かれる。偶発的な地震や洪水，火災などの災害が発生した場合，ノートパソコン1台のみが壊れるのであろうか。そのようなことはなく，他のパソコンやサーバー，ネットワーク，什器など建物ごと全てが災害に合うことになる。

　ということは，リスクアセスメントを行う際，ノートパソコンに火災が発生した場合，サーバに火災が発生した場合などとリスクアセスメントを行うことは効率的ではない。そこで，災害などの脅威の分析では建物や施設に関する脅威としてリスクアセスメントを行い，個別のノートパソコンに対する災害という脅威の分析を排除しておくことが効率的であることが分かる。

　このあたりを考慮して，リスクアセスメントは建物・施設→サービス→システム→文書等情報の順番に行っていくことがよい。

③情報資産を特定しずらい，適用範囲全体に降りかかるリスクアセスメント

　建物・施設やサービス，システム，文書等情報等の情報資産を特定しずらい脅威がある。例えば，情報セキュリティ基本方針に対するセキュリティ違反や責任が不明確なことによるセキュリティ違反，法令への不適合などである。

　さらにいうならば，建物・施設やサービス，システム，文書等情報等に直接的に影響を及ぼす脅威を検討し，リスクアセスメントを行い，リスク対応を実施しても127個の管理策全てが対応できないことに気づくであろう。80個くらいの管理策を選択できてもなかなか127個の管理策を選択するに至らない。

　そこで，先に述べた，情報セキュリティ基本方針に対するセキュリティ違反や責任が不明確なことによるセキュリティ違反，法令への不適合などの脅威を「適用範囲全体」という情報資産に対する脅威と捉え，リスクアセスメントおよびリスク対応を行うことにより，（組織の選択はあるが）127個の管理策を網羅的に選択することができる。

　法的及び規制要求事項のリスクアセスメント（第4章　8.（5）⑦）もこの一環として，情報資産ごとにあげた関連する法令，規制及び契約上の要求事項が「適用範囲全体」という情報資産に対して「法令等への不適合」という脅威に対する脆弱性があるか否かをリスクアセスメントするという方法も考えられる。

　関連する法律や規格は「付録1」に掲げたので参考にされたい。

④変化させるのは脆弱性

　脅威とは，システムまたは組織に危害を与える，好ましくない偶発事故を引き起こす事象のことであり，リスクとは，ある脅威が，資産または資産グループの脆弱性を利用して資産への損失または損害を与える可能性の

ことである。

　例えば，夏の海水浴を考えてみたい。紫外線という脅威が日焼け止めをしていないとかTシャツを着ていないという脆弱性を利用して人に対して日焼け・皮膚焼けという損害を与えるのである。紫外線という脅威は万人に対して降り注ぐ。つまり，脅威というものは変わらず絶対的なものである。

　情報セキュリティに対する脅威の考え方もこれと同じである。まず情報資産にとって，ある脅威が関係するものであるか否かの見極めが必要である。次に，関係する脅威であれば，その脅威は絶対的なものであり，管理策の程度により脆弱性の程度があり，結果リスク（脅威が発生する割合）の高い・低いが決まるということである。たとえ，大きな脅威が存在したとしても，適切な管理策が施され脆弱性が低ければリスクはないということになる。つまり，変化するものは脆弱性のみである。管理策を追加することにより，脆弱性をなくし，その結果リスクを押さえていくということが基本的な考え方である。

⑤管理策の強度

　例えば，あるサーバー室の入退管理を考えてみよう。ISMS認証基準の詳細管理策「A9（5）③利用者の識別及び認証」によると，「すべての利用者は，その活動が誰の責任によるものかを後で追跡できるように，各個人の利用ごとに一意な識別子（利用者ID）を保有すること。利用者が主張するIDを確証するための適切な認証技術を選択すること。」となっている。この場合の具体的な対策を考えてみると"利用者ID"，"ICカード"，"バイオメトリクス"などいくつかの具体的手段が考えられる。すなわち，1つの詳細管理策に対して，具体的な対策のいくつかが考えられ，これは対策の強度をどうするかといった話になる。

リスクアセスメントの結果，このサーバー室に対して適切な具体的対策をどうしたらよいかを十分評価・検討する必要がある。

なお，これらの具体的対策の検討が必要な詳細管理策は，「8. 通信及び運用管理」「9. アクセス制御」「10. システムの開発及び保守」あたりである。

⑥本当に受容水準をクリアしたか

リスクアセスメントが終わり，リスク対応のリスク低減により，ある管理策を選択した場合，気をつけなければならないのは，その管理策を適用すると，本当にリスク値が下がり，リスクの受容水準をクリアできるのかということである。

ISMS認証基準によると以下の通り，"その妥当性を示す"必要がある。「第4　情報セキュリティマネジメントシステム　2. ISMSの確立及び運営管理（1）ISMSの確立　⑦リスク対応に関する管理目的及び管理策を選択する。本基準の附属書「詳細管理策」から，適切な管理目的及び管理策を選択する。また，この選択については，リスクアセスメント及びリスク対応プロセスの結果に基づいてその妥当性を示すこと。」である。

管理策適用の結果，受容水準を満足するようにリスク値が下がったことを示すにはどうしたらよいであろうか。一番泥臭い方法は，その管理策を選択したという前提で全てのリスクアセスメントを最初から行うことであった。しかし，これは大変工数のかかることである。そこで，別の方法を考えてみよう。

例えば，リスクの受容水準を"8"以下であるとしよう。個人情報におけるリスク値"8"とノートパソコンにおけるリスク値"8"，サーバーにおけるリスク値"8"は各々意味合いが違うはずである。個人情報におけるリスク値"8"とは，例えば，営業部の部長と同営業部の計画部門の課長しかアクセスできず，キャビネットに厳重に管理されている状態であっ

たり，ノートパソコンでは不正アクセス，ウイルス侵入は全くゼロで，外での利用は屋外利用規程を確実に守っている状態を指すことであるなどと，各々状況が異なる。

そこで，あらかじめ，情報資産ごとにリスク受容水準を表す"状態"を定性的に表記し"定義"付けしておけば，管理策を選択することにより，その状態を満足できることを確認することにより"妥当性を示す"ことができるはずである。

よって，情報資産を洗い出し，情報資産目録を登録するタイミングで各情報資産に要求される保障の度合いを示す状態の"定義"付けをしておくことが望ましい。

ここで"定義"とは第4章8（3）③の"要求される保証の度合い"と同じ意味である。

6. 事業継続管理とリスクアセスメント

情報資産に対するリスクアセスメントを行った結果，例えば，建物・施設，サーバー室に対する災害といった脅威については，そのリスクが発生し建物等が倒壊するといったリスクの発生確率は非常に低いであろう。起きたとしても，20年に一度あるか否かといったところである。

こういったリスクに対しては，保険は掛けておくであろうが，莫大な費用を掛けてまで対策することはなく，もしもそのリスクが発生した場合，極力事業損失を少なくし，別の手段で事業を継続させることを考える。これが，事業継続管理である。

すなわち，リスクアセスメントの結果の受容水準以下ではないが，情報資産価値が非常に高く，脅威の発生頻度が低い残留リスクに対して「事業継続計画」を実行できるように反映していく。

リスク低減済みの情報資産であっても，その情報資産価値が最高位のも

リスクと事業継続管理

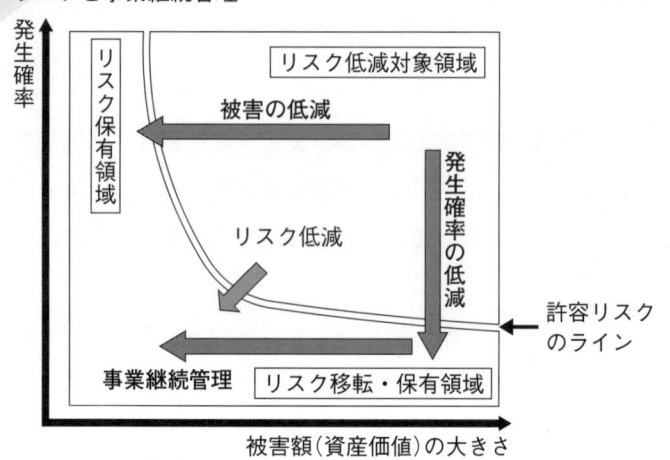

[図：縦軸「発生確率」、横軸「被害額（資産価値）の大きさ」。リスク保有領域、リスク低減対象領域、リスク移転・保有領域、事業継続管理、被害の低減、発生確率の低減、リスク低減、許容リスクのライン]

のに対しては，「それでも事故が発生したら」の発想で，事業継続管理の対象にすることが望ましい。

　事業継続管理の内容は，次の通りである。

事業継続管理

（１）事業継続管理手続き
- 資産価値の最も高いものがどの業務プロセスであるか，その優先順位をリスクの観点から明確化する。
- 事業継続中断事象の影響を考慮した"情報処理施設"の設定（例えば，サーバー室は建築基準法，情報処理サービス安全対策基準をクリアしているか）の定義を明確にして，「建物・施設管理規程」に明記する。
- 事業継続対象の情報資産の移転（保険）を考慮する。
- 事業継続対象となる事象の承認をとり，優先順位を考慮した「事業継続戦略」を立案し文書化する。
- 「事業継続計画」文書化と承認
- 事業継続計画通りの訓練・演習の実施，見直し，組織全体戦略の中に

「事業継続管理」が組み込まれる。
・情報セキュリティ委員会において事業継続管理手続を調整する。
・事業継続中断事象の特定をリスクアセスメントを行うことにより行う。
・損害規模と回復期間の面から評価する。
・損害発生時直後の対応，リカバリープランの実施に対する管理責任を明確にする。
・体制の明確化
・すべての業務手続きを対象にリスクアセスメントをすること。
（2）事業継続管理の対象とする事象の選択
・事業継続管理の対象とする事象を選択する基準としての戦略計画を作成し，経営陣の承認を得る。
（3）事業継続計画を策定する際の留意事項
・責任明確化
・緊急手続き明確化
・要求時間の明確化
・その要求時間内の回復・復旧手続きか？
・外部事業との依存性を考慮
・顧客等からの契約要求事項の評価
・合意された手順
・合意された過程
・教育計画
・事業継続計画の"試験"，"更新"
・事業継続計画実施のための経営資源配分，情報処理施設の代替手段の手配（バックアップセンター）
（4）事業継続計画に盛り込むべき内容
・各々計画の実施責任の明確化
・各々計画実行開始条件の明確化
・新しい要求事項が明確になった場合の緊急時手続き等の見直し・修正
・計画実施のための条件（計画を実行に移す前に従うべき手続き）を必要ならば明記
・事業運営／人命の危険の場合の緊急時手続きを明確化
・緊急時の広報手続き

- バックアップセンターの立ち上げ，バックアップセンターへの移動の手続き
- 通常業務の代替手段（例えば，人手で対応する）の手順を明確化
- 緊急時が終了した後，正常操業までの回復計画を明確化
- 計画の試験のプラン，維持計画
- 事業継続計画の認識
- 事業継続計画の教育
- 個人の責任
- 計画の構成要素の責任者の明確化
- 計画の構成要素の責任者の代理の任命
- 代替手段は管理責任者の責任範囲であること。
- バックアップセンター等の手配はサービス供給者の責任とする。

（5）事業継続計画の試験，維持及び再評価
- 事業継続計画及び試験計画を従業員が認識すること。
- 試験スケジュールに計画の構成要素をどのようにして，何時試験するかを明記する。
- 試験の頻度
- 計画の妥当性評価の手法を様々に
- 机上試験の実施
- 模擬試験の実施
- 技術的回復試験
- 代替施設における回復試験
- 外部からの供給によるサービス及び製品が契約事項を満たすことを確認
- 全社での模擬回復試験の実施
- 個別部署依存の考慮事項があれば，それの反映
- 業務手続きが変更された場合，「事業継続管理規程」に従い"事業継続計画"を見直す。
- 変更は以下の変更の場合など
  新しい装置の取得，運用システムのアップグレード，要員，所在地・電話番号，事業戦略，所有地・施設・資源，法規制，請負業者・供給業者・主要顧客，手続き・手続きの新規設定／廃止，(運用上及び財務上の)リスク
- 情報セキュリティ管理責任者は「事業継続管理規程」に従い"事業継続

第5章　ISMS 認証取得上のポイント

> 　計画"を見直す責任を有する。
> ・「事業継続管理規程」に従った確実な「事業継続計画」の更新を行う。
> ・更新された「事業継続計画」は必ず配付すること。
> ・業務変更時に見直しされない可能性を考慮し定期的に見直すこと。

◀ 7. ISMS 文書の作成のポイント ▶

　ISMS 文書については，既に「第4章　11. 対策基準の作成と実施手順の作成」で紹介済みであるが，いくつかのポイントについて確認しておこう。
　第4章　11. の「ISMS 文書の例」にあるように，まず ISMS マニュアルと ISMS を支える5つの手順文書，記録管理規程内部監査規程是正，予防処置規程を作成する。いずれも，ISMS 認証基準「第4　情報セキュリティマネジメントシステム3. 文書化に関する要求事項（2）文書管理，（3）記録の管理」「第6　マネジメントレビュー4. 内部監査」「第7　改善2. 是正処置，3. 予防処置」の要求事項に適合するように作成していく。
　次に，「情報セキュリティマニュアル」を採用した詳細管理策の概要として作成し，各々の具体的な対策基準に相当する詳細管理策規程を作成していく。
　各規程の作成ポイントは次の通りである。
・第4章　11. の「ISMS 文書の例」のように，「セキュリティ人事管理規程」は人事部が，「契約管理規程」は購買部門が，「教育・訓練規程」は教育部が管轄できるように分類して作成する。
・「オフィス機器等情報資産管理規程」は会議室，電話や携帯電話による会話，コピー機やFAXから出力された紙情報，書類としての紙情報などの取扱規程
・「クライアント PC 管理規程」は，職場の一般の利用者のクライアントパソコンは利用方法が同じで情報資産価値が同一であることが多く，グ

ルーピングが可能であるので，それらを一括した取扱規程として作成
・「サーバー構築・運用管理規程」「ネットワーク構築・運用管理規程」はサーバーに対し，ネットワークは共通インフラになるとの考えで規程として分けてある。サーバーはサーバー運用管理者，ネットワークはネットワーク管理者に分かれていることが多く，この点も考慮してある。
・各規程は127個の詳細管理策をより詳しく解説してある JIS X 5080 :2002（内容を数えていくと958項目ある）の中から，リスクアセスメントの結果から採用すべき項目を選んで，規程の文書化を行うべきである。

8. 審査時の指摘事項

被審査組織においては，stage1（文書審査）及びstage2（実地審査）にてどのようなことを審査員から聞かれるかは興味があるところと思う。もちろん，被審査組織の審査に対する準備状況，すなわちISMS文書の準備状況や現場への展開状況により，質問内容は変わるところである。

一般的な審査員の質問内容の一例について，以下に記す。

これにより，ISMS認証取得の準備を進め，組織の文化に合致したISMSを構築し，グローバル時代に一歩進んだ経営展開を推進することを願って止まない。

文書審査

基準項番	質問事項
経営者インタビュー	・情報セキュリティ基本方針について，背景，考え方，流れについて聞かせて下さい。 ・情報セキュリティ基本方針を策定したのはどなたですか。 ・全社員への浸透は図っていますか。その方法はどのように行ってますか。

第5章 ISMS認証取得上のポイント

	・情報セキュリティ組織体制についてご説明下さい。 ・マネジメントシステムの枠組みを維持・改善するために定期的、かつ必要に応じて見直ししていますか。 ・見直しはどのように行っていますか。 ・一番恐れている脅威は何ですか。
文書審査Part1の是正状況確認	審査機関にもよるが、文書審査が2回に分かれる場合と1回の場合がある。文書審査が2回に分かれるということは、次の通りである。審査機関は、最初に被審査組織から提出されたISMS文書のみを事前に審査し適合・不適合の判定を行い、審査報告を提出する。次に、被審査組織に赴き、ISMS文書についてISMS推進事務局を中心にヒアリングを行い審査を行う。2回目の文書審査では、1回目の文書審査の是正状況を確認する。
第4 情報セキュリティマネジメントシステム 2．ISMSの確立及び運営管理 (1) ISMSの確立	・適用範囲の定義が明確ではありません。 ・境界について説明願います。 ・フロアの出入り口については、明確な境界はないのですか。 ・情報セキュリティ組織の役割と責任について説明願います。 ・例えば、○○サーバーについて、どこまでが情報資産であると定義した基準はありますか。どこに明記されていますか。 ・情報資産のグループ化はされていますか。 ・リスクアセスメントの実施時期については明確にされていますか。どのような時に実施しますか。 ・リスク受容水準はどこに定めていますか。 ・法的及び規制要求事項についてはどこで定めていますか。 ・脅威や脆弱性を網羅的に検証していますか。 ・一つひとつの脅威や脆弱性は分かりますが相互のリスクの影響について説明して下さい。

	・管理策の選択の結果，リスクが低減する妥当性の確認方法はどうしていますか。 ・適用宣言を作成する手順をご説明下さい。 ・適用宣言書は，認証取得後公開することもあるので，情報セキュリティ保護の観点から多くを書きすぎないように注意した方がよいでしょう。 ・認証登録書には適用宣言書の版番号が明記されるので，確実にして下さい。 ・セキュリティ投資の費用についてはどのように検討していますか。
（2）ISMSの導入及び運用	・リスク対応計画の策定手順についてご説明下さい。 ・リスク対応計画は進捗管理の対象となります。責任者や期間などの計画を明らかにして下さい。 ・セキュリティ事件・事故を検出する仕組みについては，どのような事象を対象としているのですか。網羅的な仕組みになるように明確化して下さい。
（3）ISMSの監視及び見直し	・監視の方法としてどのようなことを想定しているかご説明下さい。 ・各々の仕組みを規程や具体的なシステムと対応させて下さい。
（4）ISMSの維持及び改善	・是正処置の有効性の確認はどのようにしていますか。何をもとに有効であると判断するのですか。
3．文書化に関する要求事項 （1）一般 （2）文書管理 （3）記録の管理	・ISMSマニュアルを作成した目的は何ですか。 ・ISMSマニュアルは誰が見るのですか。 ・ISMSを支援する手順はどこに文書化されていますか。 ・文書管理の紙ベースの場合と電子データの場合についてご説明下さい。 ・文書の機密レベルはどのように定めていますか。 ・紙文書の管理規程をご説明下さい。アクセス権に

		・よって棚保管を区別していますか。 ・電子文書の改ざんに対するリスクアセスメントは実施しましたか。 ・電子文書に対するアクセス権限の設定は誰が行っていますか。設定基準を文書化していますか。 ・ログの管理はどうなっていますか。
第5　経営陣の責任 1．経営陣のコミットメント 2．経営資源の運用管理 (1) 経営資源の提供 (2) 教育・訓練, 認識及び力量		・情報セキュリティに関する年度計画書のようなものはありますか。 ・情報セキュリティ目標はどのように明記していますか。 ・情報セキュリティ体制の役割と責任についてご説明下さい。 ・定期的に開催する情報セキュリティ委員会の事務局は設けた方がよいでしょう。また, その役割も明確にして下さい。 ・"継続的改善"とは具体的にどういったことでしょうか。 ・必要な経営資源についてはどのように管理されていますか。 ・事業上の要求事項, SLAについて要求事項を満たしていますか。 ・教育・訓練の運営組織は何ですか。情報セキュリティ委員会ですか。 ・毎月の運用状況報告では何を確認するのですか。運用状況報告で管理しようとしている仕組みを明確にして下さい。 ・教育方法の手順は明記されていますか。 ・年間の活動計画はどうなっていますか。 ・全適用範囲に対してセキュリティ教育を実施していますか。 ・貴社独自の教育関連用語は, 用語の定義を行って下さい。

第6　マネジメントレビュー 　1．一般 　2．マネジメントレビューへのインプット 　3．マネジメントレビューからのアウトプット	・マネジメントレビューはいつ実施されますか。 ・マネジメントレビューは誰が開催するのですか。 ・マネジメントレビューの出席メンバーは誰ですか。 ・マネジメントレビューの議題を教えて下さい。
4．内部監査	・内部監査対象は何ですか。 ・内部監査計画書を見せて下さい。 ・内部監査で，ISMSの確立については，どのような監査をされましたか。 ・内部監査で，リスクアセスメントについては，どのようなチェックをして，どういう指摘がされてますか。 ・実地審査では内部監査の網羅性を確認しますので，網羅性をもって内部監査を行って下さい。 ・内部監査報告書は監査責任者の承認が必要です。
第7　改善 　1．継続的改善 　2．是正処置 　3．予防処置	・是正処置，予防処置の責任者は誰ですか。 ・是正処置の対応は情報セキュリティ管理責任者で，判断は情報セキュリティ統轄責任者ですか。
附属書「詳細管理策」 　3．情報セキュリティ基本方針	・情報セキュリティ基本方針の見直し計画はどうなっていますか。
4．組織のセキュリティ 　4(1)　情報セキュリティ基盤 　4(2)　第三者による	・情報セキュリティ管理責任者は設けていますか。 ・○○外部機関との関係を教えて下さい。

第5章 ISMS認証取得上のポイント

アクセスのセキュリティ 4(3) 外部委託	
5．資産の分類及び管理 5(1) 資産に対する責任 5(2) 情報の分類	・情報資産の決め方はどうなっていますか。 ・情報資産を保護する責任者は誰ですか。 ・情報資産の責任者の責任は明確化されていますか。 ・情報資産の重要度はどうなっていますか。
6．人的セキュリティ 6(1) 職務定義及び雇用におけるセキュリティ 6(2) 利用者の訓練 6(3) セキュリティ事件・事故及び誤動作への対処	・職務定義書を見せて下さい。 ・社員，派遣社員，常勤アルバイトなどとの契約書などを実地審査の時に確認させて頂きます。ただし，固有名詞はいりません。 ・実地審査では，組織図よりインタビューする方をサンプリングします。 ・教育計画，実績を実地審査の時に確認します。
7．物理的及び環境的セキュリティ 7(1) セキュリティが保たれた領域 7(2) 装置のセキュリティ 7(3) その他の管理策	・マシン室の管理責任者はどこに規定されていますか。 ・セキュアな会議を行う場合の会議室はセキュア区間にする必要があります。 ・セキュリティ区間の鍵の管理はどのようになっていますか。 ・モバイル端末の持ち出しは，管理者の承認が必要ですが，それを証明する記録を実地審査時に提示願います。
8．通信及び運用管理 8(1) 運用手順及び責任 8(2) システムの計画作成及び受入れ	・非常時の電源は確保されていますか。 ・深夜に障害が発生した場合，すぐ対応するか翌日に対応するかといった規定はどこかで明らかにされていますか。 ・バックアップデータが使用できるかの確認はしていますか。

8 (3) 悪意のあるソフトウェアからの保護 8 (4) システムの維持管理 8 (5) ネットワークの管理 8 (6) 媒体の取扱い及びセキュリティ 8 (7) 情報及びソフトウェアの交換	・媒体の保管期間はどうなっていますか。 ・媒体の取扱いについてご説明下さい。 ・媒体の運搬の記録はどうなっていますか。 ・媒体の処分はどうなっていますか。 ・紙文書の廃棄規定はありますか。
9．アクセス制御 9 (1) アクセス制御に関する事業上の要求事項 9 (2) 利用者のアクセス管理 9 (3) 利用者の責任 9 (4) ネットワークのアクセス制御 9 (5) オペレーティングシステムのアクセス制御 9 (6) 業務用ソフトウェアのアクセス制御 9 (7) システムアクセス及びシステム使用状況の監視 9 (8) 移動型計算処理及び遠隔作業	・利用者 ID の登録・抹消の手続きはどうなっていますか。 ・特権の管理者 ID の発行は誰が許可するのですか。 ・管理者は何人いますか。割当ての判断は誰がするのですか。 ・パスワードの割当てについて，初期登録及び変更時のルールはどうなっていますか。 ・ユーザーアクセス権の定期的な見直しはどうなっていますか。 ・ネットワークへのアクセス制御はどうなっていますか。 ・専用線接続についてご説明下さい。 ・端末の自動識別はどのようにしていますか。 ・アクセス制限はどうなっていますか。 ・ログはどのくらいの期間保存するのですか。 ・モバイルコンピュータはどのような使用をしていますか。 ・機器の持ち出しの管理と持ち出し後の管理について説明して下さい。 ・モバイル管理策の教育はどのような内容でいつ誰に行いましたか。

第5章 ISMS 認証取得上のポイント

10. システムの開発及び保守 10(1) システムのセキュリティ要求事項 10(2) 業務用システムのセキュリティ 10(3) 暗号による管理策 10(4) システムファイルのセキュリティ 10(5) 開発及び支援過程におけるセキュリティ	・セキュリティ要求事項は顧客要求事項として捉えていますか。 ・情報システムの導入に関してはどの規程に定められていますか。 ・入力データの改ざんに対する対策はどのようになっていますか。 ・暗号による管理策はどうなっていますか。 ・暗号について,リスク結果報告書ではどの項目でその対策基準と実施手順について説明して下さい。 ・否認防止サービスはどのようになっていますか。 ・稼動中のソフトウェアの管理はどうなっていますか。 ・パッケージソフトウェアの変更はどのようになっていますか。
11. 事業継続管理 11(1) 事業継続管理の種々の面	・事業継続管理規程を説明して下さい。 ・リスクアセスメントの結果,事業継続計画の対象にしたものはありますか。 ・自然災害や立地上の脅威についても考慮されていますか。 ・事業継続計画書を見せて下さい。 ・実地審査には必ず必要です。訓練はいつ実施されますか。
12. 適合性 12(1) 法的要求事項への適合 12(2) セキュリティ基本方針及び技術適合のレビュー 12(3) システム監査の考慮事項	・適用法令の識別の手順をご説明下さい。 ・システム監査を実施している場合,ISMS のスコープに入るところは利用した方がよいでしょう。

273

実地審査

基準項番	質問事項
経営者インタビュー	・ISMS 認証を取得する狙いは何ですか。 ・顧客情報等で留意していることは何ですか。 ・戦争における教訓は何ですか。 ・テロに対する事業継続計画は検討していますか。 ・電子政府対応について情報セキュリティ面で気をつけていることは何ですか。 ・自然災害などの事業継続に関わる事故については、どのように考えていますか。 ・漏洩したら一番困る情報は何ですか。 ・これまで ISMS 活動を行っていて成果はありますか。 ・他部門からクレームはないですか。 ・関係者に期待することはありますか。 ・情報セキュリティに関する遵法についてはどうされましたか。
文書審査の是正処置の確認	・どのような是正処置をしましたか。ご説明下さい。
第4 情報セキュリティマネジメントシステム 2．ISMS の確立及び運営管理 （1）ISMS の確立	・適用範囲を確認させて下さい。 ・情報システムの適用範囲はどの文書を見れば分かりますか。 ・受容水準の決め方の手順をご説明下さい。 ・法的なものからくる要求事項はリスクアセスメントの手順のどこに取り込まれていますか。 ・管理策を選択してもリスクが低減されない場合は再度管理策の選択を検討する手順になっていますか。 ・第三者アクセスのリスクアセスメントはどうなっていますか。 ・例えば，オペレーターなど人に対する負荷や権限集中に対するリスクアセスメントは実施していますか？ ・脆弱性分析の場合に既存の管理策の程度を考慮して分析していますか。

	・現状では，残留リスクに洗い出し漏れのものが見受けられます。再度評価する必要がありませんか。
(2) ISMSの導入及び運用	・リスク対応計画の責任者と氏名，セキュリティ投資，重要度，効果，優先順位について説明して下さい。 ・リスク対応計画の優先順位については，重要度や効果も考慮していますか。 ・現在実施されていない情報セキュリティ対策でリスク対応計画に載っていないものの予算金額や効果についてはどのように判断するのですか。 ・情報セキュリティ対策導入経費はどのように定めていますか。 ・契約社員のリスクアセスメントはどうなっていますか。記録を見せて下さい。 ・セキュリティ事件・事故の記録を確認させて下さい。
(3) ISMSの監視及び見直し	・監視対象事項としてどういうものがあり，どういう優先順位で監視していますか，記録とともに説明して下さい。 ・情報セキュリティ事件・事故の事例を記録とともに説明して下さい。 ・監視データの収集はどのようなものがあるか説明して下さい。また，その記録を見せて下さい。
(4) ISMSの維持及び改善	・ISMSの改善や是正処置・予防処置は定期的に実施していますか。また，その状況を教えて下さい。
3．文書化に関する要求事項 (1) 一般 (2) 文書管理 (3) 記録の管理	・ISMS文書や記録は電子文書ですか。 ・ISMS文書の体系はどのようになっていますか。 ・ISMS記録などの登録の手順はどうなっていますか。 ・記録が散在している場合はどのように管理していますか。 ・配布はどのようにしていますか。 ・電子印鑑のセキュリティはどうなっていますか。 ・承認の流れはどうなっていますか。

	・作成中の場合はどうなっていますか。 ・不正に更新することは可能ですか。 ・監視の記録など，どのような記録をとるべきかはどこで定めていますか。 ・外部文書の扱いはどうなっていますか。 ・文書の保存期間は決まっていますか。 ・法律で保管が定められている記録はどうなっていますか。 ・廃棄はどうしていますか。
第5　経営陣の責任 1．経営陣のコミットメント 2．経営資源の運用管理 （1）経営資源の提供 （2）教育・訓練，認識及び力量	・教育計画を見せて下さい。 ・教育の実施記録を見せて下さい。 ・ISMSに関連する業務に従事する要員に必要な力量については，どこかに明記されていますか。見せて下さい。
第6　マネジメントレビュー 1．一般 2．マネジメントレビューへのインプット 3．マネジメントレビューからのアウトプット	・マネジメントレビューの参加者は誰ですか。 ・マネジメントレビューを実施した記録を見せて下さい。 ・マネジメントレビューへのインプットは何でどのような経路でインプットされますか。また，報告されるレベルはどうなっていますか。 ・情報セキュリティ統括責任者（経営者）からの重大な不適合に対する是正処置の指示が出ているものに対する是正処置状況を確認させて下さい。 ・受容可能なリスクの水準の特定について決定がなされましたか。 ・情報セキュリティに関する遵法等について審議されましたか。
4．内部監査	・有効性を確認するための資料は何ですか。

第5章 ISMS認証取得上のポイント

	・利害関係者からのフィードバックはどこで取り入れられていますか。 ・内部監査はいつ実施していますか。 ・内部監査のチェックリスクはありますか。 ・リスクアセスメントに関する監査の網羅性のチェックはどのように行っていますか。 ・監査対象に対し，内部監査チェックリストによりどのように監査したのか説明して下さい。 ・どの基準項目をどの部門に対して監査したのか教えて下さい。 ・不適合の指摘事項はどのようなものがありますか。 ・是正対応計画はどのようなものがありますか。 ・内部監査の是正処置の最終確認は情報セキュリティ統括責任者（経営者）が行っていますか。
第7　改善 　1．継続的改善 　2．是正処置 　3．予防処置	・内部監査の結果の是正処置についてご説明下さい。 ・現在の是正処置の進捗をまとめたようなものはありますか。 ・監視データを傾向分析したり，マネジメントレビューの結果から予防処置を行うわけですが，これらのことで実際に予防処置を行った記録はありますか。 ・リスクアセスメントの結果から予防処置にたどり着いたものはありませんか。
附属書「詳細管理策」 　3．情報セキュリティ基本方針	・情報セキュリティ基本方針の公表はどうなっていますか。
4．組織のセキュリティ 　4(1)　情報セキュリティ基盤 　4(2)　第三者によるアクセスのセキュリティ	・情報セキュリティ委員会のメンバーは誰ですか。 ・情報セキュリティ委員会の事務局がどのような情報を集めてどのような報告をしていくかなど一連の流れを整理しておくと活動がしやすくなります。 ・情報セキュリティ委員会における審議内容は何ですか。また，どのように報告があがってきますか。 ・遵法違反，その罰則規定など情報セキュリティ委員

4(3) 外部委託	会に報告され，審議されていますか。 ・社外関連組織との関係はどうなっていますか ・利用者が設備を購入する場合の手順は「情報設備管理規程」を見れば分かりますか。 ・設備購入の際の承認など仕組みについて説明して下さい。 ・第三者アクセスの脅威の認識はどうなっていますか。 ・派遣契約書を見せて下さい。 ・守秘義務契約はどうなっていますか。 ・損害賠償はどうなっていますか。 ・ASPサービスの契約書を見せて下さい。 ・ASPサービスのSLAはどうなっていますか。 ・回線契約はどうなっていますか。 ・外部委託契約について情報漏洩の問題はありませんか。 ・再委託についてはどうなっていますか。
5．資産の分類及び管理 5(1) 資産に対する責任 5(2) 情報の分類	・情報資産の分類とラベリングについて確認させて下さい。 ・情報資産管理責任者は誰ですか。 ・情報資産のグルーピング及び区分の方針はどうなっていますか。 ・契約書など，紙情報を情報資産目録で管理していますか。 ・紙情報について，機密性・完全性・可用性の観点で資産価値評価がされグルーピングされていますか。
6．人的セキュリティ 6(1) 職務定義及び雇用におけるセキュリティ 6(2) 利用者の訓練 6(3) セキュリティ	・職務定義書を見せて下さい。 ・セキュリティの役割と責任が入っていますか。 ・入社時の誓約書の提出などはありますか。 ・契約社員向け契約書を見せて下さい。 ・顧客のところで情報システムの障害が発生したらどうなりますか。 ・顧客のところでセキュリティ事件・事故が発生した

事件・事故及び誤動作への対処	場合，顧客はどこに連絡したらよいかを知っていますか。 ・事件・事故からの学習の仕組みはどうなっていますか。手順化されていますか。 ・懲戒事由にあたるものはどういうものですか。
7．物理的及び環境的セキュリティ 7(1) セキュリティが保たれた領域 7(2) 装置のセキュリティ 7(3) その他の管理策	・入退出の管理はどうなっていますか。 ・指紋認証の登録状況はどうなっていますか。 ・フロア管理者は誰ですか。 ・業者からの荷物の受け取り，発送はどこで行っていますか。 ・サーバーにUPSは接続されていますか。 ・ケーブルの配線はどうなっていますか。 ・パソコンとサーバーの保守契約はどうなっていますか。 ・装置を事業敷地外に持ち出して使用する場合はありますか。その場合の管理者による許可や利用についてはどうなっていますか。
8．通信及び運用管理 8(1) 運用手順及び責任 8(2) システムの計画作成及び受入れ 8(3) 悪意のあるソフトウェアからの保護 8(4) システムの維持管理 8(5) ネットワークの管理 8(6) 媒体の取扱い及びセキュリティ	・操作手順書を見せて下さい。 ・情報処理施設，情報システムの変更はありましたか。 ・変更した場合，最新状態にしていますか。承認は誰がするのですか。 ・システムの運用移行はどのようにしてますか。 ・システムテストはどのようにしていますか。 ・障害発生時の連絡体制はどのようになっていますか。 ・運用部門からの障害連絡はこれまでありませんでしたか。記録を見せて下さい。 ・開発と運用設備は分離していますか。 ・外部施設のサービスを利用していますか。 ・容量監視をした結果どのような計画を立てていますか。 ・容量の監視はどのようにしていますか。どこに定めていますか。

8 (7) 情報及びソフトウェアの交換	・システムの本番利用に移行する前に受入れテストをしていますか。 ・ウイルス対策などについてはどのような対策を行っていますか。 ・パターンファイルの更新はどのくらいの期間で行っていますか。 ・バックアップは何世代管理していますか。 ・バックアップした媒体はどこに保管していますか。 ・事業継続計画訓練ではバックアップ対策は行いましたか。 ・オペレーター記録はありますか。 ・リモート端末の操作記録はありますか。 ・媒体の取扱いはどのようにしていますか。 ・個人情報の管理者は誰ですか。登録と廃棄の実績はありますか。 ・パソコンのハードディスク交換時の旧ディスクの扱いはどうしていますか。 ・システムドキュメントについて，認可されないアクセスからどのように保護していますか。 ・取引先や協業相手などと情報交換する場合に正式な契約を締結していますか。 ・配送業者とは移送中の媒体のセキュリティ上の契約を締結していますか。 ・サービス稼働率は上げていますか。 ・稼働率99.9%は，停止時間にしてどのくらいですか。 ・情報システムの日々の監視の内容は何ですか。 ・ネットワーク上の監視はどのようなことをしていますか。 ・セキュリティ事故通知システムはどこまで通知されていますか。
9．アクセス制御	・アクセス制御方針を見せて下さい。

9 (1) アクセス制御に関する事業上の要求事項	・ID 申請の手続きを教えて下さい。
	・ID 登録後の連絡方法はどうなっていますか。
	・役割分担はどうなっていますか。
9 (2) 利用者のアクセス管理	・登録抹消についてはどうなっていますか。
	・各々の記録を見せて下さい。
9 (3) 利用者の責任	・特権の割当てはどうなっていますか。
9 (4) ネットワークのアクセス制御	・ユーザーのアクセス権の見直しを定期的に実施していますか。
9 (5) オペレーティングシステムのアクセス制御	・ユーザーのアクセス権は何で管理していますか。
	・パスワードはどのくらいの期間で変更していますか。
	・無人運転装置の対策はどうなっていますか。
9 (6) 業務用ソフトウェアのアクセス制御	・リモート端末機はありますか。
	・リモート端末機は情報資産目録に登録されていますか。
9 (7) システムアクセス及びシステム使用状況の監視	・外部からの接続はありますか。
	・ネットワークサービスのセキュリティ情報を入手していますか。
9 (8) 移動型計算処理及び遠隔作業	・自動端末の識別は考慮されていますか。
	・端末のログオン手順はどの規程にあり，どのようになっていますか。
	・利用者身分確認および真正性の確認はどうなっていますか。
	・端末が未使用の場合は自動的にタイムアウトになりますか。
	・接続時間の制限はありますか。
	・隔離した環境はどうなっていますか。
	・サーバーのログはとっていますか。
	・監視ログはとっていますか。誰が採取していますか。どのような確認をしていますか。
	・クロックの同期はとっていますか。
	・モバイルコンピューティングに対してセキュリティ管理をしていますか。

10．システムの開発及び保守 10(1) システムのセキュリティ要求事項 10(2) 業務用システムのセキュリティ 10(3) 暗号による管理策 10(4) システムファイルのセキュリティ 10(5) 開発及び支援過程におけるセキュリティ	・システム開発に関する顧客からの要求事項は何ですか。 ・要求仕様，設計書を見せて下さい。 ・契約プロセス，企画プロセス，設計・開発プロセスごとの情報セキュリティ要求事項はどうなっていますか。 ・データ入力はどのように行っていますか。入力チェックは行っていますか。 ・内部処理の管理として改ざん防止の手立てを講じていますか。不正アクセスのログが残るようになっていますか。 ・デジタル署名は適用していますか。 ・運用ソフトウェアはどのように管理されていまか。 ・テストデータ等の管理はどのようにしていますか。 ・プログラムソースの管理者は誰ですか。 ・プログラムソースへのアクセス制御はどのようにしていますか。 ・結合テストは誰が行いますか。 ・OS のバージョンアップなどの変更によるアプリケーションシステムのレビュー，試験はどのように行っていますか。 ・外部委託によるソフトウェア開発はどのように行われていますか。
11．事業継続管理 11(1) 事業継続管理の種々の面	・事業継続計画を説明して下さい。 ・事業継続計画の体制はどうなっていますか。 ・事業継続計画の個別計画の責任者は誰で，当事者が不在の場合などはどうしますか。 ・優先順位はどうなっていますか。 ・事業継続訓練計画はありますか。
12．適合性 12(1) 法的要求事項への適合	・遵法の記録は何かありますか。 ・法定点検はありますか。 ・情報システムなどに利害関係者からのフィードバッ

12(2) セキュリティ基本方針及び技術適合のレビュー 12(3) システム監査の考慮事項	クを取り入れる仕組み（利用者アンケート，クレームなどの取り込みの仕組み）はありますか。それはどこに記述されていますか。 ・情報セキュリティに関し，ISMS ではなく全社の規定で守るといったものがありますか。あるならば，その旨を記述してください。 ・遵法に関し，識別したものは何か，何故取り組むか，何を守るのか，どのように守るのかの手順は明確になっていますか。 ・遵法の責任者の明確化，要員への周知徹底などの仕組み，現場担当は何をするかが明確になっていますか。 ・法的要求事項の確認は法務部等の参加が必要ですが，どうなっていますか。 ・知的財産権の遵法に関する記録を見せて下さい。 ・個人情報保護の周知徹底や教育についてはどのようにされていますか。 ・全社の遵法教育の中で情報セキュリティに関連するものは，ISMS の仕組みとして取り込んでおくとよいでしょう。 ・情報セキュリティ基本方針が守られていることをどのように確認しようとしていますか。その手順を規程に取り込んでありますか。 ・システム監査，情報セキュリティ監査の計画及び実施状況について確認させて下さい。 ・システム監査，情報セキュリティ監査の規程を見せて下さい。

付録　情報セキュリティ関連法律，規範，規格

以下に，情報セキュリティ関連法律及び規範，規格の例を挙げる。
　適用範囲の情報資産に関連する法律及び規範，規格についてリスクアセスメントする際に参考にして頂きたい。

項目	内　　　容
法律	1．日本国憲法 2．不正競争防止法 3．行政機関の保有する個人情報の保護に関する法律（行政機関個人情報保護法） 4．個人情報保護に関する法律（個人情報保護基本法） 5．貸金業の規制等に関する法律 6．割賦販売法 7．刑法 8．不正アクセス行為の禁止等に関する法律（不正アクセス禁止法） 9．労働者派遣事業の適正な運営の確保及び派遣労働者の就業条件の整備等に関する法律（労働者派遣法） 10．高度情報通信ネットワーク社会形成基本法（IT基本法） 11．電子署名および認証業務に関する法律（電子署名認証法） 12．電気通信事業法 13．有線電気通信法 14．電波法 15．著作権法 16．特許法 17．電子消費者契約及び電子承諾通知に関する民法の特例に関する法律（電子消費者契約法） 18．特定商取引に関する法律施行規則の一部を改正する省令 19．特定電子メールの送信の適正化等に関する法律（迷惑メール対策法） 20．特定電気通信役務提供者の損害賠償責任の制限及び発信者情報の開示に関する法律（プロバイダ責任法） 21．書面の交付等に関する情報通信の技術利用のための関係法律の

第5章 ISMS認証取得上のポイント

		整備に関する法律（IT書面一括法）
	22.	電子計算機を使用して作成する国税関係帳簿書類の保存方法等の特例に関する法律及び施行規則（電子帳簿保存法）
	23.	サイバー犯罪条約
規範	1.	JIS X 5080:2002 情報セキュリティマネジメントの実践のための規範（ISO/IEC 17799:2000（BS7799 Part-1））
	2.	ISMSガイド（Ver.1.0）
	3.	DISC PD3000シリーズ
	4.	TR X 0036シリーズ（GMITS）：ITセキュリティガイドライン（ISO/IEC TR13335）
	5.	システム監査基準
	6.	コンピュータ不正アクセス対策基準
	7.	ソフトウェア管理ガイドライン
	8.	コンピュータウィルス対策基準
	9.	情報システム安全対策基準
	10.	情報通信ネットワーク安全・信頼性基準
	11.	情報システム安全対策指針
	12.	コンピュータシステム・情報通信システムを設置する建築物に係る安全対策基準
	13.	地方公共団体コンピュータセキュリティ対策基準
	14.	行政情報システムの安全対策に関するガイドライン
	15.	金融機関等コンピュータシステムの安全対策基準
	16.	金融機関等のシステム監査指針
	17.	金融機関等におけるコンティンジェンシープラン要綱
	18.	金融機関等におけるセキュリティポリシー策定のための手引書
	19.	情報システムのセキュリティに関するガイドライン（OECD）
	20.	プライバシーマーク制度設置及び運営要領
	21.	プライバシー保護と個人データの国際流通についてのガイドライン（OECD）
	22.	金融機関等における個人データ保護のための取扱い指針
	23.	JIS X 5070:2000 セキュリティ技術　－情報技術セキュリティの評価基準（ISO/IEC 15408）

	24．情報セキュリティ監査制度
規格	1．品質マネジメントシステム 　　（JIS Z 9900 シリーズ（ISO 9000 シリーズ）） 2．環境マネジメントシステム 　　（JIS Q14000 シリーズ（ISO 14000 シリーズ）） 3．JIS Q 15001:1999 個人情報保護に関するコンプライアンス・プログラムの要求事項 4．ソフトウェア製品の評価（JIS X0 133） 5．ソフトウェアライフサイクルプロセス（JIS X0 160） 6．情報セキュリティポリシーに関するガイドライン

[参考図書]

ISMS 適合性評価制度の概要
　財団法人　日本情報処理開発協会

情報セキュリティマネジメントシステム適合性評価制度　ISMS 認証基準
（Ver.2.0）　財団法人　日本情報処理開発協会

JIS X 5080:2002（国際規格 ISO/IEC 17799:2000（Information technology. Code of practice for information security management：情報技術－情報セキュリティマネジメントの実践のための規範））

DISC PD3000シリーズ（BS7799認証に向けたガイダンス）

TR X 0036シリーズ:(GMITS:Guideline for the Management of IT Security) セキュリティマネジメントガイドライン

[索　引]

〈ア行〉

ISMS ガイド……201
ISMS 計画書……101, 236
ISMS 審査……24, 26
ISMS 責任権限マトリックス表……182
ISMS 適合性評価制度……17, 19,
ISMS 認証基準（Ver.2.0）……18, 65, 69
ISMS 認証審査……22
ISMS 認証審査の目的……22
ISMS の維持及び改善……93
ISMS の確立……88
ISMS の監視及び見直し……91
ISMS の基本方針……89
ISMS の導入及び運用……91
ISMS の目標……87, 89
ISMS 文書……99, 232, 264
ISMS マニュアル……101, 233, 250
ISMS を支える手順……99
ISO/IEC 17799……19, 69
ISO/IEC TR 13335……192
悪意のあるソフトウェア……149
アクセス権……154
アクセス制御……154
アクセス制御方針……154
暗号化……162
暗号による管理策……162
移動型計算処理……157
受渡し場所……145
運用の記録……150
遠隔作業……157
OECD の「情報システムのセキュリティに関するガイドライン」……10
オペレーティングシステム……163
オペレーティングシステムのアクセス制御……156

〈カ行〉

改善……126
開発及び支援過程におけるセキュリティ……163
外部委託……139
外部委託による施設管理……149
外部委託によるソフトウェア開発……163
かぎ管理……162
学習……143
隠れチャネル……163
可用性……79
監査……125
監査員……126
監査基準……126
監査証拠……126
監査プログラム……113, 125
監査プロセス……113
完全性……80
管理策……88
管理策の強度……226, 259
管理目的……87
技術適合の検査……168
期待……71, 187
基本方針……184
機密性……79
機密保持契約……142
教育・訓練……106
脅威……86, 214

脅威の種類……214
業務用システムのセキュリティ……161
業務用ソフトウェアのアクセス制御……157
記録……187
記録の管理……101
組み合わせアプローチ……195
クリアスクリーン……146
クリアデスク……146
経営資源……106
経営者の承認……232
経営陣の責任……105
軽減……84
継続的改善……117, 126
契約上のセキュリティ義務……187
公開されているシステム……151
更新審査……34
固有リスク……199

〈サ行〉

サーベイランス(定期審査)……34
最終会議……49
最終会議(クロージングミーティング)……40
サプライヤー……210
残留リスク……91, 199, 228
GMITS……192
事業継続管理……165, 220, 261
事業継続管理手続……166
事業継続計画……166
事業上の要求事項……187
資産の洗い出し……254
資産の移動……146
資産の分類及び管理……141

資産目録……141
施設……145
システムアクセス及びシステム使用状況の監視……157
システム監査……168
システムに関する文書……150
システムの維持管理……149
システムの受入れ……149
システムの開発及び保守……161
システムの計画……149
システムのセキュリティ要求事項……161
システムファイルのセキュリティ……162
システムユーティリティ……156
JIS Q 9001……78
JIS X 5080……18, 69, 78
実施手順……186, 236
実地審査……27, 33, 37, 43
実地審査報告書……53
従属情報資産……212
受容リスク……199
障害記録……150
詳細リスク分析……194
情報及びソフトウェアの交換……150
情報交換……151
情報資産……85
情報資産価値……211
情報資産管理台帳……204
情報資産の洗い出し……200
情報資産のオーナー……210
情報資産の価値評価……211, 257
情報資産のグルーピング……206
情報資産の責任者……89, 95, 203, 208
情報資産のライフサイクル……215
情報資産目録……208

情報処理施設……168
情報セキュリティ……79
情報セキュリティ委員会……181,242
情報セキュリティ運営委員会……138
情報セキュリティ管理責任者
……180,242
情報セキュリティ管理責任者の役割
……180
情報セキュリティ基本方針
……94,99,105,136,184
情報セキュリティ推進室……244
情報セキュリティ責任……138
情報セキュリティ組織体制……179
情報セキュリティ統括責任者……242
情報セキュリティの教育及び訓練……
143
情報セキュリティマニュアル……234
情報セキュリティマネジメントシステム……3,12,80,88
情報セキュリティ目標……87,105
情報セキュリティ要求事項……
71,187
情報セキュリティ連絡会議……
181,243
情報の取扱手順……150
情報の分類……141
初回会議……40
初回会議(オープニングミーティング)
……38
職務定義……142
審査員……20
審査員研修機関……21
審査員研修制度……20
審査員登録制度……20
審査員評価登録機関……21
審査計画書……31
審査チーム……28

審査登録機関……21
審査登録制度……20
審査日程……29
審査の種類……23
人的セキュリティ……142
推進体制……241
脆弱性……87,215,258
是正処置……58,126,130
セキュリティ基本方針との適合……
168
セキュリティ事件・事故……91,143
専門家……138
操作手順書……148
装置のセキュリティ……146
組織のセキュリティ……137
ソフトウェアの誤動作……143

〈タ行〉

第一者監査……23
第二者監査……24
第三者監査……24
対策基準……185,234
第三者のアクセス……138
チーム会議(チームミーティング)……
39
知的所有権……168
中間会議……39
懲戒手続……143
通信及び運用管理……148
TR Q 0008……78
ディジタル署名……162
適合性……167
適用宣言書……81,85,90,230
適用範囲……88,182,245
適用範囲定義書……247

電源……146
電子オフィスシステム……151
電子商取引……151
電子メール……151
特権管理……154
トロイの木馬……163

〈ナ行〉

内部監査……92, 112
認可手続……138
認識……11, 107
認定機関……21
ネットワークのアクセス制御……155
ネットワークの管理……150

〈ハ行〉

配送中の媒体……151
媒体の処分……150
パスワード……154
パスワード管理システム……156
バックアップ……149
パッケージソフトウェア……163
BS7799-1……17
BS7799-2……19, 69
非公式アプローチ……193
否認防止サービス……162
フォローアップ審査……59
附属書「詳細管理策」……67, 136
不適合……45
物理的及び環境的セキュリティ……145
物理的セキュリティ境界……145
物理的入退管理策……145

プログラムソースライブラリ……163
プロセスアプローチ……70
プロセスオーナー……203
文書管理……100
文書審査……27, 33, 35
ベースラインアプローチ……192
変更管理手順……163
報資産の責任者……203
法的及び規制要求事項……187
法的要求事項への適合……167
本審査……25, 27

〈マ行〉

マネジメントシステム……3, 72
マネジメントレビュー……92, 111
マネジメントレビューからのアウトプット……112
マネジメントレビューへのインプット……111

〈ヤ行〉

ユーザー……210
要求される保証の度合い……213
予備審査……24, 28
予防処置……127, 133

〈ラ行〉

利害関係者……71, 93
力量……106
リスク……82
リスクアセスメント

……11, 80, 89, 190, 256, 261
リスクアセスメント結果報告書……229
リスクアセスメントの結果報告……99
リスクアセスメントの実施……197
リスク移転……224
リスク因子の特定……82
リスク回避……224
リスクコミュニケーション……83
リスク算定……83
リスク水準……92
リスク対応……81, 90, 190, 222
リスク対応計画……91, 97, 99
リスク対応計画書……236
リスク値……219
リスク低減……223
リスク取扱い……222
リスクの移転……84
リスクの回避……84
リスクの最適化……83
リスクの受容……80
リスクの受容水準……199
リスクの水準……89
リスクの低減……84
リスクの保有……84
リスク評価……80
リスク分析……80
リスク保有……224
リスクマネジメント……81
利用者登録……154
利用者の訓練……142
利用者の責任……155

監修者紹介

NEC ソフト（株）コンサルティング事業部

〈所在地〉
　〒136-8608　東京都江東区新木場一丁目18番6号
　　　電話　03-5569-3333（代表）
　ホームページ　http://www.necsoft.co.jp/
〈沿革〉
　1975年9月　日本電気ソフトウェア（株）として設立
　2000年4月　NEC ソフト（株）に社名を変更
　2000年7月　東京証券取引所市場一部に上場
　2003年4月　コンサルティング事業部設立
〈業務概要〉
　主たる業務は，戦略情報化企画コンサルティング，バランススコアカード導入コンサルティング，ISO-9001・CMMi・ISMS・プライバシーマークの各種認証取得コンサルティング，教育企画，教育コース開発，教育コンサルティングである。

著者紹介

斎藤　尚志（さいとう　たかし）

日本大学理工学部電子工学科卒業。
NEC ソフト株式会社コンサルティング事業部勤務。中小企業診断士（情報部門），IT コーディネータ，システムアナリスト，SAP／R 3 認定コンサルタント，ISMS 主任審査員，公認システム監査人，情報セキュリティアドミニストレータ。経営情報学会，中小企業診断協会，IT コーディネータ協会，システム監査人協会会員。

【主な著書】
『中小企業診断士1発合格テクニック』
（共著，税務経理協会）
『バランス・スコアカード経営なるほどQ＆A』
（共著，中央経済社）
『情報セキュリティアドミニストレータ合格完全対策』
（共著，経林書房）
『ITC プロセスガイドライン NAVI』
（富士ゼロックス総合教育研究所）　　　ほか

著者との契約により検印省略

平成16年3月15日　初版第1刷発行

ISMS認証取得ハンドブック

監 修 者	NECソフト㈱コンサルティング事業部
著　者	斎 藤 尚 志
発 行 者	大 坪 嘉 春
製 版 所	株式会社オーガニック
印 刷 所	マコト印刷株式会社
製 本 所	マコト印刷株式会社

発 行 所　東京都新宿区　株式　税務経理協会
　　　　　下落合2丁目5番13号　会社

郵便番号　161-0033　振替 00190-2-187408　電話 (03)3953-3301 (編集部)
　　　　　　　　　　FAX (03)3565-3391　　　(03)3953-3325 (営業部)
　　　　　　URL http://www.zeikei.co.jp/
　　　　　乱丁・落丁の場合はお取替えいたします。

Ⓒ斎藤 尚志 2004　　　　　　　　　　　　Printed in Japan
本書の内容の一部又は全部を無断で複写・複製（コピー）することは，
法律で認められた場合を除き，著者及び出版社の権利侵害となりますの
で，コピーの必要がある場合は，予め当社あて許諾を求めてください。

ISBN 4-419-04338-5　C3055